SENTENÇA CÍVEL
TEORIA E PRÁTICA
JUÍZO COMUM E JUIZADO ESPECIAL

CB058931

Ismair Roberto Poloni

Juiz de Direito Aposentado
Ex-Membro da Turma Recursal do Juizado
Especial da Região de Cornélio Procópio – PR
Ex-Professor Titular da cadeira "Técnica Estrutural da Sentença Cível e Criminal", em oito turmas, na Escola da Magistratura de Londrina – PR – de 87 a 96 – Autor da obra *Técnica Estrutural da Sentença Criminal – Juízo Comum Juizado Especial* – Freitas Bastos – esgotada

Ismair Roberto Poloni

SENTENÇA CÍVEL
TEORIA E PRÁTICA
JUÍZO COMUM E JUIZADO ESPECIAL

3ª edição

Revista, Atualizada e Ampliada

Freitas Bastos Editora

Copyright © 2020 by Ismair Roberto Poloni

Todos os direitos reservados e protegidos pela Lei 9.610, de 19.2.1998.
É proibida a reprodução total ou parcial, por quaisquer meios, bem como a produção de apostilas, sem autorização prévia, por escrito, da Editora.

Direitos exclusivos da edição e distribuição em língua portuguesa:

Maria Augusta Delgado Livraria, Distribuidora e Editora

Editor: *Isaac D. Abulafia*
Capa e Diagramação: *Jair Domingos de Sousa*

DADOS INTERNACIONAIS PARA CATALOGAÇÃO
NA PUBLICAÇÃO (CIP)

P778s

Poloni, Ismair Roberto

Sentença cível: teoria e prática: juizado comum e juizado especial / Ismair Roberto Poloni. – 3. ed. – Rio de Janeiro, RJ: Freitas Bastos, 2020.

340 p. ; 16x23cm.

Inclui bibliografia e índice.

ISBN: 978-65-5675-016-3

1. Direito. 2. Direito Penal. I. Título.

2020-1642   CDD 345   CDU 343

Freitas Bastos Editora

Tel. (21) 2276-4500
freitasbastos@freitasbastos.com
vendas@freitasbastos.com
www.freitasbastos.com

DEDICATÓRIA

Ao Grande Arquiteto do Universo.

Aos meus pais, Ismar e Ignez Poloni (*in memorian*).

À minha esposa Carmen Beatriz, que, mais do que filhas me deu a alegria de viver e de lutar.

Aos seus pais Abel e Eny Cardoso (*in memorian*).

As minhas filhas Carla, Vivian, Alana, Sônia, Daisy e Matheus.

As minhas netas Lara e Laís Balsan.

Aos meus netos Nicolas e Natan.

E a minha sobrinha neta Ana Clara.

APRESENTAÇÃO

Esta obra registra a doutrina e a prática para a construção de uma sentença cível. Seu significado e importância ultrapassam as fronteiras dos interesses acadêmicos. Ao dissecar a sentença cível, quer na doutrina, quer na prática, tem-se a possibilidade de, pelo profissional, corretamente atacá-la; pelo acadêmico que busca ingressar na magistratura, acertadamente construí-la, e ao juiz recém-ingresso, seguramente construí-la. Sem a intenção de inovar sobre o tema, mas antes de tudo, trazer às letras jurídicas, material inexistente, a obra nada tem com os conhecidos livros de "modelos de sentenças". Na verdade, enfatiza cada meandro de uma sentença cível, fazendo com que o leitor desenvolva seu próprio raciocínio, fixando o conhecimento e aprendizado. Assim, para aqueles que seguirão aos concursos cíveis, mas também como analisar o enunciado cuja sentença é exigida do candidato. Para os profissionais, com a cópia de um processo integral, comentado passo a passo, no interesse para a construção da sentença, surge uma nova visão do processo e sua sentença.

Tudo, é claro, alicerçado pela doutrina e legislação. Com suas definições e com a constatação das sentenças nulas e das inexistentes, reúne de forma completas no volume, os ensinamentos doutrinários sobre a sentença cível.

Enfim, uma obra que permite no conhecimento necessário para o ingresso em concurso e, sua consulta, na melhoria da atividade dos profissionais de direito.

PREFÁCIO

"Justiça é a santidade de Deus em ação".

Sopesando bem a grande responsabilidade do julgador, notadamente com vista àqueles que pretendem ingressar na carreira de magistratura, o titular da comarca de *Uraí*, neste estado do Paraná, dá a lume excelente monografia, cujo alcance somente poderá ser aferido com a leitura e a aplicação dos princípios e das normas ali consagrados.

Com a *sentença*, como é curial, o magistrado cumpre a função jurisdicional, pondo termo ao processo, ditando o direito, no escopo de celebrar a justiça. Daí a importância de tal ato processual, que se constitui em uma resposta do Estado à pretensão deduzida.

Certo e preciso, portanto, o ilustre autor quando afirma que a *sentença "é o ápice da vivificação da execução do poder judicante, ao qual incumbe, na tripartição dos poderes do Estado, o poder dever de julgar, compondo as lides"*, pois, que, *"O julgador revela seu sentimento em relação aos fatos e ao direito apontados no processo"*.

Em sendo assim, há de ser responsavelmente fundamentada, pois *"A fundamentação da sentença é certamente uma grande garantia de justiça, quando consegue reproduzir exatamente, como num esboço topográfico, o itinerário lógico que o juiz percorreu, para chegar até sua conclusão"*.

Ismair Roberto Poloni, ingresso na carreira de magistratura em 1984, dois anos e meio depois judiciando em Uraí e lá permanecendo, justifica sua renúncia aos encantos naturais do acesso a que fazia jus, com o estudo e o aprimoramento cultural, de que é exemplo o livro que oferta ao julgamento dos mais doutos.

Se a pretensão maior é oferecer subsídios aos que vocacionalmente ingressam na carreira, ultrapassou o esperado, engalanando a literatura jurídica.

Basta ver-se a responsabilidade com que enfrenta o tema *"Técnica Estrutural da Sentença Civil"*, não só a entendendo e considerando o ato ínsito do juiz, com observância dos requisitos e elementos que a lei a impõe, mas, ainda, expressando que, *"a sentença deve ser clara, precisa e persuasiva, empregando-se o uso do vernáculo..."* com *"a correta aplicação ortográfica e gramatical"*.

E, lembrando o magistério de vernaculista que muito o impressionou, o autor alerta: *"É claro que a sentença não é criada tal qual um texto de redação, criando-se ou imaginando-se conforme sua vontade, capacidade ou sentimento. Mas, enquanto texto, na sentença a desenvoltura de sua criatividade irá balizar a retórica empregada, tornando-a suficientemente clara, precisa e persuasiva"*.

Não é, pois com outro objetivo que incluiu, ao final do opúsculo, o *Adendo II: "Ortografia – Concordância – Parágrafo – Pontuação"*.

E, no ímpeto que marca o seu integral devotamento à *missão de julgar*, após realçar a atenção que o juiz deve ter ao clássico princípio do *art. 5º, da Lei de Introdução às normas do Direito Brasileiro*, recorre ao lapidar conceito de *Von Ihering*, na extraordinária página *"Luta pelo Direito"*.

Lamento não poder abordar todos os aspectos da valiosa contribuição de *Ismair Poloni* às letras jurídicas.

Em síntese: *"Técnica Estrutural da Sentença Cível – Juízo Comum e Juizado Especial"*, contendo teoria e prática, inclusive a simulação de um processo, com todos os seus meandros, muito enriquecerá a estante do mundo jurídico e será *"norte"* para os jovens e futuros magistrados!

Eis a razão pela qual o antigo colega prefacia a obra, que se casa com os princípios pelos quais sempre labutou, o *aperfeiçoamento cultural do magistrado e sua alta responsabilidade*, certo de que não se pode olvidar, jamais, que "JUSTIÇA É A SANTIDADE DE DEUS EM AÇÃO".

Curitiba, setembro de 1999

LUÍS RENATO PEDROSO

Desembargador jubilado,
Presidente da Academia de Cultura de Curitiba
e da Câmara de Mediação e Arbitragem
da Associação Comercial do Paraná.

ABREVIATURAS E SIGLAS USADAS

A.c.	Antes de Cristo
A.c.Un.	Acórdão Unânime
Ap.	Apelante
Art.	Artigo
B.O.	Boletim de Ocorrência
Bras.	Brasileiro
Câm.	Câmara
Cap.	Capítulo
Cas.	Casado
C.c.	Combinado com
Ccv.	Código Civil
CF	Constituição Federal
CF.	Confronte
CF. Cap.	Confronte Capítulo
CIA	Companhia
CPC	Código de Processo Civil
CPP	Código de Processo Penal
CRI	Cartório de Registro de Imóveis
DPVAT	Seguro de Danos Pessoais de Veículos Automotores
Doc.	Documento
Docto.	Documento
Ed.	Edição
Em Tes.	Em Testemunho
FLS.	Folhas
J.	Julgamento

JARI	Junta Administrativa de Recursos e Infração
JR.	Júnior
LICC	Lei de Introdução de Recurso e Infração
MM.	Meritíssimo
Nº	Número
NCPC	Novo Código de Processo Civil
Ob. Cit.	Obra Citada
Obs.	Observação
P.	Página
P. Deferimento	Pede Deferimento
Pag.	Página
Pe.	Padre
RCNT	Regulamento do Código Nacional de Trânsito
Rec.	Recurso
Rec. Extr.	Recurso Extraordinário
RG	Registro Geral
Rel.	Relator
RP.	Revista de Processo - RT
R.T.	Revista dos Tribunais
STF	Supremo Tribunal Federal
TA	Tribunal de Alçada
TAPR	Tribunal de Alçada do Estado do Paraná
TJSP	Tribunal de Justiça do Estado de São Paulo
V.G	Verbi Gratia
V.U	Votação Unânime
Vol.	Volume
§	Parágrafo

ALGUMAS OBSERVAÇÕES

Esta obra nasceu, antes de tudo, de um desejo de propiciar a tantos outros o que não foi possível, a muitos de nós juízes, por ocasião dos concursos prestados. Carentes de ensinamentos nos bancos acadêmicos sobre o tema *sentença*, desamparados pela doutrina objetiva e clara, que pudesse nos ensinar como fazer uma sentença. Ingressando na carreira, assumimos, nós, os juízes, toda uma gama de responsabilidades, chegando a responder, sozinhos, por varas e comarcas, muitas vezes sem a presença de outro colega com experiência. É claro que essa só se obtém com o passar dos anos. Mas a insegurança é inata ao juiz recém-ingresso, por mais experiência que possa ter adquirido como advogado. O receio em cometer erros irreparáveis com relação a um semelhante ou ao seu patrimônio, manifesta ainda mais a insegurança. Por isso, essa obra busca, destrinçando a sentença como ato jurídico e como ato de redação, possibilitar aos neófitos uma melhor compreensão sobre essa atividade muito peculiar do magistrado, mas que diz respeito a todos. Como professor da matéria em tema, na Escola da Magistratura de Londrina – PR, sempre apreguei que deveria haver uma Escola de Magistratura para aqueles já aprovados em concurso, em conjugação com estágio junto a juízes experientes (não juízes antigos meramente, pois o fato de terem experiência não representa, necessariamente, seja ela positiva para ser transmitida aos neófitos). Deveria o juiz recém-ingresso receber seus vencimentos e, com aprendizado específico da função (técnica de sentença e despachos, psicologia do testemunho, seu relacionamento na comunidade, a função da lei ante a regra do art. 5º da Lei de Introdução de Introdução às normas do Direito Brasileiro Civil, questões sobre direção e admiração da justiça, dentre várias outras muito peculiares à função do juiz, além da judicatura propriamente dita), receber também orientações além das já adquiridas nos bancos acadêmicos. Seria de bom alvitre que, para se inscrever para o concurso, comprovasse o pré-candidato o efetivo exercício da advocacia (e não apenas a sua inscrição na OAB), por período mínimo de dois anos. Isso para que se possibilitasse ao juiz neófito e à judicatura a certeza de que o advogado é apenas um representante da parte e, se os atos e as omissões sob julgamento podem causar até repúdio, que se saiba distinguir o profissional da parte, pois aquele é tão necessário quanto o promotor de Justiça, para a prestação da tutela jurisdicional. Saberia o juiz compreender o sentimento da parte inconformada com a demora no julgamento de sua causa que, para ela, é sempre o mais importante. Saberia o juiz que as leis, os despachos e as decisões suas são executadas por terceiros, que nem sempre correspondem, naturalmente, à expectativa dele, juiz. Compreenderia, enfim, o porquê da expressão chula "encostar o umbigo no balcão", tendo a tolerância necessária para o bom desempenho da função.

Mas, enquanto essas observações não passam de utopias, sirvo-me desta obra para buscar transmitir um pouco de segurança ao recém-ingresso e àqueles que pretendem ingressar na carreira, buscando extirpar a mistificação de que o juiz tem poder. Esse, ao menos na Terra, e no Estado Democrático de Direito, é reservado exclusivamente à lei, cabendo ao juiz apenas e tão-somente interpretá-la e aplicá-la a cada caso concreto, sem jamais esquecer que, o Estado, e portanto, a Lei, existe para todos nós, e não nós para aquele.

SUMÁRIO

APRESENTAÇÃO VII
PREFÁCIO IX
ABREVIATURAS E SIGLAS USADAS XI
ALGUMAS OBSERVAÇÕES XIII

Capítulo I
BREVE HISTÓRICO SOBRE O JUIZ E SUA EVOLUÇÃO 1
   1. O juiz da Grécia e da Roma antiga 1
   2. Do juiz na atualidade 3

Capítulo II
DA EVOLUÇÃO HISTÓRICA DA SENTENÇA 5
   1. Do período da lex aebutia e da lex iulia iudiciorum
      privatorum – "O primórdio" 5
   2. Da sentença no período pré-justiniano 5
   3. Do período pós-clássico 6
   4. Do período moderno 6
   5. Conclusão 7

Capítulo III
**DA ORIGEM DO TERMO SENTENÇA, SUA DEFINIÇÃO,
SEU SIGNIFICADO E REPRESENTAÇÃO** 9
   1. A Origem 9
   2. Sua definição 9
   3. Seu significado e sua representação 13
   4. Conclusão 20

Capítulo IV
DAS ESPÉCIES DE SENTENÇA 21
1. Sentença definitiva 21
2. Sentença terminativa 22
3. Sentença declaratória 24
4. Sentença constitutiva 24
5. Sentença condenatória 24
6. Sentença mandamental 25
7. Sentença infra ou citra petita 25
8. Sentença extra petita 26
9. Sentença ultra petita 26

Capítulo V
DOS EFEITOS DA SENTENÇA 28
1. Efeitos principais – diretos e primários 28
   1.1 Efeito declaratório 28
   1.2 Efeito constitutivo 29
   1.3 Efeito condenatório 29
   1.4 Efeitos complexos 29
2. Efeitos secundários ou indiretos 30

Capítulo VI
DISTINÇÃO ENTRE SENTENÇA E DESPACHO DE MERO EXPEDIENTE E DESPACHO INTERLOCUTÓRIO 31
1. Das consequências da confusão 31
2. Dos despachos de mero expediente 31
3. Dos despachos interlocutórios 33
4. Dos casos mais comuns de confusão 34

Capítulo VII
A SENTENÇA E SUA FORMA – REQUISITOS NECESSÁRIOS E COMPLEMENTARES 36
   1. Requisitos necessários 36
      1.1. Relatório 38
      1.2. Fundamentação...40
      1.3. Dispositivo 48
   2. Requisitos complementares 50
      2.1. Clareza, precisão e persuasão 50
      2.2. Da introdução (ou cabeçalho)..51
      2.3. Da divisão de texto 53
      2.4. Do epílogo..54
      2.5. Do epílogo..57

Capítulo VIII
VÍCIOS E DEFEITOS 58
   1. Sentenças nulas 58
   2. Sentenças inexistentes 61
   3. Casos mais comuns de sentenças nulas 62
   4. Casos mais comuns de sentenças inexistentes 63
   5. Conclusão..64

Capítulo IX
PLANOS DO TEXTO E SEU DESENVOLVIMENTO – COMO REDIGIR 65
   1. Da arte de redigir 65
   2. Da retórica...66
   3. Do emprego da ortografia e da gramática 68
   4. Das expressões jurídicas..69

Capítulo X
DA PLANIFICAÇÃO DA SENTENÇA 72
2. O relatório 72
2. A fundamentação 72
3. O dispositivo 72
4. Esquema: Planificação do Texto..73

Capítulo XI
DA APLICAÇÃO DA LÓGICA NA SENTENÇA.
NOÇÕES SOBRE LÓGICA DEDUTIVA, LÓGICA INDUTIVA
E LÓGICA DIALÉTICA 74
1. A lógica dedutiva...75
2. A lógica indutiva..76
3. A lógica dialética...76
4. A lógica do razoável...77
5. O art. 5º da Lei da Introdução às Normas do Direito Brasileiro..81
6. Conclusão 86

Capítulo XII
TÉCNICA DE COMPOSIÇÃO. ORDEM NA APRECIAÇÃO
DAS MATÉRIASs..89
1. Das preliminares 89
2. A preliminar processual peremptória e a dilatória 89
3. A preliminar do mérito peremptória e a dilatória 91
4. Da análise das questões de fato e de direito..........................92
5. Esquema: Preliminar – Defesa indireta.................................95

Capítulo XIII
DAS SENTENÇAS COMPLEXAS 96
1. Ação e reconvenção 96
2. Ações dúplices 98
3. Intervenção de terceiros e do litisconsórcio 99
4. Ações reunidas por conexão ou continência 101

5. Pedidos alternativos ou sucessivos 102
6. Cumulação de ações 104
7. Restituição de coisas apreendidas 104

Capítulo XIV
SUCUMBÊNCIA 106
1. Sucumbência parcial 106
2. Sucumbência e o valor da causa 107
3. Sucumbência e a assistência jurídica 107
4. Sucumbência e o art. 82 do CPC 109
5. Sucumbência e as causas de pequeno valor, ou inestimável, ou sem condenação 109

Capítulo XV
DA TÉCNICA DE CONSTRUÇÃO DE UMA SENTENÇA COM BASE EM UM ENUNCIADO (CONCURSO) 111
1. Enunciado I 111
2. Conclusão 121
3. Enunciado II 121
4. O "pânico" do candidato 122
5. A busca da solução 122
6. O desenvolvimento pela própria norma 123
7. Resumo dos elementos colhidos da própria norma 126
8. A sentença 127

Capítulo XVI
DA SENTENÇA NO JUIZADO ESPECIAL CÍVEL 134
1. A lógica do razoável no Juizado Especial Cível 134
2. A conduta conciliatória do Juiz no Juizado Especial Cível 135
3. O relatório na sentença do Juizado Especial Cível 136
4. A fundamentação 143
5 . O Dispositivo 143
6. Esquema: Composição da sentença cível no Juizado Especial . 144

Capítulo XVII
DA FEITURA DA SENTENÇA COM BASE EM UM PROCESSO COMPLETO 145

Capítulo XVIII
A LUTA PELO DIREITO 295

BIBLIOGRAFIA 313

ÍNDICE ALFABÉTICO-REMISSIVO 316

Capítulo I
BREVE HISTÓRICO SOBRE O JUIZ E SUA EVOLUÇÃO

1. O juiz da Grécia e da Roma antiga

Fustel de Coulanges,[1] em 1864, escreveu o original *La cité antique. Étude sur le culte, le droit, les institutions de la Grece et de Rome*, mostrando os princípios e as regras que governavam as sociedades grega e romana, principalmente sobre o *juiz da Antiguidade*. Na obra, verificamos que, terminado o período da realeza, surge a república, quando os juízes, tal como os reis, concentravam todo o poder de sacerdote e chefe político. Usavam coroas e ofereciam sacrifícios aos deuses. Tudo muito próprio para a época em que o culto às divindades imperava, crendo-se que os representantes eram apontados pelos deuses; toda forma de autoridade devia ser de algum modo religiosa. Os magistrados eram verdadeiras divindades, escolhidos por critérios meramente esotéricos e impostos a cada comunidade. Assim, na realeza, a escolha recaía sobre o filho que sucedesse ao pai, pois o nascimento revelava a vontade dos deuses; terminada a realeza, buscaram a realização de eleições que não fosse desaprovada pelos deuses. Assim, "um magistrado em exercício, isto é, um homem já investido do caráter sagrado e dos auspícios, indicava entre os dias fastos aquele durante o qual se devia fazer a nomeação do cônsul. Durante a noite precedente, velava, ao ar livre, com os olhos fitos no céu, observando os sinais enviados pelos deuses e, ao mesmo tempo, pronunciando mentalmente o nome de alguns candidatos à magistratura. Se os presságios fossem favoráveis eram porque os candidatos agradavam aos deuses. No dia seguinte, o povo se reunia no campo de Marte; presidia a assembleia a mesma personagem que

---
1 Fustel de Coulanges. *A cidade antiga; estudos sobre o culto, o direito, as instituições da Grécia e de Roma.* Editora Hemus, 1975.

consultara os deuses. Ali, o magistrado repetia em voz alta os nomes dos candidatos, sobre os quais tomara os auspícios, e, se, entre quantos pediram o consulado, algum havia para quem os auspícios não tivessem mostrado favoráveis, omitia-se-lhe o nome. Esse o povo só votava nos nomes pronunciados pelo presidente[2]. Quando este nomeava apenas dois candidatos, o povo só votava esses nomes necessariamente; se mencionasse três, o povo escolhia, dentre os três, os dois nomes mais idôneos. A assembleia jamais teve o direito de votar em outros homens, a não ser nos designados pelo presidente que comandava a assembleia, porque somente para estes se tinham mostrado favoráveis os auspícios e, consequentemente, só para eles estava assegurado o assentimento dos próprios deuses"[3].

A assembleia era constituída pelo povo que votava pelo "sim" ou pelo "não", em dois nomes apontados pelo presidente da assembleia, por intermédio dos deuses. Assim, os juízes da Antiguidade eram escolhidos através de questionamentos de cunho meramente religioso, pouco importando seu caráter ou sua inteligência. E, como todo poder era emanado dos deuses, aquele que por eles era indicado detinha também um relativo poder; um poder divino.

---

[2] Fustel de Coulanges, ob. cit, Valério Máximo, I, 1,3. Plutarco, Marcelo, 5. Tito Lívio, IV, 7.

[3] Fustel de Coulanges, ob. cit. Essas regras, do antigo direito público de Roma, caídas em desuso nos últimos séculos da República, acham-se confirmadas por numerosos textos. Dionísio, IV, 84, indica claramente que o povo não votava senão nos nomes propostos pelo presidente dos comícios: se algumas centúrias votavam em outros nomes, o magistrado, que presidia aos comícios, podia não tomar conhecimento desses sufrágios. Tito Lívio, III, 21: *Consules edicunt ne quis L. Quinctium consulem faceret; si quis fecisset, se id suffragium non observaturos.* Tito Lívio, VII, 22: *Consules... rationem ejus se habituros negabant.* Esse último fato é já do ano de 352 a.C. e a narração de Tito Lívio mostra-nos que o direito do presidente era já bastante desconhecido do povo. Esse direito, daí em diante letra morta, não foi, contudo, legalmente abolido, e mais de um cônsul, depois, tentou relembrá-lo. Aluo Gélio, VI, 9: *Fulvium pro tribu aedilem curulem renuntaverunt; at aedilis que comitia habebat negar accionomen ejus* (Tito Lívio, XXXIX, 39). Valério Máximo, III, 8,3, refere que, sendo o presidente C. Pisão interrogado, na abertura dos comícios, sobre se, no caso de os sufrágios do povo recaírem em Lólio Palicano, proclamaria este como eleito, Pisão respondeu que não, *non renuntiabo;* e acrescenta ter a assembleia votado então em outro candidato. Em Veléio, II, 92, o presidente de comícios proíbe certo candidato de se apresentar, *profiteri vetuit* e, como ele persistia no intento, declara ainda que, embora seja eleito pelos sufrágios de todo o povo, não lhe reconhecerá a eleição. Ora, a proclamação do presidente, *renuntiatio,* era indispensável, e sem essa proclamação não havia eleição.

2. Do juiz na atualidade

Com a formação do Estado Moderno de Montesquieu, surge o Poder Judiciário hodiernamente conhecido, sendo o magistrado uma pessoa comum, sem qualquer conotação com a divindade de outrora. Surge o magistrado de responsabilidades, pois, o poder – no verdadeiro Estado Democrático de Direito –, somente à lei pertence. Por isso, o juiz não detém poder; este o tinha o rei, o déspota, o tirano que, ao entrar na casa de qualquer um, podia tomar para si qualquer coisa, como se fosse dono de tudo. O juiz moderno (no Estado de Direito) pode tornar um cidadão abastado economicamente num pobretão, ou ainda, impedir a sua liberdade de ir e vir; se não por sua própria vontade, mas sim pela lei, aplicada ao caso concreto, sujeita interpretação a recurso ao órgão colegiado.

Em sendo a sentença cível a forma de acomodação da paz e da ordem sociais, resta claro que aquele que a aplica, o magistrado, deve conhecê-la, operá-la tecnicamente, como o faz um bom cirurgião com seu bisturi. Um erro, por menor que possa ser, permite a ocorrência de graves e irreparáveis danos à parte ou terceiros, ainda que a lei preveja uma reparação para tanto pois, nem sempre aquela é completa e tempestiva.

Embora a construção da sentença seja competência exclusiva do magistrado, todos os demais profissionais dos direitos devem conhecer sua estrutura técnica, sendo insignificante a discussão quanto a quem deva ter os plenos conhecimentos sobre a correta técnica estrutural da sentença. Os advogados, os procuradores em geral e o ministério público, todos, juntamente com o magistrado, irão permitir a ocorrência do aprimoramento da peça final e fundamental na composição dos conflitos – a sentença – quer através de sua feitura, quer através de sua apreciação e recursos.

Afinal, a prestação da tutela jurisdicional, pelo juiz moderno, encerra-se com a entrega da sentença em mãos do escrivão ou com a publicação em audiência. O que não representa, necessariamente, a efetiva prestação da composição do conflito.

Como então buscar qualquer correlação em face de direito invocado, se o profissional de direito não conhecer o suficiente e necessário sobre a sentença?

Por isso, e de outra forma não poderia deixar de ser, pelos arts. 127 e 133 da CF, a advocacia e o ministério público são atividades essenciais e indispensáveis para a prestação da Justiça.

Assim, o juiz moderno, transcendendo a magia e a divindade que remotamente havia na sociedade, tem o dever de edificar suas sentenças com a técnica primorosa que se espera de um magistrado, evitando-se sejam aquelas anuladas e, assim, buscar com a prestação da tutela jurisdicional, a distribuição da verdadeira justiça, cônscio de que seu poder-dever não advém dos presságios divinos.

Capítulo II
DA EVOLUÇÃO HISTÓRICA DA SENTENÇA

1. Do período da *lex aebutia* e da *lex iulia iudiciorum privatorum* – "O primórdio"

J.M Othon Sidou, definindo o termo *sentença* [4], registrou a evolução histórica da sentença, no berço do direito, no surgimento da Lex Aebutia, do século II a.C. e da Lex Iudiciorum privatorum, do ano 17 a.C., concluindo que aquela sempre foi designada para as decisões finais, na qual o juiz dizia sobre o direito reclamado. Outras espécies de decisões, no transcurso do julgamento, eram, deste então, meras decisões interlocutórias. Registra ele que a ação, inicialmente adotada por fórmulas orais (*certis verba*), seguiu a fórmulas escritas, nas quais eram examinadas as questões preliminares, como competência do tribunal, capacidade das partes e legitimação processual, para depois, se vencidas tais questões, enfrentar o pedido propriamente dito. Buscava, então, os elementos apresentados pelo autor e pelo réu, admitindo-os ou rechaçando-os. Possuía o *iudex* total liberdade na formação de seu convencimento, quer através da prova documental, quer pela pericial, quer pela testemunhal, mas caso não estabelecesse se a razão estava com uma ou com outra parte, declinava do julgamento.

2. Da sentença no período pré-justiniano

Mais tarde, no direito pré-justiniano, o *non liquet* foi substituído pela *consultatio*, quando o juiz dizia sobre o inconformismo, por escrito, dando às partes a oportunidade para arrazoar sobre tal (*libelli refoturii*), podendo a sentença, caso fosse incerto o pedido, também ser incerta.

---
4 *Enciclopédia Saraiva do Direito*, 1ª ed., 1981, vol. 68, pp. 174/176.

3. Do período pós-clássico

Com o regime pós-clássico, passou-se a admitir dois tipos de condenação: a incerta e a que atingia a coisa, através de sua restituição, registrando-se a expressão *nisi* (a menos que). De qualquer forma, o procedimento romano sempre reconheceu a sentença como "a decisão final; a última etapa da *actio*; a sua síntese; o espelho dos pesos e contrapesos experimentados no correr da lide, refletindo os debates e as provas; o arremate final em que o juiz aponta o vencedor da causa". [5]

4. Do período moderno

Carlos Silveira Noronha,[6] com propriedade singular, encerrou a conclusão de que a sentença "é o coração do processo e o espelho de todo o ordenamento jurídico", que revelada através da instrução, em "sua função definidora do direito adequado a reger as situações concretas, mostrando-se o seu conteúdo, na revelação da norma aplicável de conformidade com a realidade pública, social e religiosa vivida pelo homem em cada momento histórico e em todos os tempos".[7] Reflete ela o pulsar do ordenamento jurídico, sofrendo toda a sorte de ingerência subjetiva de seu prolator, sem que se torne um criador ou um mero aplicador da lei. Couture, em conferência realizada em 1949 na Faculdade de Direito de Paris, disse: *"Vê-se na sentença simples revelação da lei, sendo o processo o braço da lei estendido até o caso concreto".*

"Assim, a função declarativa da sentença vigora desde os primeiros tempos e se conserva nos sistemas jurídicos modernos, salvo nos casos raros em que não vige a perfeita separação entre a função de criar e a função de aplicar o direito. A única distinção registrada nessa larga perspectiva histórica é a da sentença romana em relação à sentença moderna, no sentido de que aquela era reveladora da fórmula pretoriana, no período clássico ou da *actio*, no período pós-clássico, enquanto que a partir da decadência de Roma e notadamente a partir do "Estudo científico" de Bolonha a sentença definitiva teve a função reveladora do direito. Nem mesmo a sentença romana significaria cisão à conformidade da função sentencial referida, pois esta era sempre reveladora do

---

[5] J.M. Othon Sidou, ob. cit., p. 176.

[6] Carlos Silveira Noronha. *Sentença Civil – Perfil Histórico – Dogmático*. Editora Revista dos Tribunais, edição de 1995, p. 285.

[7] Carlos Silveira Noronha, ob. cit., p. 285.

direito involucrado na *actio*, num dos casos, transfundido na fórmula pretoriana, no outro, de modo que a função reveladora ou declaratória da sentença não mudou, pois as mudanças produziam-se na estrutura processual e não propriamente na função da sentença".[8]

5. Conclusão

A sentença, desde os primórdios de sua existência, sempre exigiu a apreciação das questões preliminares para possibilitar a verificação de seu objeto principal, a demanda. Se as provas não fossem suficientes, não haveria, em certa época, um julgamento do mérito, mas, em caso contrário, este vinha como meio de, definitivamente, dar a solução cobrada a cada caso concreto, de conformidade com as normas atinentes e com a realidade político-social de cada momento de ocorrência. Era, e sempre foi, reveladora do direito ao caso concreto, distinguindo-se de outras espécies de decisões interlocutórias. Historicamente, a sentença sempre foi culminou na tentativa de composição dos conflitos gerados pelas relações interpessoais, fosse através da estrutura processual, a *actio* da Roma antiga, fosse pela própria e hodierna função da sentença. De qualquer forma, obedecia-se a preceitos que determinavam fossem verificadas, inicialmente, as questões preliminares para, somente então, se vencidas aquelas, analisar-se o mérito da causa. Sempre foi distinta de outras espécies de decisões, desde então consideradas como interlocutórias.

A sentença na atualidade também busca solucionar cada caso apresentado, atendo-se às finalidades sociais e ao bem comum direcionados pela lei. Possui, como veremos, estruturas próprias e indispensáveis, ainda que de forma indelével. Contudo, diante da velocidade em que a sociedade vem se desenvolvendo, gerando cada vez mais um número maior de conflitos a serem apreciados pelo judiciário; pela insuficiência de magistrados em todas as esferas, em nível nacional, a decisão, o julgamento, a sentença, afinal, acaba por se mostrar, em grande parte, inoperante.

Decorrência da rapidez desenvolvida pela sociedade, a velocidade com que as informações são apresentadas é de tal ordem que mal permitem aos profissionais do direito tomar conhecimento das mesmas (legislação e jurisprudência) e, com isso, tem-se, por vezes, a construção

---
8 Carlos Silveira Noronha, ob. cit., pp. 287/288.

desatenta da sentença e o desapercebido erro pelo advogado, procurador, ou promotor de justiça.

De tudo resulta na afirmação de que, na atualidade, quando já bastante estudada e estruturada a sentença cível, ainda restam circunstâncias extrínsecas negativas, que a atingem intrinsecamente e, pois, a prestação da tutela jurisdicional, máxime em busca da paz e da ordem sociais, a serem buscadas por todos os profissionais de direito.

Capítulo III

DA ORIGEM DO TERMO SENTENÇA, SUA DEFINIÇÃO, SEU SIGNIFICADO E REPRESENTAÇÃO

1. A Origem

O termo sentença advém do latim *sententia*, e tem seu significado jurídico como decisão, julgamento, juízo, pronunciamento, resolução, veredicto, enunciado ou ato do juiz, tribunal, junta, órgão competente ou árbitro. Ensina-nos Tourinho Filho[9] que, "vem a palavra do latim *'sententia'* que, por sua vez, vem de *'sentiendo'*, o gerúndio do verbo *'sentire'*, dando a idéia de que, através dela, o juiz declara o que sente (*quod judex per eam quid sentiat declaret*)".

2. Sua definição

A *sentença judicial*, seja monocrática ou colegiada, é o ápice da vivificação da execução do poder judicante, ao qual incumbe, na tripartição dos poderes do Estado, o poder dever de julgar, compondo as lides.

Assim, avocado pelo Estado, exclusivamente, o poder de criar o ordenamento jurídico, executá-lo e interpretá-lo, é a sentença o ato jurídico, político e social, que espelha a ação do Estado, pelo Poder Judiciário, em sua obrigação de dar a cada um o que lhe pertence, prestando a tutela jurisdicional de conformidade com o ordenamento jurídico que lhe socorra, independentemente de esse ordenamento ser escrito ou não.

Frederico Marques[10] conceitua que "sentença é o ato de composição do litígio ou causa penal, em que o preceito normativo, imposto pela ordem jurídica, se transforma em preceito concreto e específico".

---

9 *Processo penal.* Editora Jalovi, 1972, 2ª ed., p. 167.
10 Nilo Bairros de Brum, "Elementos de direito processual III", p. 19, in *Requisitos Retóricos da Sentença Penal,* Editora Revista dos Tribunais, p. 6.

Diz Moacir Amaral Santos:[11] "com efeito, como conclusão a sentença formula uma ordem, uma decisão, um comando. Essa conclusão se contém na premissa maior, na rega legal, na regra jurídica, da qual a decisão nada mais é do que a sua concretização, aplicação à espécie. Efetivamente toda regra jurídica, toda regra legal, contém um imperativo, e é precisamente esse imperativo aplicado ao caso concreto que se insere na decisão".

Enrico Tullio Liebman[12] conceitua sentença como a "resposta do juiz ao pedido das partes e momento culminante do processo de conhecimento".

Todavia, não podemos esquecer que ao *juiz, em sua atuação*, não é dado se eximir de prestar a tutela jurisdicional, compondo a lide sentenciando, decidindo, por omissão da lei; e sempre deverá observar, na aplicação da lei, "*aos fins sociais a que ela se dirige e às exigências do bem comum*". (arts. 4º e 5º, *LINDB* e 3º do *CPP*).

O julgador revela seu sentimento em relação aos fatos e ao direito apontados no processo. Em assim sendo, a sentença contém um juízo de convencimento, formado de maneira complexa, por via de uma operação de caráter crítico e intelectual, em etapas sucessivas que devem culminar, para o julgador, com a solução que se lhe apresenta conformada ao direito e à justiça. Daí dizer-se que a sentença apresenta-se como um *fato jurídico* (pela total obediência a todas as regras atinentes), de um lado, e, de outro, como o *ato de vontade* (a do julgador na busca do pensamento do legislador, dirigido à consecução do bem comum, dando sustentação à existência das normas regulamentadoras da sociedade), no qual o julgador patenteia o seu estilo, o intelecto, a vontade e a sensibilidade dele. Nasce, assim, a dicotomia formada entre o formalismo e o realismo jurídico da sentença e, o segundo, o subjetivismo na apreciação dos fatos e do direito. E dois são os momentos do nascedouro da sentença: ao final da instrução ou, conforme o estado do processo. Em um ou noutro caso, de qualquer forma, julgando ou não o mérito, extinguindo ou não a ação, a sentença é o ato decisório por excelência, "que tem força de lei nos limites da lide e das questões decididas" (*art.503, CPC*), "ato pelo qual o juiz põe termo

---

11 *Primeiras Linhas de Direito Processual Civil*. São Paulo, 1963, v. 3, p. 18, nº 645.
12 *Comentário a acórdão*, Revista dos Tribunais. São Paulo, v. 144: 270-2, 1943.

ao processo decidindo ou não o mérito da causa" (*art. 203 § 1º, CPC*). Por isso, a sentença, como fato jurídico, nascido por dever de ofício, imposto aos magistrados no desempenho de suas funções, não é mero ato jurídico processual, em sentido estrito. É claro que ao Judiciário não compete exclusivamente a *função* de julgar[13], na medida em que a Constituição Brasileira, desde 1824[14], atribui também a função jurisdicional à Câmara dos Deputados e ao Senado Federal que, embora pela tripartição dos poderes possuam precipuamente a função de legislar, também têm em suas competências a de julgar. Ademais, embora o Poder Judiciário possua divisões, por competência, com competência federal e estadual, ele é nacional, conforme observou João Mendes Júnior, que necessita também, em sua atividade judiciária, do exercício de atividades administrativas (*art. 96, CF*) e legislativa (*art. 125, § 3º, CF*).

---

13 Vicente Miranda, *Poderes do juiz do processo civil brasileiro*. Editora Saraiva, 1993, pp. 65/66. Leciona o autor que "Personificação que é do Poder Judiciário, investe-se o juiz de poderes decorrentes do Poder que Personaliza. Seus poderes derivam diretamente do Poder estatal; são emanações desse Poder político-estatal. São poderes judiciais ou judiciários. Assim os denominamos porque emanam do Poder Judiciário e porque são praticados pelo juiz, singular ou coletivo. Qualificam-se pelo elemento subjetivo, vale dizer, pelo órgão que os exerce. São considerados a parte *subjecti*. De todos os poderes judiciais ou judiciários, o de julgar é o essencial, o substancial, o que decorre da natureza mesma do Poder Judiciário. Julgar é tarefa primeira do juiz. Aí está sua essência. Aí reside sua substancia. A finalidade última desse poder é de aplicar coativa e processualmente o direito. Mas a separação de Poderes adotada pelo nosso ordenamento jurídico-constitucional não se reveste de rigidez absoluta. Evidenciou a experiência que, para que cada Poder estatal seja independente um do outro, é necessário que cada qual pratique, secundária e excepcionalmente, alguns atos que, em sua essencialidade, pertenceriam a outro ou a outros poderes. Assim, o Poder Legislativo, cuja finalidade substancial é a de legislar, pode, em certos casos especificamente contemplados pela Constituição, julgar e administrar. Por seu turno, o Poder Executivo, que tem por missão administrar, também pode, em certas hipóteses expressamente referidas pelo legislador constitucional, legislar. São todas tarefas secundárias, que não dizem respeito à essência de cada Poder. Ao lado de sua tarefa essencial, que é a de julgar, pode o juiz, em certos casos expressamente previstos pelo ordenamento nacional, legislar, administrar e exercer atividade correcional. São poderes secundários: o poder legislativo, o poder administrativo, e o poder correcional".

14 *Constituição Política do Império do Brasil*, 1824, art. 47, nº I; *Constituição da República dos Estados Unidos do Brasil*, 1891, art. 33; *Constituição da República dos Estados Unidos do Brasil*, 1934, art. 58; *Constituição dos Estados Unidos do Brasil*, 1934, art. 86; *Constituição dos Estados Unidos do Brasil*, 1946, arts. 59 e 88; *Constituição do Brasil*, 1867, arts. 44 e 85; *Constituição da República Federativa do Brasil*, 1988, art. 52.

A sentença, como ato nascido da vontade humana, pelo juiz ("sujeito imparcial do processo, investido de autoridade para dirimir a lide, o juiz se coloca *supra et inter partes*"),[15] sofre toda a sorte de interferência, como em qualquer ato volitivo do ser humano, O juiz, pois, ao proferir a sentença (quando ditada) ou ao prolatar (quando a entrega já escrita, por qualquer meio), tem a interagir com os elementos de interpretação e convencimento toda uma gama de *fatores subjetivos e pessoais*, tais como a formação religiosa, escolástica, social, cultural e do meio de convivência, sem que estes possam criar uma nova lei ou modificar a existente. Ou seja, um juiz que pertença a uma determinada crença religiosa que impede a transfusão de sangue, por mais que se possa imaginar que tal norma de conduta religiosa irá impedi-lo de reconhecer o direito pleiteado (a transfusão de sangue), deve-se colocar *acima e entre as partes*, para proferir o julgamento, de forma imparcial. E é aí que o desenvolvimento intelectual na feitura da sentença sofre a interferência direta do julgador, como ato subjetivo na formação do convencimento. Igualmente, na sentença, quando da interpretação da norma invocada, tem-se a dose de todo caráter e personalidade do julgador naquele texto, que irá se transformar em lei entre aas partes e será exigido o respeito de todos. Tal, porém, repito, não autoriza ao julgador sobrepor-se à própria lei (*art. 140, CPC*), ainda que a apreciação seja por equidade (*art. 140, CPC*), posto que, embora a apreciação da prova seja livre (portanto com caráter altamente subjetivo), deve o juiz indicar na sentença, os motivos que lhe formaram o convencimento (*art. 371, CPC*).

Portanto, a sentença é o ápice da vivificação da execução do poder judicante, ao qual incumbe, na tripartição dos poderes do Estado, o poder dever de julgar, compondo as lides, como um fato jurídico e como um ato de vontade, na qual o juiz externa seu livre convencimento, conforme os elementos dos autos, motivando-os, sem se transformar em legislador.

Sem embargo, para a sociedade a sentença judicial é a resposta aos conflitos gerados em seu meio, como forma de debelá-los ou acomodá-los, mas, em qualquer caso, com justiça.

---

15 Antonio Carlos de Araujo Cintra, Ada Pellegrini Grinover, Cândido Rangel Dinamarco, *Teoria geral do processo*. Revista dos Tribunais, 1976, p. 259.

3. Seu significado e sua representação

Piero Calamandrei,[16] com grande propriedade, já nos idos de 1959, na obra *Elogio dei Giudici*, registrou, em sua quarta edição, o verdadeiro sentir do julgador, por ocasião da feitura de sua sentença:

"X – Do *sentimento e da lógica nas sentenças*

A fundamentação das sentenças é certamente uma grande garantia de justiça, quando consegue reproduzir exatamente, como num esboço topográfico, o itinerário lógico que o juiz percorreu para chegar à sua conclusão. Nesse caso, se a conclusão estiver errada, poder-se-á descobrir facilmente, através da fundamentação, em que etapa do seu caminho o juiz perdeu o rumo.

Mas quantas vezes a fundamentação é uma reprodução fiel do caminho que levou o juiz até aquele ponto de chegada? Quantas vezes o juiz está em condições de perceber a exatidão, ele mesmo, os motivos que o induziram a decidir assim?

Representa-se escolarmente a sentença com o produto de um puro jogo lógico, friamente realizado com base em conceitos abstratos, ligados por uma inexorável concatenação de premissas e consequências; mas, na realidade, no tabuleiro do juiz, as peças são homens vivos, que encontram ressonâncias ou repulsões, ilógicas, mas humanas, nos sentimentos do judicante. Como se pode considerar fiel uma fundamentação que não reproduza nos meandros subterrâneos dessas correntes sentimentais, a cuja influência mágica nenhum juiz, mesmo o mais severo, consegue escapar?

Embora se continue a repetir que a sentença pode se reproduzir esquematicamente a um silogismo no qual, a partir de premissas dadas, o juiz tira a conclusão apenas em virtude da lógica, às vezes acontece que o juiz, ao formar a sentença, inverta a ordem normal do silogismo; isto é, encontre antes a conclusão e, depois, as premissas que servem para justificá-la. Esta inversão da lógica formal parece ser oficialmente aconselhada ao juiz por certos procedimentos judiciários, como aqueles que, enquanto lhe impõem tornar público, no fim da audiência, o dispositivo da sentença (isto é, a conclusão), consentem que retarde por alguns dias a formulação dos fundamentos (isto é, as premissas). A própria lei, por

---

16 *Eles, os juízes, vistos por um advogado*. Editora Martins Fontes, 1995. Cap. IX, pp. 175/177. Tradução de Eduardo Brandão.

tanto, parece reconhecer que a dificuldade de julgar não consiste tanto em achar a conclusão, que pode ser coisa a se resolver no mesmo dia, quanto em achar depois, com mais longa meditação, as premissas de que essa conclusão deveria ser, segundo o vulgo, a consequência.

As premissas, não obstante seu nome, frequentemente são elaboradas depois 'em matéria judiciária, o teto pode ser construído antes das paredes'. Com isso, não se quer dizer que o dispositivo surja às cegas, que a fundamentação tenha o único objetivo de mostrar como fruto de rigoroso raciocínio o que, na realidade, é fruto do arbítrio; quer-se dizer apenas que, no julgar, a intuição e o sentimento muitas vezes têm papel bem maior do que parece a quem vê as coisas de fora. Não é por nada, diria alguém, que sentença deriva de sentir".

Humberto Theodoro Júnior[17] faz registrar que "A sentença, na definição do Código, é o ato pelo qual o juiz põe fim ao processo, decidindo ou não o mérito da causa (*art. 203, § 1º, CPC*). Há, portanto, sentenças de mérito e sentenças apenas terminativas. A finalidade do processo, no entanto, é a *composição da lide*, de maneira que, toda vez que o juiz encerra a relação processual sem julgar o mérito, frustrada resultou a prestação jurisdicional.

O processo não existe como um fim em si mesmo, mas como um instrumento de atuação do direito material nas situações litigiosas, para *manter a paz social e o império da ordem jurídica*".

Com razão o professor Humberto Theodoro Júnior. Contudo, antes mesmo de o processo existir não como fim, mas sim como meio de composição, para a manutenção da ordem e da paz social, absolutamente necessárias para uma sociedade politicamente organizada, temos que a *finalidade da lei* é a sua extinção, antes mesmo da *finalidade do processo* que daquela possa nascer. Sim, porque a lei, a conduta normatizada, busca sempre reger situações já existentes na sociedade que, justamente por não possuírem regras, passam a necessitar daquelas. Assim, até a existência de veículos automotores a circular em locais públicos, não havia necessidade de uma norma que regulamentasse tal conduta social. Surgiram os veículos e seguiram-se as normas atinentes. Mas, por absurdo natural, não vemos sequer propostas ou projetos de normas que possam regulamentar o estacionamento de veículos no espaço aéreo. E a norma sobre

---

17 *Sentença – Direito processual civil ao vivo*, 2ª ed., 1997, p. 23.

estacionamentos em vias terrestres, pública, de há muito existente, busca, na verdade, uma conduta por parte das pessoas de forma tal a tornar-se desnecessária a aplicação da própria norma e, pois, dos processos e das ações decorrentes. Daí dizer-se que a cultura e a ordem de uma nação são medidas pelo número de leis que regem as condutas daquele povo: quanto maior o número de leis, menor o *grau de cultura e ordem social*. E isso porque aquela sociedade se apresenta de tal forma desajustada à convivência social, sem respeito ao reconhecimento dos direitos de outrem e sem conhecimento e exigibilidade de seus direitos, que obriga o legislador a sistemática produção de normas de toda ordem, necessárias para regular as relações sociais. Estas, quando havidas em uma nação com elevado grau de cultura e ordem social, sofrem acomodação pelos próprios usos e costumes daquela nação, dispensando sua regulamentação escrita. E isso implica por que razão a constituição inglesa, é, em sua base, consuetudinária; a americana, composta por apenas 33 artigos, subdivididos em 21 seções, com total de 68 itens, nascida em 1787, sofrendo, desde então e até 1987, 26 emendas. E a nacional, com 250 artigos, além dos 97 outros, de Disposição Transitória, que com menos de doze anos já conta com mais de 20 emendas. Talvez explique (ou melhor, seja reflexo) o caos social, a falência do Estado e a desordem desenfreada nacionais. As emendas estão próximas ao texto primitivo.

Por isso, reafirmo que, antes mesmo de buscar os *objetivos do processo*, deve-se buscar o *fim da própria lei*.

Maria Helena Diniz[18] anotou, sobre a "Função decisória da *ciência jurídica*".

"A ciência do direito aparece como teoria da decisão de assumir o modelo teórico empírico, visto ser o pensamento jurídico um sistema explicativo do comportamento humano regulado normativamente, sendo uma investigação dos instrumentos jurídicos de controle da conduta. A ciência jurídica, nesse sentido, é uma teoria para obtenção da decisão, indicando como se deve fazer para exercer aquele controle. Decidir é um ato que visa a tornar incompatibilidades indecidíveis em alternativas decidíveis, que, num momento seguinte, podem criar novas situações até mais complexas que as anteriores. Logo, se o conflito é condição de possibilidade da decisão, esta não o elimina, mas tão somente

---

18 *Compêndio de introdução à ciência do direito*. Editora Saraiva, 10ª ed., p. 205.

o transforma. É por isso que se diz, como vimos, que decisão jurídica (a lei, o costume, a sentença judicial etc.) não termina o conflito através de uma solução, mas soluciona pondo-lhe um fim, impedindo que seja retomado ou levado adiante (coisa julgada)". Esta é, pois, a *função decisória da sentença*.

E prossegue Humberto Theodoro Jr., na obra citada, à p. 36:

"Somente, portanto, quando compõe o *conflito de interesses* existentes antes dele é que o processo cumpre sua missão.

Deve, então, o juiz esforçar-se ao máximo para evitar julgamentos de nulidade por questões meramente formais, procurando sempre que possível atingir o mérito da causa, para eliminar a situação litigiosa que revolta as partes e intranquiliza a sociedade.

Se há *vícios de forma*, deficiências de representação, falta de documentos e outros senões dessa natureza, o correto é o juiz determinar o procedimento adequado ao assinar o prazo para que a parte supra o defeito do processo.

A extinção do feito sem julgamento do mérito é, pois, decisão que só em último caso deve ser proferida, ou seja, quando o defeito seja tão profundo que não haja como saná-lo, ou quando a parte não se interessa em removê-lo no prazo que lhe é concedido".

Refere-se o renomado professor às *sentenças extintivas*, sem julgamento do mérito posto que, pela regra do art. 487, incs. I a V, do CPC, quando, *v.g.*, as partes compõem, há a extinção do processo, com julgamento do mérito. E aqui, embora sem a participação do juiz na elaboração da sentença meritória, mas meramente homologatória, tem-se a vivificação da finalidade da própria lei (e não apenas a do processo, que serviu de instrumento para a consecução do fim buscado pela lei): a acomodação dos problemas surgidos entre as partes, pelas próprias partes. Sim, porque, nesse caso, sem a sentença meritória, não há a imposição da solução, que nem sempre atinge os interesses das partes. É claro que o juiz e seu julgamento não se prestam a agradar a esse ou àquele; mas sim a distribuir a justiça. E essa não pode ser mais bem encontrada senão pelas próprias partes, respeitado o ato jurídico perfeito. Assim, ninguém melhor que as próprias partes para saberem, na composição, *v.g.*, o destino de seu patrimônio.

Esse é o pensamento de Rudolf von Ihering, retratado na obra de Maria Helena Diniz[19]: "O critério relativo de finalidade é o norteador da *interpretação jurídica*, que deve buscar o fim pretendido pela norma jurídica em um caso concreto. Para Ihering, deve-se, portanto, interpretar a norma levando em conta seus fins, esclarecendo que a norma jurídica não é um fim em si mesma, mas um meio a serviço de uma finalidade, que é a existência da sociedade".

Galeano Lacerda[20] estancou a discussão registrando: "O primado da justiça, com exigência individual:

Até esses extremos pode conduzir o desequilíbrio entre os fins antinômicos do processo, quando a hipertrofia prender a função social de, a qualquer modo, pôr-se termo ao conflito, para restabelecimento da paz, embora aparente, do grupo.

A essa função opõe-se outra, de caráter individual – a de fazer justiça às partes.

Aqui, a rigor, o espírito do juiz deveria despojar-se de qualquer preconceito social, para debruçar-se na *análise científica dos fatos controvertidos*, a fim de captar-lhes o exato valor, o perfeito sentido jurídico, e, desse modo, descobrir a norma concreta, reguladora da conduta individual das partes.

Sem dúvida, existe nessa preocupação uma nota maior de racionalidade, a representar um estágio de evolução superior. Mas a verdade é que isso só se torna possível quando os valores individuais começam a impor-se também ao respeito do grupo.

Como sempre, os exageros são condenáveis. A hipertrofia da função individual do processo conduz à tendência de desprezar-se o tempo de duração do litígio, na ânsia de realizar justiça plena, e à de dar-se sempre oportunidade à parte insatisfeita de lograr o reexame da questão. O horror à injustiça, o exagero do escrúpulo pode, inclusive, operar como preconceito social e cultural, e legitimar o termo das demandas.

Essa sede de perfeição e de absoluto é inatingível na terra. Não pode, na verdade, o juiz libertar-se da circunstância de que ele representa o grupo, com todas as suas contingências culturais, nem de outra,

---

19 Maria Helena Diniz, ob. cit., p. 59.
20 Artigo publicado no jornal *Tribuna da Magistratura*, Caderno de Doutrina, abril de 1999.

mais grave, de que a luta e as imperfeições do processo não constituem ambiente próprio à pesquisa da verdade científica absoluta.

O exagero nesse terreno prova, portanto, a existência de uma cultura individualista, a prejudicar a outra finalidade, a social, do processo". Por isso, conclui-se que a sentença, como ato próprio do julgador, deverá buscar, a princípio, a distribuição da justiça tendo como fim precípuo não o direito individual reclamado, mas sim a ordem social, que foi o nascedouro na exigibilidade de criação das leis. Haverá de sofrer, é certo, toda gama de influências pessoais de cada julgador, máxime ante a evolução (ou involução, em alguns aspectos) cultural e social, que dotam a lei, a norma, de uma característica especial, que é a sua dinâmica, a qual sempre estará (pelo princípio necessário para a formação da lei de que inicialmente existe o fato para depois ser normatizado) aquém da evolução sociocultural. E, por isso mesmo, exigindo o juiz de uma inferência intelectual voltada, antes de tudo, à *finalidade social da própria lei*, ainda que o exame do caso se refira a um direito material individual. Daí repudiar-se, também, as denominações às sentenças homologatórias ou de reconhecimento da revelia, com aplicação da confissão, de "*sentensinhas*".[21] Nesse sentido, a sentença pode ser singela, pequena em número de folhas, sincopada ante a penalização dirigida ao réu, ou aparentemente insignificante quando homologa, em poucas linhas, uma composição. Mas será sempre uma sentença, que terá, pela finalidade social da lei e pela função publicista do processo (e, pois, da sentença), o mesmo peso e grandeza daquelas que de maior complexidade, ou de maior número de horas de estudo, ou de páginas, são construídas posto que, qualquer *espécie de sentença*, de qual tamanho ou grau de complexidade for, será sempre o meio para a aplicação do princípio inserido na norma, com o fim de manter-se a estabilidade e a evolução sociais. E quando a estabilidade é mantida por ação das próprias partes, ao se comporem, no processo, por certo maior ainda será a atuação do juiz, em sua pequena e singela sentença homologatória, que irá declarar a to-

---

21 Arruda Alvim. *Manual do direito processual civil*. Editora Revista dos Tribunais, 2ª ed., 1982, p. 345. O autor confirma: "A sentença é o ato final do juiz que encerra o procedimento em primeiro grau de jurisdição, com ou sem julgamento do mérito (*art.203*). Tanto é sentença aquela prolatada com base no *art.485* (extinção do processo sem julgamento do mérito), quando aquela proferida com base no *art.487, III* (julgamento da causa), como, ainda, a que seja enunciada com base no art. 269, nos *II a V* (atos, autocompositivos)".

dos, e a todos irá impor obediência, em nome do equilíbrio e da ordem sociais, que aquele conflito, inicialmente não solucionado pelas partes, levado ao judiciário, teve a solução determinada por consenso das próprias partes, revelando a verdadeira função da lei, que é a sua própria extinção, na medida em que as pessoas saibam se conduzir, cônscios de seus direitos e suas obrigações. Não pode existir, assim, qualquer menosprezo por qualquer espécie de sentença, vista esta nesse sentido. Decorre, daí, ainda, a criação das *súmulas vinculantes*, pretendidas como meio de estancar as avalanches de recursos nos Tribunais Superiores, em sua maioria desnecessários, pois repetitivos. Sem sombra de dúvidas que os tribunais têm enfrentado sérios reclamos em face do vagar dos julgamentos, decorrente do número desumano que cada relator possui sob seu exame. Algo é necessário ser feito. Porém, nada que posa vir a tolher a possibilidade do juiz de, na sua sentença, externar o exame de todas as circunstâncias evolutivas ou não, da sociedade, tornando-o mero "aplicador de leis", sem expressar aquilo que "sente", sem "sentir", sem estar sentindo ou "*sentiendo*", sobre o caso apresentado, naquele momento e naquela região. Sociologicamente, Gilberto Freyre deixou muito pequeno o país dividindo-o em "dois Brasis", na medida em que os Brasis são muitos mais, em face da dimensão que cria não apenas clima e condições geográficas bastante definidas e distintas, mas também uma evolução social e cultural bastante diferente uma das outras, de norte a sul, de leste a oeste. E mesmo assim, a lei é a única em todos os Estamos Membros, tendo-se, não raramente, um juiz sulista atuando ao extremo norte do país, sofrendo as influências de ordem pessoal, na apreciação subjetiva, mas reconhecendo, ainda que relutante, estar num Brasil diverso daquele que conhecera no sul. Resulta daí a conclusão de que, embora única a legislação pátria, quando aplicada a regiões tão distintas entre si que poderiam se construir até mesmo em outras nações, tamanhas as diferenças, restando ao julgador o poder-dever de interpretar a lei, aplicando-a conforme inicialmente a sua finalidade social e coletiva, restará, ainda, a possibilidade de se "*fazer justiça*". No vinculante, que o impeça de fazer as inferências mencionadas, a verdadeira e necessária "*aplicação da justiça*" será resumida como de incumbência dos Tribunais Superiores, nas matérias que assim incidir a súmula, tornando desnecessária a atuação do juiz e da própria lei. Na medida em que, sumulada a sua interpretação (que é legislar sobre a própria lei), não será mais possível discutirem-se as divergências naturais de cada caso, em cada região ou em cada um dos dois ou mais Brasis, colhendo o juiz os seus anseios e reflexos daquela sociedade, e o que absorve por sua fixação e sua convivência naquela comunidade específica, passará a ser da incumbência dos membros dos Tribunais Superiores, e seus auxiliares, centralizados na capital do país, sem o convívio diário com as partes, com as testemunhas, com os réus, com as vítimas, com o povo, que é seu destinatário final da estruturação da nação. Instrumento haverá, por absolutamente necessário, a dar condições, aos Tribunais Superiores, de terem em seus julgamentos a tão pretendida celeridade, reduzindo-se os números de feitos repetitivos, mas que esse instrumento não atinja o cidadão, em favor dos interesses da administração pública, beneficiando o mais forte (Estado), que somente existe em razão do mais fraco (o povo). Talvez a imposição, ao poder público, de cumprir essa ou aquela súmula, impedindo-o de seguir com outros recursos, com penalização severa, posto que o poder público existe em função do povo e para o povo; mas em hipótese alguma, desse que é o cerne da existência, sofrer impedimentos em sua liberdade de direitos e obrigações, impondo-lhe, como a lei, uma *interpretação lato sensu*.

4. Conclusão

A sentença, ápice da vivificação da execução do poder judicante, ao qual incumbe, na tripartição dos Poderes do Estado, o poder-dever de julgar, compondo as lides, é o ato de cunho formal e subjetivo, no qual o juiz declara o que sente. O seu "sentir" deve ser balizado pela finalidade social da lei pelas exigências do bem comum, como finalidade do próprio processo, dando solução aos conflitos gerados pelas relações interpessoais, como meio de manutenção da paz e da ordem sociais.

Representa a sentença judicial a força do Estado em impor sua resposta aos conflitos gerados, seja para impedir que outros mais ocorram ou para estancar aquele em especial, e a crença da sociedade nesse poder dever, pelo *fim do conflito*.

Capítulo IV
DAS ESPÉCIES DE SENTENÇA

1. Sentença definitiva

A sentença que acolhe ou rejeita, no todo ou em parte, o pedido formulado pelo autor (art. 490, CPC) é dita sentença definitiva de mérito. Enrico Tullio Liebman[22] ensina: "(...) entendida no seu significado etimológico, sentença definitiva ou sentença final do procedimento de primeiro grau é aquela que define o juízo, concluindo-o exaurindo-o na instância em que foi proferida. E tal, à evidência, só pode acontecer, particularmente em nosso direito, com o ato decisório abrangente do exame do *meritum causae*; vale dizer, com a decisão final, do órgão judiciário de primeiro grau, que dê pela procedência ou improcedência do pedido".

No entanto, também devem ser consideradas como sentenças de mérito aquelas elencadas no art. 487, CPC, incluindo-se aí as homologatórias. Nestas, o juiz não faz exame do mérito propriamente dito, pois tal, foi objeto de adequação conciliada pelas próprias partes. Todavia, deve o juiz observar a presença das condições gerais da ação, ainda que tenha havido a composição, no interesse publicista do processo. Afinal, como já registrado, suplantando o interesse pessoal pelo coletivo, ante a finalidade social da lei, inadmissível ter-se, apenas porque as partes assim dispuseram, a homologação judicial do que, v.g., não o tenha sido feito por quem de direito (parte ilegítima), ou sobre objeto ilícito (impossibilidade jurídica do pedido), ou sobre algo inexistente (interesse de agir). Daí por que a afirmação de que, ainda que uma simples sentença homologatória, seus efeitos resultarão tanto quanto os daquelas de maior complexidade. Havendo a observância das condições gerais da ação, em face da finalidade publicista da ação, a composição homo-

---
22 *Corso di diritto processuale civile*. Milão, 1952, p. 196, nº 125.

logada, que efetivamente conciliou a lide, transformando-a em acordo e não em uma imposição, atingirá o *meritum causae*, pela disposição das partes, mas também sob a fiscalização do juiz, no mínimo, estritamente sobre o mérito acordado, quanto ao preenchimento dos requisitos formais do ato jurídico perfeito. E para nós, o ato jurídico perfeito, inserido numa ação que preenche as condições gerais da ação, quando homologado judicialmente, tem seu impacto tão ou mais acentuado do que as sentenças sobre causa de grande complexidade. Afinal, a complexidade do sistema é a manutenção da ordem e da paz sociais. Atingidas estas, todas as causas ganham valoração assemelhada.

Assim, sempre que a sentença dispuser sobre o mérito da questão, sobre o conflito gerado pela relação intersubjetiva entre as partes, encerrando o processo, será ela uma sentença de mérito e, pois, definitiva, por estabelecer, em princípio, uma "solução definitiva" (de mérito) àquele conflito. Estas se classificam em *declaratórias, constitutivas e condenatórias*.

2. Sentença terminativa

Mas, por vezes teremos o processo sem as condições necessárias para o conhecimento do objeto central: o mérito. Assim, quer tenha o autor desistido da ação ou não tenha sido demonstrado o seu interesse processual (art. 485, CPC), o que ocorrerá será uma extinção do processo (e não do pedido), sem apreciação do mérito da causa. Com isso, permanece latente o conflito que levou as partes à justiça, não havendo impedimento a que nova ação seja proposta, ante a regra do art. 486, CPC, justamente para se buscar o equilíbrio e a paz sociais a que se propõe a lei.

A sentença terminativa, embora encerre o processo, não julga o mérito, mas extingue a ação. Humberto Theodoro Júnior[23] sobre a matéria escreve: "Ocorrerá, então, a sentença dita terminativa, cuja função é exclusivamente pôr fim à relação processual em virtude de sua imprestabilidade para o objetivo normal do processo. Quando tal ocorre, a deliberação permanece puramente no plano formal, e o juiz não pode antecipar, nem mesmo a título ilustrativo, qualquer comentário ou apreciação em torno da lide, portanto a função jurisdicional, ou seja, a função de compor litígios (mérito) só é legítima e só é autorizada, pela

---
23 *Curso de direito processual civil*, vol. I, 2ª ed., 1986, p. 548.

lei, quando reunidos em processo se encontrem todos os pressupostos e condições reclamados para validade e pela eficácia da relação processual.".

Por isso, se houver, no processo, elemento que imponha o julgamento com mera extinção, sem julgamento do mérito, em hipótese alguma será possível ao juiz apreciar qualquer elemento atinente ao mérito da causa. Com a extinção sem julgamento do mérito, poderá a parte propor a *nova ação* (art. 486, CPC), e naquela, se inexistentes fatos impeditivos ou modificativos do direito invocado, haverá, somente então, o julgamento do mérito.

Vê-se, mais uma vez, que o contexto final da sentença é a manutenção da paz e da ordem sociais, no momento em que a sentença meramente terminativa (que não pode apreciar o mérito da causa, ante o vício existente) não trará a mencionada estabilidade, na medida em que apenas e o tão-somente o processo haverá de ser extinto, permanecendo latente a lide e, pois, a instabilidade nas relações geradas no convívio cotidiano. Foge, assim, de sua objetividade precípua, mas não tão distante posto que, com a existência de vícios que impeçam o conhecimento do mérito, também assim se estará, ao menos em parte, mantendo o fim da própria lei, quando não atendidos os requisitos intrínsecos à validade do processo e do procedimento, que darão, ao final, o suporte basilar à sentença. Portanto, a *sentença* ainda que meramente *terminativa*, ao declarar a impossibilidade de compor a lide, de examinar o mérito, dizendo não ter havido respeito à própria lei, no processo ou no procedimento, viciando-o, terá, mesmo assim, a função de distribuir justiça, com os olhos voltados para a finalidade social da norma e do bem comum, não permitindo a ocorrência da coisa julgada. Assim, nenhuma sentença pode ser medida pela complexidade da causa apreciada, pelo tipo de processo ou pelo número de laudas.

De se salientar, contudo, que embora digam os arts. 11 e 490, CPC, que sentença terminativa, bem como todas as extintivas sem julgamento do mérito, será decidida de "forma concisa", inexiste a dispensa dos requisitos estruturais da sentença, prescritos pelo art. 489, CPC. Estabelecer-se que aqueles serão lavrados de forma concisa, não representa seja dispensado um ou mais requisitos. De qualquer forma, a concisão, como veremos, é um requisito da sentença, ainda que definitiva, de mérito.

3. Sentença declaratória

Quando a pretensão da parte, refletida diretamente no pedido (e o que procede ou improcede é o pedido e não a ação ou processo),[24] foi a declaração de um direito, como, v.g., a nulidade de um título, chegando a sentença a apreciar o mérito, diz-se tratar-se de uma sentença declaratória. Como tal, não possui os elementos próprios para a sua execução direta, dependendo de uma outra ação adequada.

Assim, toda sentença que aprecia o mérito, dando pela procedência ou não do pedido, é uma sentença declaratória, na medida em que "declara proceder ou não a pretensão da parte". Mas, quando o objeto do pedido é a declaração do que preexiste, a sentença correspondente será classificada como sentença meramente declaratória. Essas apenas declaram a existência ou a inexistência de uma relação jurídica preexistente, sem gerar condenação ou constituir ou desconstituir uma relação jurídica.

4. Sentença constitutiva

A sentença constitutiva atinge um maior grau de complexidade na medida em que, para que possa ser reconhecido e constituído o direito, é necessário ser o mesmo declarado, a fim de criar, extinguir ou modificar uma relação de direito material já existente, modificando o estado anterior da relação discutida. Assim, numa ação de divórcio, julgado procedente o pedido, inicialmente será necessário declarar-se que o embasamento legal invocado conduz à sua procedência. E com a desconstituição do casamento, decorrerá, ainda, a extinção da sociedade conjugal.

As sentenças constitutivas não são passíveis de execução, tal qual as meramente declaratórias, por não haver qualquer condenação.

5. Sentença condenatória

Quando a pretensão visa à condenação, com o objetivo de poder o autor ter a satisfação integral de seu direito, diz-se ser a senten-

---

24 Se se chegou à fase da sentença é porque o processo, a ação, "procedeu", caminhou, avançou até aquela fase. Isto é, o instrumento para a composição da lide, o processo teve uma tramitação que não necessariamente foi regular, mas de qualquer forma, seguiu até a fase da sentença que, se meritória, dará a procedência ou não do pedido.

ça condenatória, justamente por impor uma sanção ao vencido. Aqui também, para se concluir pela aplicação ou não da sanção, da pena, da condenação, é necessário declarar-se o direito pretendido. Assim, numa reparação de danos, pretende o autor o recebimento de seus prejuízos, assim declarados, para serem executados diretamente. Mas, para tanto, é necessário declarar-se que o autor é detentor daquele direito reparatório para, somente então, estabelecer-se o quantum devido.

A essência da sentença condenatória é a declaração do direito do autor para o fim de constituir-se como título hábil ao processo de execução daquele direito reconhecido.

6. Sentença mandamental

Tem-se diferenciado essa espécie de sentença das constitutivas pelo simples fato de, nas mandamentais, haver uma determinação emanada de um poder a outro, como no Mandado de Segurança.

7. Sentença infra ou citra petita

O juiz possui uma limitação no julgamento das causas, que vem estabelecida pelo pedido do autor e pela defesa do réu (art. 489, nº III – o dispositivo em que o juiz resolverá as questões que as partes lhe submeterem). Mas deve ainda o juiz observar que somente poderá enfrentar as questões postas pelas partes, sempre que a lei exigir haja a iniciativa da parte, e nos seus exatos limites. Restando no pedido a pretensão de recebimento do principal e de perdas e danos, apreciando o juiz apenas o principal, silenciando sobre o outro, será a sentença infra petita, por atingir objeto inferior ao pretendido. Isso, é claro, nada tem a ver com a rejeição de um ou mais pedidos. É necessário que não ocorra a apreciação de, pelo menos, um dos pedidos.

Resulta daí a nulidade da sentença por inobservância ao princípio do duplo grau de jurisdição, como veremos no Capítulo VIII. Quando houver cumulação de ações e apenas uma delas for julgada, também haverá a nulidade da sentença por ofensa ao princípio constitucional da indeclinabilidade da jurisdição pois, pleiteado o direito, houve a omissão na prestação jurisdicional, sem apreciação do pedido de uma das ações propostas.

8. Sentença extra petita

Já na sentença *extra petita*, tanto poderá ocorrer uma nulidade, quando julgado pedido inexistente nos autos, como uma inexistência, quando procedente pedido que não figurou na inicial ou na defesa.

Entretanto, julgar o pedido da inicial, provendo-o ou não, com base em norma distinta daquela invocada na petição inicial, não constitui julgamento extra petita vez que mantido foi o núcleo da pretensão, alterado apenas o seu embasamento legal.

Reconhecer o juiz a *prescrição de direito patrimonial* (art. 240, § 1º, CPC), sem que assim tenha sido invocado pela parte, irá consubstanciar em julgamento fora dos limites estabelecidos pelo pedido e pela lei. Haverá um julgamento extra petita, por não ter sido observado o objeto do pedido consubstanciando-se, ainda, em violação do princípio do contraditório (art. 492, CPC), na medida em que não será permitido à parte prejudica apresentar a defesa de seu interesse quanto àquele ponto não registrado pelas partes. Da mesma forma ocorrerá se, v.g., pleiteada a separação por um motivo, o juiz reconhecer a existência de um outro, que não foi avençado pelas partes. Ora, se o motivo que objetivou o pedido foi um determinado e a parte não logrou produzir prova, mesmo que o outro motivo surja nos autos, mas que, por não ter sido o objeto do pedido, não foi enfrentado pelo réu, a única solução correta é a improcedência do pedido. Se assim não for, isto é, se o juiz der pela procedência da separação, por motivo distinto daquele colacionado na inicial, terá desrespeitado o princípio contraditório e fará surgir uma sentença extra petita. Não há que se confundir, aqui, contudo, quando houver pedidos alternativos ou sucessivos, ou ainda com ações reunidas ou cumuladas, que serão objeto de estudo em capítulo posterior.

9. Sentença ultra petita

A sentença *ultra petita* é aquela que julga além do pedido formulado. Assim, pretendida a fixação de um determinado valor a título de multa, o juiz aplica um superior àquele pleiteado. Reside a básica diferença entre esta e a extra petita no fato de que, embora ambas estejam fora do pedido, a ultra decide além do que se pediu e a extra, coisa diversa do que foi pedido.

Mas, em homenagem ao princípio da economia processual e aproveitamento dos atos processuais, sempre que a decisão for no sentido de reconhecer o valor ou quantidade acima do pleiteado na inicial, o tribunal, assim reconhecendo, reduzirá a quantia ou a quantidade ao limite estabelecido pelo próprio pedido. Contudo, se o excesso ocorrer sobre a natureza do pedido quando, v.g., havendo pedido ilíquido, estabelece a sentença valor certo, a decisão será nula. Finalmente, não se considera decisão ultra petita aquela que reconhece o direito não pleiteado na inicial, mas estabelecido em norma com incidência obrigatória, tal como a correção monetária e os juros compensatórios (art. 322, § 1º, CPC).

Capítulo V
DOS EFEITOS DA SENTENÇA

1. Efeitos principais – diretos e primários

Se a sentença é um *ato de composição da lide*, como já visto, sempre que assim for identificado o ato judicial, teremos os efeitos produzidos por ela própria (efeitos principais – diretos e primários), como também aqueles outros externos a si própria.

Reconhecido o ato como sentença, identifica-se, inicialmente, os efeitos ditos *principais* – declaratórios, constitutivos e condenatórios – da própria sentença. Estes nascem com o objeto da relação de direito material.

Os *efeitos da sentença* passam a ser produzidos a partir de sua publicação. Em geral, possuem sua incidência somente a partir da publicação, isto é, sem retroatividade – *ex nunc*. As sentenças constitutivas são basicamente uma espécie cujos efeitos são, em grande maioria, *ex nunc*. Contudo, de conformidade com a condição de anulabilidade ou nulidade de cada caso, como os atos praticados por incapaz, poderão surgir efeitos *ex tunc*, isto é, incidirão desde a ocorrência do ato, após a publicação da sentença.

1.1 Efeito declaratório

Assim, se a pretensão da parte é anular um título, o efeito da *sentença definitiva de mérito será declaratório*, no sentido exato do termo, na medida em que se terá uma declaração de que o título é nulo. Assim, o direito buscado pelo autor será declarado por sentença, constituindo-se em coisa julgada material. Como tal, a sentença declaratória não se presta como título hábil à execução, o que é reservado à sentença condenatória (*art. 515, nº I, CPC*). Sem sombra de dúvidas que, *lato sensu*, todas as sentenças do processo de conhecimento possuem cunho declaratório. Mas a sentença exclusivamente declaratória, nascida da ação meramente declaratória, não constitui executiva (nem poderia ser, pois seu âmago não cinge uma sanção mas mera declaração).

1.2 Efeito constitutivo

Se, por outro lado a pretensão for a de rescindir um contrato, a sentença será *constitutiva*, na medida em que o contrato será rescindido. Veja-se a sentença constitutiva não expressa exclusivamente a criação de um fato novo. Mais complexa do que a sentença meramente declaratória, a constitutiva, embora também não se revista, por si só, de executividade, cria, extingue ou modifica uma relação ou um estado de direito material, de forma voluntária (quando os efeitos buscados na ação poderiam ser obtidos pelas próprias partes, como na rescisão contratual) ou necessária (quando a relação de direito material não puder sofrer os efeitos constitutivos por vontade das próprias partes, mas apenas por imposição legal, como a anulação do casamento).

1.3 Efeito condenatório

E, finalmente, se a pretensão for a de condenar alguém a dar, fazer ou deixar de fazer alguma coisa, como pagar uma indenização, o efeito próprio dessa decisão será *condenatório*, na medida em que irá condenar o réu à pretensão do autor. Tem como cerne a sanção imposta ao réu, o que se faz conjuntamente com a declaração do direito invocado. Assim, com dupla função "aprecia e declara o direito existente e prepara a execução. Contém, portanto, um comando diverso do *comando da sentença declaratória*, pois determina que se cumpra a prestação de dar, fazer ou não fazer, ou de abster-se de realizar certo fato, ou de desfazer o que realizou".[25]

1.4 Efeitos complexos

Quando houver a reunião de ações ou a cumulação de pedidos, poderá ocorrer, simultaneamente, todos os efeitos já vistos numa única sentença. É que, na verdade, embora única como texto, será ela complexa, como veremos adiante, na medida em que cada um dos pedidos poderia ter sido objeto de ações distintas. Mas, assim, temos simultaneamente, a ocorrência dos efeitos declaratório, constitutivo e condenatório, numa mesma sentença, *v.g.*, declare o direito do autor em se reintegrar na posse do bem, constituindo-lhe a titularidade do domínio, condenando o réu ao pagamento dos prejuízos havidos por conta das alterações empregadas indevidamente pelo réu, na propriedade (*v.g.*, a demolição).

---

25 Gabriel Rezende Filho, *Curso de direito processual civil*, 5ª ed., v. III, nº 813.

2. Efeitos secundários ou indiretos

Também são reconhecidos na sentença os *efeitos secundários*, que são aqueles que independem da pretensao dos interessados ou da manifestação do julgador, porque a sentença é tida como um *fato gerador de efeitos jurídicos*, decorrendo daqueles os seus consequentes *efeitos acessórios*, v.g., o direito de inscrever hipoteca judicial (*art. 495, CPC*); a dissolução da comunhão de bens, ante a sentença que decreta a separação judicial ou anula o casamento (art. 3° LD); a perda do direito de usar o nome do marido, em sendo vencida a mulher, na separação litigiosa (*art. 17 LD*); a perempção do direito de demandar, para aquele que der causa a três extinções do processo, sem julgamento do mérito (*art. 486, § 3° CPC*); produção de todos os efeitos da declaração não emitida por aquele que foi condenado a fazê-lo. Outros efeitos indiretos surgem, sendo, por vez, desnecessário o seu registro na sentença. Assim, *v.g.*, em tendo sido concedida a liminar, com a *sentença final* que negou direito ao autor, a subsistência da liminar deixa de existir, com a decisão terminativa, independentemente de assim se declarar na sentença. É o que nos ensina Nelson Nery Junior:[26] "Julgado procedente o pedido, não mais subsistem os motivos que autorizam a concessão provisória da liminar. Se antes havia *fumus boni juris*, deixou desistir pelo decreto de improcedência do pedido; se havia *periculum in mora*, isto é, perigo de perecer o direito, não mais existe porque declarado inexistente o direito que se quis proteger com a liminar. O provimento da improcedência do pedido é juridicamente incompatível com a manutenção da liminar, de sorte que, decretada a improcedência, ipso facto perde a eficácia a liminar, independentemente de haver ou não interposição de recurso ".

É de salientar que tais efeitos apenas são gerados nas sentenças definitivas, que são aquelas que põem termo ao processo, decidindo-se o mérito, apreciando-se o pedido. Entretanto, seja qual for a sentença judicial, imporá o julgador o sucumbimento, sendo este integral no processo civil, conforme *art. 82, § 2°, 84, 85, CPC*.

Também são efeitos secundários ou indiretos, nas sentenças definitivas, aqueles estabelecidos em norma com incidência obrigatória, que deverão ser impostas ao vencido pelo julgador, tal como a *correção monetária*, os *juros compensatórios* (art. 322, § 1°, CPC) e a *sucumbência* sendo que esta deverá ser sempre imposta ao vencido (*arts. 82, § 2°, 84, 85, CPC*).

---
26 *Princípios fundamentais – Teoria geral dos recursos*. Editora Revista dos Tribunais, 4ª ed., 1997, pp. 394/395.

Capítulo VI

DISTINÇÃO ENTRE SENTENÇA E DESPACHO DE MERO EXPEDIENTE E DESPACHO INTERLOCUTÓRIO

1. Das consequências da confusão

Comumente *confunde-se* sentença com outros atos decisórios, elegendo-se, equivocamente, principalmente, o recurso cabível. Todas as decisões serão fundamentadas, sob pena de nulidade. Entretanto, tais decisões, as judiciais, são as que, de alguma forma, provocam uma determinação de ação ou omissão para as partes ou terceiros. Assim estão excluídos os despachos de mero expediente da determinação de fundamentação, pois apenas servem para impulsionar o processo. Contudo, a decisão interlocutória deve ser fundamentada, embora não exija toda a técnica de construção de uma sentença. É de fundamental importância a distinção entre cada espécie de decisão judicial para, inicialmente, torna-la tecnicamente perfeita e, depois, permitir ou não o recurso cabível. Assim, em se tratando de despacho de mero expediente, não haverá qualquer espécie de recurso contra o mesmo (*art. 1001, CPC*); porém, se for um despacho interlocutório, poderá haver o agravo de instrumento (*art. 1015, CPC*), e, se for uma sentença, poderá haver embargos de declaração (*art. 1022, CPC*) ou mesmo a apelação (*art. 1009, CPC*). É óbvio que os recursos serão ofertados pelas partes ou pelo promotor de justiça. Mas estes, nos termos do *arts. 127 e 133* da Constituição Federal, são indispensáveis à função jurisdicional e à administração da justiça. E o uso incorreto de um recurso somente irá aumentar a delonga nos julgamentos, uma das grandes mazelas da justiça nacional.

2. Dos despachos de mero expediente

Nos *despachos de mero expediente*, ou seja, aqueles que apenas impulsionam o processo, não cabe recurso e, pela singeleza dos mesmos, não se pode conceber, ainda que em relação ao acadêmico, a sua confusão com sentença ou com decisão interlocutória. Assim, percebe-se claramente que aqueles, os de mero expediente, são voltados mais à condução do processo, pelo juiz, sem que suas determinações se constituam em *obrigação de fazer ou deixar de fazer*. O juiz, ao determinar a juntada de petição e sua conclusão para o exame, não faz uma determinação, apenas dá impulso oficial ao processo. Igualmente, quando determina às partes para especificarem suas provas (ressalva aqui feita à determinação quando, o revel o réu, não houver incidência dos efeitos de revelia, cabendo ao autor a prova de suas alegações, na forma do *art. 348, CPC*. É cediço em direito que as *provas*, de conformidade com o rito da ação, têm seu momento oportuno para serem apresentados (ao autor, incumbe-lhe colacioná-las na *inicial – art. 319-VI*; ao réu, na *contestação – arts. 336*. Porém, o juiz, ao determinar a *especificação de provas*, no momento anterior à aplicação da regra do *art. 331, CPC*, busca o detalhamento das provas que, quer com a inicial, quer com a defesa, foram requeridas de forma bastante genérica. Sua especificação, pois, atenderá à celeridade e à objetividade do processo, na medida em que, ao sanear o feito, o juiz terá sob seu exame as provas que efetivamente as partes pretenderem produzir e, assim, apontar as que realmente deverão ser produzidas e a sua ordem, sem que com isso cause cerceamento à exposição das teses das partes ou uma inversão na ordem de sua produção capaz de anulá-la, ao final. Portanto, embora de relativa profundidade, o despacho que determina a especificação de provas (à exceção do *art. 348 e 345, II, CPC,* cujo desatendimento fará o autor – o réu é revel, sem sofrer a incidência dos efeitos da revelia como, *v.g.*, por se tratar de direito indisponível – sofrer as penalidades do *art. 485, inc. III, CPC,* com a extinção do processo, sem julgamento do mérito, em todas as demais situações) não conduz a nenhuma espécie de *solução jurídica*, quer de ordem processual, quer de ordem material. Apenas, repito, permite ao juiz, na direção do processo, melhores elementos para a apreciação do saneador, ao designar a preliminar audiência de conciliação (*art. 334, 357, I a V, CPC*). Semelhantemente ocorre quando o juiz determina, com a *juntada de documentos*, por uma das partes ou por requisição oficial, a manifestação da parte oposta, sobre o documento juntado. Essa determinação decorre do *art. 437, § 1º, CPC,* e, sem se debater sobre a sua imperiosa necessidade, se constitui como mero despacho de impulso regular do feito, obedecendo-se ao princípio do contraditório. Mas, mero despacho de expediente que é, como tal, dispensa qualquer fundamentação, por não se caracterizar como decisão.

Por tais razões, é inadmissível, até mesmo ao acadêmico, a *confusão entre despacho de mero expediente e o interlocutório ou a sentença*.

3. Dos despachos interlocutórios

Corriqueiramente, entretanto, confunde-se sentença com *despachos ou decisões interlocutórias*, que são aquelas que decidem questões incidentais, sem findar o processo. Diferentemente dos despachos de mero expediente, ou de impulso oficial, as decisões interlocutórias, por vezes, podem tomar forma de tal ordem complexa, que *prima visu*, podem ser confundidas, estruturalmente, com uma sentença. Assim, de conformidade com a matéria enfocada é natural que a decisão, com fundamentação, como qualquer texto escrito, obedeça à sua estrutura de construção, assemelhando-se a uma sentença propriamente dita. Mas, embora ambos (despacho interlocutório e sentença) sejam decisões com fundamentação (obrigatoriedade imposta hoje em qualquer espécie de decisão, judicial ou administrativa, inclusive pela Constituição Federal, pelo *art. 93, IX, CPC arts. 489, nº II, c.c.art.203, ambos CPC*) e possam tomar forma assemelhada, seu conteúdo é singularmente distinto.

As *decisões interlocutórias* não põem fim ao processo, com ou sem apreciação do mérito. Elas simplesmente decidem questões incidentais, que darão rumos diversos ao processo e ao seu julgamento. São decisões predecessoras da sentença definitiva ou terminativa, na medida em que conduzem a linha mestra do processo ao seu fim precípuo, distribuir a justiça, por meio da sentença final. Por essa razão, em nenhum momento a decisão interlocutória, põe fim ao processo, o que é reservado exclusivamente à sentença. Assim, a incorreta representação da parte, sofrerá a intervenção do juiz por meio do despacho interlocutório que, fundamentadamente, irá discorrer sobre tal irregularidade, determinando, ao final, o seu saneamento. Caso não socorra a parte à determinação, surgirá, aí sim, a sentença que extinguirá o processo, *sem julgamento do mérito (art. 485, nº IV, CPC)*. Note-se aqui que a representação regular da parte não diz respeito ao pedido em si, mas irá provocar, com a sua regularização ou não, a possibilidade de ser ou não apreciado o pedido, o mérito. Daí afirmar-se que as *decisões interlocutórias são predecessoras da sentença* na medida em que, resolvendo os incidentes, estes não mais serão objetos de discussão na sentença, mas, como relevantes, como adiante veremos, deverao integrá-la sucintamente, se rejeitados.

4. Dos casos mais comuns de confusão

Estes são os *casos mais comuns de confusão com outros atos decisórios (art. 203, § 1º e 2º, CPC)*:

1. *Impugnação ao valor da causa* – É decisão interlocutória, cabendo agravo de instrumento, havendo sucumbência, sem honorários advocatícios (*art. 293, CPC*). Perceba-se que a decisão resultante, na impugnação ao valor da causa, embora não leve o processo à extinção, com ou sem julgamento do mérito, poderá ter interferência direta na sentença final, seja para os fins de aplicação da sucumbência, seja para o estabelecimento do valor que se busca com o pedido.

2. *Justificação de posse* – É decisão interlocutória, cabendo agravo de instrumento, sem sucumbência (*art. 562, CPC*). Aqui, é claro que a justificação preliminar não irá se constituir em prova derradeira das alegações do autor; mas será, sem sombra de dúvidas, um parâmetro a ser observado na apreciação final das provas, visto ter sido produzidas com tal cientificação ao réu, que também poderia reinquirir as testemunhas, em total obediência ao princípio do contraditório. Mesmo que o réu produza provas que se confrontem diretamente com as produzidas pelo autor, na justificação preliminar, deverá haver, pelo juiz, a apreciação dos depoimentos que colimaram com a concessão ou não da liminar pretendida pelo autor, cujo âmbito foi atingido pela decisão interlocutória. É, pois, predecessor da sentença, traçando a linha mestra, sem, contudo, por fim ao processo.

3. *Exceção de incompetência* – É decisão interlocutória, cabendo agravo de instrumento, com sucumbência, sem honorários (*art. 146, CPC*). Aqui, de forma assemelhada, a decisão que acolhe ou rejeita a arguição de incompetência não extirpa o processo do mundo jurídico, mas estabelece, por provocação das partes (ou mesmo por declaração oficial do juiz), um dos requisitos secundários da sentença, como veremos (Cap. VII, 2.4), tornando certa a jurisdição do julgador e, pois, válida a sentença final. Novamente vemos que as decisões que resolvem questões incidentais, as interlocutórias, são predecessoras da sentença final.

4. *Sentença homologatória de cálculo de liquidação* – Em sendo a decisão que aprecia cálculo durante a execução e, assim, não põe fim ao processo, é despacho interlocutório, cujo recurso é o agravo. A distinção basilar, como já visto, consiste em pôr ou não fim ao processo. Por isso, em sendo a liquidação uma complementação do *decisum*, ante a sua iliquidez, deverá ser considerada uma sentença. Mas, por óbvio, a apreciação de cálculo no transcurso da ação de execução, nem complementa, nem põe fim ao processo, mas cria parâmetro para a decisão final, ao estabelecer o valor devido e apreciar, então, *v.g.*, se o devedor satisfez a obrigação (*art. 924, nº II, CPC*). É, assim, despacho interlocutório.

5. *Incidente de falsidade documental* (*art. 433, CPC*) – Quando puser termo ao processo, será sentença, caso contrário, sendo mera decisão incidental, não haverá a incidência de custas nem honorários. Assim, quando o documento juntado é imprescindível para a existência do direito material reclamado e, pois, para a propositura da ação, em sendo aquele declarado falso, acarretará na extinção da ação (*art. 485, nos IV, V e VI, CPC*), o que poderá ocorrer na própria sentença do incidente, ainda que em autos apartados, pela condição de dependência e predecessão ao processo principal e, pois, à sentença final. Nenhum abuso será cometido pelo juiz se, na própria sentença que reconhecer, no incidente apensado, a falsidade do documento imprescindível para a existência da ação principal, também julgar extinto o processo principal, transladando-se cópia para aquele. Afinal, as matérias enumeradas pelo *art. 485, CPC*, serão conhecidas a qualquer tempo e em qualquer grau de jurisdição, tamanha a mácula produzida ao processo, subvertendo sua finalidade publicista, na exata medida em que se produz um processo que não sofrerá a final composição da lide, cuja sentença, se existente, deverá ser declarada inexistente, como adiante veremos. Contudo, se o incidente tratar de documento não essencial ao direito material invocado, ou se improcedente a arguição, a decisão, que não porá termo ao processo, será interlocutória.

Capítulo VII
A SENTENÇA E SUA FORMA – REQUISITOS NECESSÁRIOS E COMPLEMENTARES

1. Requisitos necessários

A sentença, como já visto, ato fundamental e de quase exclusividade do juiz (*vide* exceções pela Constituição Federal, *art. 52 n^{os} I e III*), para a sua existência e eficácia jurídica, necessita, como qualquer ato jurídico perfeito, de condições estruturais indispensáveis, algumas das quais são absolutamente imperiosas e outras, meramente complementares, porém, não menos necessárias. Estabelece o *art. 489, do Código de Processo Civil*, os requisitos necessários ou formais, à exceção da sentença proferida no Juizado Especial – Cível ou Criminal –, no qual o relatório é dispensado (*art. 38, Lei nº 9.099/95*), que será objeto de estudo à parte.

Prescreve o *art. 489, CPC*:

Art. 489. São elementos essenciais da sentença:

I – o relatório, que conterá os nomes das partes, a identificação do caso, com a suma do pedido e da contestação, e o registro das principais ocorrências havidas no andamento do processo;

II – os fundamentos, em que o juiz analisará as questões de fato e de direito;

III – o dispositivo, em que o juiz resolverá as questões principais que as partes lhe submeterem.

§ 1º Não se considera fundamentada qualquer decisão judicial, seja ela interlocutória, sentença ou acórdão, que:

I – se limitar à indicação, à reprodução ou à paráfrase de ato normativo, sem explicar sua relação com a causa ou a questão decidida;

II – empregar conceitos jurídicos indeterminados, sem explicar o motivo concreto de sua incidência no caso;

III – invocar motivos que se prestariam a justificar qualquer outra decisão;

IV – não enfrentar todos os argumentos deduzidos no processo capazes de, em tese, infirmar a conclusão adotada pelo julgador;

V – se limitar a invocar precedente ou enunciado de súmula, sem identificar seus fundamentos determinantes nem demonstrar que o caso sob julgamento se ajusta àqueles fundamentos;

VI – deixar de seguir enunciado de súmula, jurisprudência ou precedente invocado pela parte, sem demonstrar a existência de distinção no caso em julgamento ou a superação do entendimento.

§ 2º No caso de colisão entre normas, o juiz deve justificar o objeto e os critérios gerais da ponderação efetuada, enunciando as razões que autorizam a interferência na norma afastada e as premissas fáticas que fundamentam a conclusão.

§ 3º A decisão judicial deve ser interpretada a partir da conjugação de todos os seus elementos e em conformidade com o princípio da boa-fé.

Elementos *ESSENCIAIS, NECESSÁRIOS OU FORMAIS* são as condições impostas pela lei, para que a *sentença tenha validade*. A inexistência de qualquer um desses requisitos conduzirá ou, à sua *nulidade absoluta*, ou à sua própria *inexistência*. são os requisitos necessários à composição da sentença, aqueles estabelecidos pela lei, para que possa ter validade; aqueles que tem por obrigatória a sua existência. No *caput* do art. 489, CPC, *sentença é aquela que põe fim ao processo, com ou sem julgamento do mérito*; eles entram na composição obrigatória na feitura de uma sentença. São indispensáveis para a existência plena da sentença. A falta dos elementos essenciais, um ou mais, com condição *sine qua non*, gerará vícios, que poderão resultar em sua *nulidade absoluta*, ou até mesmo sua *inexistência*, conforme seja o vício que a macule.

Além dos elementos essenciais, surgem também, os requisitos complementares ou retóricos que são o conjunto de argumentos essenciais da sentença, entendida essa como discurso persuasivo.

Assim, são os requisitos essenciais de uma sentença:

1. *Relatório* – ou exposição

2. *Fundamentação* – ou discussão

3. *Dispositivo ou decisão* – ou conclusão

1.1. Relatório que conterá os nomes das partes, a identificação do caso com a suma do pedido, e o registro das principais ocorrências havidas no andamento do processo

"Art. 489, nº I, CPC – o relatório, que conterá os nomes das partes, a suma do pedido e da resposta do réu, bem como o registro das principais ocorrências havidas no andamento do processo".

1. O relatório

Para tanto, deverá o julgador elaborar um plano de texto e seu desenvolvimento, tomando por base o relatório.

Assim, lançada a introdução, busca-se no processo a argumentação do pedido, além deste próprio, verificando-se os documentos apresentados, mencionando-se sobre sua existência. Segue-se observando-se a resposta ou defesa e bem assim os documentos correspondentes. Tendo havido instrução, menciona-se a sua ocorrência (com a realização de prova oral ou técnica), inclusive sobre a fixação de pontos controvertidos e sua regularidade. É importante não deixar de relatar todas as questões relevantes apresentas, bem como as decisões das mesmas, se já apreciadas.

Como elementos do *relatório* ou exposição, impõem-se a inscrição dos nomes das partes de forma a identificá-las (ver quanto aos requisitos secundários – a introdução) e a exposição sucinta do pedido e da resposta ou defesa, bem como das principais ocorrências havidas durante o processo, a afim de se estabelecerem os limites subjetivos da coisa julgada e de demonstrar o juiz que conhece o processo em julgamento, dando uma ideia sobre a atuação efetiva das partes e a regularidade de procedimento.

Assim, por maior que possa ser o número de partes, autores ou réus, determina a boa técnica sejam todos devidamente identificados e qualificados, estabelecendo-se os limites da coisa julgada para aquelas partes. Entretanto, como veremos a seguir, pela melhor técnica, toda a qualificação e identificação das partes e da ação deverão constar na introdução, embora sejam elementos necessários. Isso porque, na construção do texto, como veremos, será mais adequada a completa identificação das partes e da ação no *cabeçalho – introdução –*, que complementará o relatório, que mencionará apenas o autor e o réu, sem necessariamente repetir seus nomes e qualificações. Registro que a introdução, como meio técnico de composição de um texto, é, isoladamente, um requisito complementar. Seus elementos, conduto, são requisitos necessários, colocados, porém, em local distinto daquele estabelecido pelo *art. 489, CPC,* por mera técnica de construção de um texto, sem que tal desnature a sentença, como ato jurídico. A exposição do pedido, é claro, não deve ser resumida exclusivamente no pedido propriamente dito. Aqui, é necessário trazer a registro – sempre sucinto e claro – os requisitos da petição inicial, que são pressupostos de admissibilidade para o seu recebimento. Portanto, devem ser relatados os fatos e os fundamentos do pedido, além desse próprio, devidamente especificado. Até porque será sobre os fatos e o direito invocado que o réu oferecerá sua *defesa,* conforme determinam os *art. 336, CPC,* sob pena de, em não o fazendo, tratando-se de direito disponível, ver contra si a aplicação da pena de confissão (*art. 344, CPC*), com as ressalvas determinadas pelo citado dispositivo.

Ademais, ainda pela boa técnica, como veremos, será com base no relatório que o juiz deverá discorrer sua *fundamentação,* fazendo o exame das questões de fato e de direito, em ordem preestabelecida (que não poderá ser relevada a segundo plano, sob pena de ter-se julgamento nulo, como adiante veremos), delimitando claramente o campo a ser debatido. Já na ocorrência de qualquer fato constitutivo, modificativo ou extintivo do direito invocado, após a propositura da ação, tratando--se de matéria de conhecimento de ofício do juiz (*art. 485, § 3º e art. 493, CPC*), deverá ele, independentemente de provocação pela parte, conhecê-lo e julgá-lo em sua sentença. Da mesma forma que deverá o juiz registrar as principais *questões de fato e de direito* embasadoras do pedido, além do próprio, também assim deverá proceder quanto à resposta do réu. Vale aqui registrar ser dispensável discorrer-se sobre os documentos juntados quer pelo autor, quer pelo réu, bastando apenas a menção de suas juntadas, posto que, a um, se o documento for da substância do ato, deverá obrigatoriamente integrar a inicial ou a defesa e, dois, porque a sua relevância será apreciada por ocasião da fundamentação ou discussão. Em havendo instrução e, pois, saneador (*art. 357, CPC* e Súmula 424 – STF, deverá haver o respectivo registro, inclusive quanto a eventual recurso (agravo de instrumento) contra o despacho interlocutório e sua decisão (se existente esta ou não), relatando, sobre os *pontos controvertidos fixados*[27], as provas produzidas, mencionando,

---

27 A fixação dos pontos controvertidos estabelece também, de forma indireta, o que é incontroverso e, assim, nos termos do *art. 341, CPC,* os "fatos não impugnados"

em sendo de ordem técnica, a sua realização e localização nos autos, com as respectivas manifestações das partes (e aqui se inclui o Ministério Público, quando atuando sem ser parte), bem como, sobre as provas orais, a sua realização, em que número, para cada uma das partes, e a sua localização nos autos. Com as alegações finais, seja em que rito for, também deverá o juiz relatá-las, sempre sucintamente, patenteando a conclusão de cada uma. Assim feito, teremos o relatório corretamente produzido, o qual, como veremos, irá nortear a fundamentação. É claro que, em se tratando de julgamento conforme o estado do processo, algumas das fases processuais serão superadas e, por óbvio, não deverão integrar o relatório. Todavia, em assim sendo, deverá o juiz dizer, ainda no relatório, qual a circunstância que levou ao julgamento antecipado ou conforme o estado do processo, justificando, assim, a ausência de determinadas fases processuais.

1.2. Fundamentação

"ART. 489, n° II, CPC – Os fundamentos, em quem o juiz analisará as *questões de fato e de direito*"

A *fundamentação* ou discussão é o requisito que torna translúcida a sentença como ato de inteligência e de vontade, pois deve o julgador expor as razões de fato e de direito, com retórica, isto é, deve apreciar o feito, analisando as questões de fato e de direito, obtendo uma conclusão de modo que tantos quantos a lerem também possam chegar à mesma conclusão, sem que, necessariamente, com ela se conformem. Mas, ainda que insatisfeita a parte, corretamente aplicada a retórica, deverá a sentença apresentar-se suficientemente convincente. É também na fundamentação que o juiz exterioriza e concretiza o princípio do livre convencimento, motivado. Obedecendo-se à ordem que adiante se verá, o julgador iniciará a análise das questões que possam objetar a apreciação do mérito, através de ditas preliminares, que poderão ser de ordem processual, que objetivam extinguir ou impedir uma pretensão, em face da relação processual, ou de mérito. Podem ser ainda, quanto ao resultado, *peremptórias, que causam a extinção do processo (art. 337 nos*

---

ou os admitidos explicitamente, resultarão em fatos verdadeiros, que independerão de maiores considerações pelo juiz, na sentença. Embora não estabelecido pelo legislador Pátrio, como elemento integrante da audiência de instrução e julgamento, o estabelecimento dos pontos controvertidos, tornam o processo mais célere, mais objetivo pelo fim que se destina: distribuir a justiça.

IV, V, VI, VII, X, XI e art. 485 – *VI, CPC*), ou *dilatórias, que provocam a paralisação temporária* do curso do processo, mas que podem adquirir força de peremptória, caso não atendidas tempestivamente (*art. 337 nos I, II, VIII, e XII* e art. 485 – *IV, CPC*). E a questão da obrigatoriedade dessa ordem de apreciação é de todo relevante na medida em que, havendo uma questão que impeça o juiz de apreciar o mérito, não poderá ser apreciado este, sob pena de incorrer-se em nulidade da sentença, pois as *causas extintivas da ação, sem julgamento do mérito*, permitem a *nova oferta de demanda* (Art. 486, CPC).[28] Ora, se o juiz, pela preliminar peremptória reconhecida, apreciar o mérito, não poderá, ao final, declarar o direito cujo mérito foi enfrentado (pois irá extinguir ação, sem julgamento do mérito), que não resultará em coisa julgada material e, assim, não haverá qualquer vinculação daquele dispositivo meritório, com a causa novamente intentada. Apreciadas as preliminares processuais peremptórias ou dilatórias, caberá ao juiz apreciar as chamadas preliminares de mérito, que também podem ser peremptórias, quando o seu objeto é excluir o direito material, como, *v.g.*, o pagamento, ou dilatórias, quando objetiva apenas retardar o exercício do direito invocado, *v.g.*, como na retenção por benfeitorias. *As preliminares de mérito são defesas indiretas de direito material de natureza substancial*, ou seja, quando, embora reconhecendo o réu o fato em que se fundou a ação, outro lhe opuser impeditivo, modificativo ou extintivo do direito do autor, como, *v.g.*, o pagamento que conduza a impedimento, modificação ou extinção do direito pretendido pelo autor (*art. 350, CPC*). Veja-se aqui que a inversão da ordem da apreciação das matérias, sem sombra de dúvidas, irá acarretar a nulidade da sentença. Note-se que, em havendo uma preliminar processual peremptória e uma preliminar de mérito (a qual está diretamente relacionada com o mérito e não com processo),

---

28 José Rogério Cruz e Tucci, *A motivação da sentença no processo civil*. Editora Saraiva, 1987, p. 61. Esclarece o autor: " A motivação, como se observa, correspondia, então, no plano formal, à segunda parte da sentença, na qual estava obrigado o juiz a expor, com clareza e precisão, os fundamentos de fato e de direito, que deveriam embasar o *decisum*. E isso, seguindo uma ordem lógica, posto que, exatamente na discussão das razões fáticas e jurídicas, eram examinadas as questões preliminares, 'como tais consideradas aquelas a serem resolvidas antes do mérito, sejam de ordem processual, sejam de ordem substancial'. Do ponto de vista estilístico, advertia Pontes de Miranda que sentença deveria ser redigida de modo simples e incisivo, facilitando a compreensão, nada obstando que fossem intercalados fundamentos de fato e fundamentos de direito, desde que resultasse clarividente o conteúdo dos variegados motivos".

aquela deverá ser apreciada inicialmente, para, somente após, apreciar--se a preliminar de mérito, pois a sua inversão causará, aqui também, a *apreciação do mérito*, sem que possa fazê-lo o juiz, ante a existência de uma causa processual impeditiva da apreciação meritória e, assim, dizer-se que o réu nada deve, mas o autor é carecedor de ação.

Vencidas as *preliminares*, segue-se então a discussão das questões controvertidas (as questões incontroversas devem ser mencionadas pelo juiz, em sua fundamentação, como questão definida, sem maiores discussões, nos termos do *art. 341, CPC*), de fato e de direito, guardando estrita correlação com relatório, mostrando o julgador o seu convencimento, pelas provas dos autos e pelas normas atinentes aos fatos, registrando, na medida do possível, a corrente doutrinária ou jurisprudencial que dê supedâneo às suas afirmações conclusivas. É claro que uma sentença tecnicamente correta não é aquela que faz registrar poucas linhas do pensamento do juiz e várias laudas de jurisprudência. Estas são esteiras para o suporte das razões do julgador; porém, não se revestem, por si só, na sentença propriamente dita. O juiz deve proferir a sentença, acolhendo ou rejeitando, no todo ou em parte, o pedido formulado pelo autor. E é claro que o pedido formulado pelo autor, não é necessariamente o mesmo pedido, com as mesmas condições e circunstâncias dos casos já apreciados pelos tribunais. Cada caso é um caso e deve ser apreciado isoladamente pelo juiz, sem transformar a doutrina ou a jurisprudência, com exclusividade, em sua fundamentação. Aliás, será de sua sentença recorrida, pela apreciação do órgão colegiado, que surgirão as jurisprudências ou mesmo a sua modificação. Por óbvio que os tribunais não terão a necessidade de que haja uma sentença que apreciou amiúde todas as questões, com retórica própria do julgador, para manter ou modificar julgados colegiados. Mas, se o juiz cumpre corretamente com a sua função, "sentindo" o que dos autos emergiu, argumentando com a autoridade de quem efetivamente acompanhou a instrução e verificou as normas atinentes, para distribuir a justiça, por certo terá o órgão colegiado maiores elementos para apreciação e não apenas os encartes das ementas colecionados pelo juiz, como fundamento de decisão. A decisão colegiada fez coisa julgada para um determinado caso, que jamais será idêntico a outro; e por mais semelhança que guarde entre si e a sentença a ser proferida ou prolatada, a aplicação da jurisprudência será até necessária para compor a persuasão, mas hipótese alguma será suficiente para distribuição da efetiva justiça ao caso específico. Portanto, a doutrina e a jurisprudência devem integrar a sentença sem, contudo, olvidar-se da efetiva apreciação do caso pelo juiz, retratando o seu convencimento próprio, através de sua retórica.

§ 1º Não se considera fundamentada qualquer decisão judicial seja ela interlocutória, sentença ou acórdão, que:

O parágrafo primeiro, do artigo 489, CPC, estabelece, em seus incisos – I a VI -, as circunstâncias em que a *fundamentação* não será juridicamente válida, quer em decisão interlocutória, sentença ou acórdão. Isto é, não basta analisar as questões de fato e de direito. É necessário que o julgador explicite a sua motivação, com elementos fáticos e jurídicos, sobre aquela decisão em especial, enfrentando todos os argumentos deduzidos pelas partes. Além disso, a *invocação de precedentes ou enunciado*, deverá justificar a sua aplicação. A fundamentação, em qualquer espécie de decisão, deve observar as diretrizes dos incisos I a VI, do art. 489, CPC, sob pena de nulidade da sentença. A violação dos preceitos contidos nos mencionados incisos, decorrerá a nulidade da sentença.

INCISO I – se limitar à indicação, **reprodução ou à paráfrase de ato normativo, sem explicar sua relação com a causa ou questão decidida**

Aqui, o legislador pátrio, estabeleceu *limites para o julgador*, no que se refere ao uso de reprodução ou paráfrase de atos normativos, sem explicar sua relação com a causa ou a questão decidida. Para o juiz invocar doutrina ou jurisprudência sobre determinada norma, é de todo necessária a vinculação de tais atos normativos, com a causa em julgamento. Foi criada uma linha mestra, para o fim de, fundamentadamente, manter-se uma correlação direta entre a fundamentação e os atos jurídicos, reproduzidos ou parafraseados. Não basta invocar, v.g. acórdãos ou súmulas; é necessário que eles mantenham uma *correlação direta com a fundamentação* e que o juiz explique os motivos pelos quais aplicou-os. Note-se que, doravante, a fundamentação não bastará por si só, quando embasada em normas exteriores, sem que sejam essas explicitadas de forma a *dar sustentação à própria fundamentação*.

INCISO II – Empregar conceitos jurídicos indeterminados, sem explicar o motivo concreto de sua incidência no caso;

Com liame direto ao Inciso I, é necessário que a fundamentação que aplicar *conceitos jurídicos*, o faça de forma determinada, devidamente explicitada pelo julgador, com incidência ao caso sub judice. Aqui, mais uma vez, o legislador impôs a *obrigatoriedade das explicações, pelo julgador*, ao formar seu livre convencimento que, agora, é lei e por isso, aplicada a qualquer julgamento. Se a conclusão do julgador se basear em doutrina ou jurisprudência e legislação, deverão tais invocações, ser devidamente clareadas, criando-se um vínculo direto entre aquelas e a sentença propriamente dita. Mais uma vez o legislador enfrenta uma linha mestra, para a fundamentação, exigindo que o uso de preceitos jurídicos destoantes da conclusão da fundamentação, sejam devida e necessariamente, concordantes com a conclusão da fundamentação;

INCISO III – Invocar motivos que se prestariam a justificar qualquer outra decisão;

Não se considera fundamentada a sentença cuja *motivação* possa servir para qualquer outra decisão. Cada caso tem suas peculiaridades e, assim, para cada um deles, haverá de se ter uma fundamentação. Se nessa fundamentação houver motivos que poderiam servir a qualquer outra decisão, será necess**ária** a sua explicação, para diferenciar de outra decisão. Aqui, o legislador pátrio, criou uma barreira para as sentenças produzidas "em série", via informatização, ou mesmo, internet. É absolutamente necessário que o julgador observe todo o ocorrido no processo, para aplicar a sua fundamentação, que não deverá ser a mesma em dois ou mais processos. Entretanto, é consabido que existem ações em que somente as partes são distintas, mas o mérito dentre todas é o mesmo, inclusive mesmo quando haja a participação do Minist**ério Público ou do Poder** Público, quando a decisão for muito semelhante umas das outras, circunstância em que não haverá a incidência do inciso III.

INCISO IV – Não enfrentar todos os argumentos deduzidos no processo capazes de, em tese, infirmar a conclusão adotada pelo julgador;

A fundamentação deve ser completa, no sentido de apreciar, sentindo o que nasce dos autos e isso implica que sua feitura deve atingir todos os *argumentos trazidos pelas partes*. Se o julgador deixar de apreciar uma ou mais questões e essas não apreciadas, poderem sofrer conclusão diversa daquela fundamentação, haverá uma nulidade da sentença. Todas as questões constantes dos autos, que possam levar a um julgamento processual ou de mérito, que não atenda o determinado pelo inciso IV, CPC, serão consideradas nulas. Aqui, a regra estabelece situações em que existam mais de uma tese, na inicial ou na defesa, e o julgador, reconhecendo uma delas, deixar de apreciar as demais. Havendo duas ou mais teses, todas deverão ser debatidas, motivando o julgador, o seu convencimento em cada uma delas.

INCISO V – Se limitar a invocar precedentes ou enunciado de súmula, sem identificar seus fundamentos determinantes nem demonstrar que no caso sob julgamento se ajusta àqueles fundamentos

O simples fato de se citar *precedentes ou enunciado de súmula*, não torna a fundamentação juridicamente correta. É necessário que o julgador, em sua fundamentação, discorra sobre os precedentes ou enunciados de súmula, acompanhados de seus respectivos fundamentos, os dele, juiz, para poder demonstrar-se consentâneo com o cerne da questão, fundamentada polo Acórdão ou Súmula. Mais uma vez o legislador impõe uma diretriz para o julgador, no sentido de que o livre convencimento do juiz, deve alinhar-se com outras decisões colegiadas. Aqui haverá uma sentença nula, caso sejam embasados precedentes ou enunciado de súmula sem a devida correspondência com a sua fundamentação.

INCISO V I – Deixar de seguir enunciado de súmula, jurisprudência ou precedentes invocado pela parte, sem demonstrar a existência de distinção no caso em julgamento ou a superação do entendimento;

O inciso VI estabelece três circunstâncias; a primeira, no caso de a parte *invocar enunciado de* **súmula, jurisprudência ou precedente**, deixar o julgador de seguir as mesmas; a segunda, ou não demonstrar a *existência de distinção daquelas com o julgamento*. Ou, finalmente, haver a *superação do entendimento colegiado*. As determinações do inciso VI, criam uma "súmula vinculante", na medida em que o julgador deve observar *os enunciados invocados pela parte*, deixando de discorrer sobre as razões que possam se contrapor às mesmas; outrossim, em caso de a *fundamentação ser conclusivamente oposta à súmula, jurisprudência ou precedentes*, deverá demonstrar que as mesmas se encontram superadas.

Assim, havendo possibilidade de tratar-se de caso distinto dos precedentes, não há que se falar em "súmula vinculante"; mais evidente ainda, havendo a superação do entendimento das decisões superiores.

§ 2º No caso de *colisão entre normas*, o juiz deve justificar o objeto e os critérios gerais da ponderação efetuada, enunciando as razões que autorizam a interferência na norma afastada e as premissas fáticas que fundamentam a conclusão.

Havendo *colisão entre normas*, o juiz deve justificar qual delas irá balizar a fundamentação, registrando, ainda, os motivos que justifiquem a não observância de uma das normas e estabelecer sobre as premissas fáticas que fundamentam a conclusão. **Havendo mais de uma norma** (e aqui se entende por normas todas as legislações, súmulas, jurisprudência e precedentes) em que ocorra divergências entre uma ou mais, deverá o julgador discorrer sobre a norma aplicada, o porque o faz, bem como a sobre as premissas fáticas, do enunciado conclusivo. Invocada por uma das partes uma norma (genérica), aceitando o juiz a sua aplicação, deverá fundamentalmente discorrer sobre a sua aplicação, ou não, bem como o porquê.

§ 3º A decisão judicial deve ser *interpretada* a partir da conjugação de *todos os seus elementos* e em conformidade com o *princípio da boa-fé*.

A sentença é, antes de tudo, um ato escrito, como uma carta, uma redação, e como tal, deve conter início, meio e fim. Para tanto, existem regras jurídicas e gramaticais. As jurídicas encontram-se no artigo 489 e seus parágrafos e incisos. Devem ser observadas sempre, e na ordem estabelecida; primeiro, o caput, depois o os seus incisos, adiante o parágrafo 1º, com seus incisos I a VI, e finalmente os §§ 2º e 3º. A ausência de um dos *elementos constitutivos acarretará sua nulidade*.

Todo texto de uma sentença, deve ser interpretado em todos os seus elementos; isto é, conjuga-se cada parte da sentença como um todo, como ela é. O relatório é o discurso que narra os principais fatos e atos do processo, de cujo conteúdo discorrerá a fundamentação. Esta, por seu turno, será a discussão sobre os fatos e atos do processo, conforme tenha sido relatado. O dispositivo será de conformidade com a fundamentação, o desfecho final da ação.

O § 3º, exige, ainda, que a sentença deva estar em conformidade com o princípio da boa-fé. Boa-fé, do latim *bona fides*, é a fidelidade, a crença, confiança, sinceridade, convicção interior, havida entre as partes. É um princípio universal, que se tem por verdadeiro, até que se prove ao contrário. Havendo por uma das partes a confiança de que seu ato ou omissão encontra respaldo na lei, haverá a existência da boa-fé. Esta está reconhecida pelo nosso ordenamento jurídico, em especial no art.113, do Código Civil, segundo o qual "os negócios jurídicos devem ser interpretados conforme a boa-fé e os usos do lugar de sua celebração".

Piero Calamandrei,[29] faz enérgica crítica (altamente construtiva) aos juízes que, desprovido de sua própria retórica, fazem o uso dos textos lançados pelos advogados, preocupando-se em ter uma sentença bonita, distanciando-se da verdadeira função de julgar: distribuir a justiça, dando a cada um o que lhe pertence.

"Dizer de um juiz que suas sentenças são 'bonitas', no sentido de que são ensaios de estilo ornamentado e de brilhante erudição exposta em vitrine, não me parece que seja fazer-lhe um elogio. As sentenças dos juízes devem, simplesmente, nos limites das possibilidades humanas, ser justas. Diante da seriedade do objetivo prático a que devem servir, que é o de trazer a paz entre os homens, considera-las sob o aspecto puramente estético significa, se não me engano, crer que a justiça possa se rebaixar ao nível de um passatempo literário ou de um exercício escolar.

Não se pode esquecer que, se nas sentenças se desse valor sobretudo a escrever bem, o mérito mais verdadeiro dessa literatura deveria ser atribuído aos advogados, de cujos escritos os juízes podem extrair a mancheias as gemas estilísticas, para engastá-las sem dificuldade na fundamentação das suas sentenças. Mas o juiz consciencioso sabe que, se lhe é lícito tomar emprestado aos advogados os ornamentos da retórica e da erudição quando se trata de tornar mais brilhantes as premissas dialéticas da sua sentença, no momento de concluir deve despojar-se de toda e qualquer literatura, para ouvir dentro de si apenas a palavra desornada da justiça, que desdenha as belas frases e se exprime por monossílabos".

Essa posição do mestre Calamandrei perdurou por décadas no Direito Processual. Mas, agora, com a recente Reforma, como se vê dos incisos do § 1º, do art. 489, CPC, os Julgadores deverão adotar postura mais retilínea, tratando cada caso com sua individualização, não se distancian-

---

29 Ob. cit., Cap. IX, pp. 171/172.

do dos julgamentos colegiados. Nada impede a transcrição de trechos de uma petição do Advogado ou do Ministério Público; o que o legislador coibiu foi sentenças sem uma base jurídica sequer, sem observância quanto àquilo que muitos já refletiram, e deve inserir-se na formação do livre convencimento, com atenção às normas estabelecidas. A formação do livre convencimento, não está afastada; exige-se, isto sim, uma diretriz abalizada. Se o caso exigir definição diversa da estabelecida por normas gerais, a fundamentação deverá apoiar-se ou numa norma que a sustente, ou razões que demonstrem ser retilínea a fundamentação, sem prejuízo das literaturas dos Advogados ou do Ministério Público.

1.3. Dispositivo

"*Art. 489, nº III, CPC) – o dispositivo, em que o juiz resolverá as questões, que as partes lhe submeterem*".

Finalmente, com a *análise fática-jurídica* (fundamentação das circunstancias principais apresentadas – relatório) chega-se à *conclusão final* sobre as mesmas, acolhendo ou rejeitando o pedido, com o *dispositivo* ou conclusão, que encerra o núcleo decisório da sentença. O dispositivo consubstancia-se na coisa julgada material, assomado com a identificação e a qualificação das partes. É no dispositivo que vamos encontrar os limites da coisa julgada. Guarda ele correlação direta com a fundamentação, por ser a conclusão final do arrazoado na fundamentação. Assim, discorrendo-se na fundamentação de forma a reconhecer-se o direito invocado, não poderá o julgador, no dispositivo, negar aquele mesmo direito. Sua contradição, se mantida em embargos de declaração, acarretará a sua nulidade. Por outro lado, se o discurso de fundamentação levar à conclusão da improcedência do pedido, certamente haverá o dispositivo de guarda correlação com aquele, negando-se o direito pretendido. Por vezes, as ações são complexas (*v.g.*, ação e reconvenção), os pedidos são cumulativos ou alternativos, devendo a sentença, de qualquer forma, fazer a sua integral verificação, o que será objeto de análise em tema mais adiante.

No dispositivo, que faz coisa julgada material, será desnecessária a qualificação das partes, uma vez que estas já o foram no preâmbulo. No entanto, os nomes das partes devem ser registrados no dispositivo, e o bem assim o *dispositivo legal* embasador da decisão conclusiva, para se declarar, constituir ou condenar a parte a fazer ou deixar de fazer algo. Assim, se a sentença apreciar o mérito, deverá registrar também qual o seu núcleo, isto é, *v.g.*, se a sentença declarar a nulidade de um ato jurídico qualquer, deverá dizer qual o ato jurídico está sendo declarado nulo e não apenas referir-se ao "ato mencionado na petição inicial". A sentença, em seu dispositivo, sem que seja considerado repetitivo, deve ser certa e determinada pelo dispositivo, também, ter-se certificado sobre o provimento ou não da pretensão do autor, sobre qual fato, entre quais partes e com base em qual norma. Segue daí que, pretendendo saber sobre os motivos daquela conclusão, haverá de encontrá-los na fundamentação. Pretendendo ir adiante, para saber se todas as questões foram efetivamente relacionadas pelo julgador, colocando-as em discussão, irá buscar no relatório seus elementos, em cotejo com os próprios autos, confirmando-se a sua perfeição técnica.

Ademais, a *sentença é peça autônoma* no processo, não se permitindo, para a sua compreensão, tenha o seu leitor em mãos, o processo todo. Por isso, deve a sentença traduzir, desde o relatório até o dispositivo, todos os elementos de vital importância para o deslinde da ação, não fazendo referências de ordem genética, *v.g.*, no usucapião, apenas mencionar, sobre o imóvel, o número da página que se encontra a respectiva matrícula, obrigando, a quem for ler a sentença, a ter em mãos ou o processo, ou a matrícula do imóvel. Deve, assim, ser devidamente apontado o imóvel, descrito e localizado na sentença, de conformidade com o que registra a matrícula. É possível remeter-se o leitor da sentença a determinadas peças dos autos, mencionadas na sentença, tal como, *v.g.*, na ação de reparação de danos, ao croqui do local dos fatos; mas o admitido é apenas a referência da página em que está encartada a peça, com suficiente, clara e persuasiva retórica sobre o retratado pelo croqui. Assim, no exemplo citado, o juiz irá analisar e discorrer sobre as impressões resultantes do croqui, com cotejo com as demais provas dos autos, mencionando as o número do movimento em que está encartado. Mas não apenas dizer que, *v.g.*, "pelo croquis de movimento X. se tem demonstrado ter o réu agido com culpa", sem clarear, pelas circunstâncias e demais elementos, em que efetivamente se consubstanciou a culpa, assim concluída, do réu. Nunca é demais relembrar que, havendo julgamento do mérito, aquilatando-se os fatos e direitos, o que procede ou improcede é o pedido e não o processo (ou a ação, como erroneamente fazem registrar). Aquele, o processo, se julgado, será apenas extinto, com ou sem julgamento do mérito, na forma dos *arts. 485 e 487, CPC*.

2. Requisitos complementares

Vimos que os requisitos necessários da sentença – relatório ou exposição, fundamentação ou discussão e dispositivo ou decisão – são as condições impostas pela lei para que a sentença tenha validade.

Além dos requisitos necessários, temos também os *requisitos complementares* ou secundários, que são o conjunto de argumentos essenciais da sentença, entendida esta como discurso persuasivo.

2.1. Clareza, precisão e persuasão

Como tal, deve ser clara e precisa, (*arts. 490 e 492 e parágrafo, CPC*). Da clareza e da precisão da técnica retórica da sentença, haverá a corolária e necessária persuasão. Por óbvio, em questões de alta indagação, como aquelas recém-introduzidas no ordenamento jurídico, em que não se tem o pensamento doutrinário nem o jurisprudencial, cabendo ao juiz, que enfrentar a questão nova, argumentar de forma concludente e, por vezes, extensa, com várias laudas, é bastante remota a possibilidade de se ter uma sentença sincopada. E compreensível justamente na medida em que o julgador, lançando mão dos argumentos expostos pelas partes e de delonga pesquisa, irá formar seu juízo de convencimento. Porém, o seu registro, ante o fato novo, diversamente daquelas questões já sumuladas pelos tribunais e pacificadas pela doutrina (exceto quando se julga contrariamente àquela modorrenta orientação, sem, é claro, distanciar-se da lei, inovando-a ou dispondo contrariamente ao que se prescreve), deve ser lavrado em tantas laudas quantas forem necessárias, quer para propiciar às partes a sua compreensão (e não necessariamente aceitação, pois a sentença deve buscar fazer justiça e, para tanto, ser compreendida – mas fazer-se aceitar, embora seja o ideal, não é, nem de longe, um requisito ou imposição), quer para que, em grau de recurso, seja possível, em sua revisão, a discussão mais ampla possível, por um órgão colegiado (três ou mais cabeças devem produzir uma conclusão intelectual mais correta do que um só pensador, embora nem sempre isso se aplique ao vencido). De qualquer forma, a qualidade técnica de uma sentença (ou mesmo de uma decisão interlocutória), não se mede por sua beleza estética ou pelo número de páginas. Com quantas laudas forem, a sentença, deverá enfrentar todas as questões apresentadas, de forma clara, precisa e persuasiva. *Clareza, precisão e persuasão* são, pois, requisitos complementares da sentença.

2.2. Da introdução (ou cabeçalho)

E como qualquer discurso, deve o mesmo possuir uma *introdução* e um *epílogo*. A prática forense tem apresentado como *introdução* a expressão

"Vistos e examinados estes autos de ação de _____, tombados sob nº ___/___, deste juízo da ___ Vara Cível, desta comarca de _____, em que é o autor (qualificação)_____ e o réu _____, (qualificação)."

ou simplesmente "Vistos etc.".

Porém, essa última expressão não se afigura como tecnicamente correta, por não registrar os elementos necessários à perfeita identificação. Usualmente, tal expressão é mais empregada ao apreciar questões incidentes no processo, tal como o saneador, principalmente aquele produzido em audiência, pela qual houve a existência do termo, no qual constam os dados necessários para a sua plena identificação. Por isso, ainda que em despacho interlocutório, a expressão "Vistos etc.", deve ser complementada com outros dados, tal como o nome das partes e o nome e número da ação. Mas, em se tratando de sentença final, da qual decorrerão os efeitos da coisa julgada, é inadmissível a sentença que tenha como introito apenas a expressão "Vistos etc.", ante a gravidade do vício, que acarretará, como veremos, a sua inexistência, pela impossibilidade de se estabelecerem os limites da coisa julgada, quanto às partes e ao processo.

Nós órgãos colegiados o introito, pela própria característica do julgamento em 2ª instância, em que se tem um relator a apresentar o relatório do processo (adstrito aos elementos colacionados no recurso e não necessariamente de todo o processo), para seguir-se com seu voto e a discussão pelos demais membros da câmara (ou turma), sofre pequena alteração, incluindo-se as expressões "relatados e discutidos" assim se apresentando: "Vistos, relatados e discutidos estes autos...".

É na *introdução*, donde se registram os nomes e as qualificações das partes, assomada com o dispositivo que se têm estabelecidos os limites da coisa julgada. Verifica-se sua ocorrência quanto a determinado fato ou ato jurídico, que tenha havido entre determinadas e identificadas partes, em juízo certo e competente em sua jurisdição, através de uma determinada ação. Daí por que é o introito uma complementação do dispositivo para se estabelecerem os limites da coisa julgada. Embora prescreva o *art. 489, CPC, em seu inc. I*, que o relatório deverá conter "o nome das partes", dando a ideia de que é possível dispensar-se a introdução, deve esta existir. Veja-se que a eliminação do introito ("Vistos e examinados..."), iniciando-se o texto da sentença diretamente pelo nome das partes, faz com que a sentença, como texto escrito, não seja corretamente construída, na medida em que será iniciada dizendo exatamente o que será registrado na introdução (exceto "Vistos e examinados estes autos de ação..."), com todo o relato do processo, dificultando a verificação dos limites da coisa julgada. Já, criando-se a introdução (esta é que é requisito complementar e não seus elementos, que são necessários), com redação escrita, o texto da sentença tornar-se-á mais inteligível pois, a um, será demonstrado que, para ter chegado à conclusão final, o juiz viu e examinou os autos. É óbvio que, mesmo assim não dissesse, o juiz, para proferir a sentença, teria de, obrigatoriamente, ver e examinar os autos. Mas, tal como quando se escreve uma carta, tem-se implícita a circunstância de que os correspondentes não se encontram suficientemente próximo para se falarem; necessitam, pois, da escrita. E aí, inicia-se a carta dizendo o local e a data em que foi escrita. Ora, por que razão registrar-se numa mera correspondência o local e a data de sua feitura, se é implícita a condição de distanciamento físico entre aqueles que se correspondem? Apenas porque, assim iniciando a correspondência, estar-se-á obedecendo à ordem de criação de um texto, com sua introdução, referindo-se que, quando foi escrito, o foi quando se estava em determinado lugar, em determinada data. A mesma situação é enfrentada na sentença. Todos sabem que o processo foi visto e examinado pelo juiz, mas como essa foi a primeira providência, por mais óbvia e implícita que seja, referir-se a ela significa justamente iniciar-se "pelo início", pelo "introito". A Dois, porque, como os elementos do introito, assomados com o dispositivo, é que irão estabelecer os limites da coisa julgada, estando devidamente destacados no corpo da sentença, fora do relatório, em seu introito, igualmente como deverá ocorrer com o dispositivo, sua verificação será de todo mais clara. Assim, como retórica, como texto, é a *introdução* um requisito complementar da sentença. Da mesma forma ocorre com o *epílogo*, pois, além de tudo, pelo *art. 489, inc. III, CPC*, seria o dispositivo o encerramento da sentença, numa análise literal da composição da sentença, pelo citado artigo. Mas, como dito várias vezes, a sentença é um ato escrito, e para poder ser inteligível, concatenadamente, necessita de início, meio e fim, como em qualquer texto, mesmo que a lei não determine. Daí ser um requisito complementar. Da mesma forma que, numa correspondência pessoal, após dizer-se o local e a data em que foi escrita a carta, inicia-se o texto com expressões pessoais e de relativa intimidade com o leitor – como Querida amiga ou Caro primo –, justamente pela relação pessoal e informal existente, o que é implícito. Mas, de forma diversa, ao se escrever um ofício, que implicitamente revela comunicação formal, não se usará qualquer introito revelador da menor intimidade, ainda que esta exista. E não há norma alguma que impeça seja dito, num ofício, como introdução, a expressão Querido Presidente ou Caríssimo Diretor. Mas, convenhamos, se tal fosse aplicado, fugiria totalmente da formalidade que deve revestir os atos de ofício. Portanto, o que existe é uma concordância ideológica entre o texto e sua natureza, reveladora do tratamento a ser empregado. E é esse o sentido da existência dos requisitos complementares: obediência a uma concordância ideológica entre o texto e sua natureza, enquanto se tem a sentença como texto escrito, exigindo-se todos os demais elementos de composição de qualquer texto.

2.3. Da divisão de texto

Temos, ainda, como requisito complementar da sentença, como texto escrito, adotado na praxe forense não por mera repetição, mas, isso sim, por necessidade de ser construir um texto tecnicamente correto, o lançamento de destaques que facilitem a qualquer leitor da sentença posicionar-se no texto, identificando cada uma das partes. Assim, lançada a introdução ou cabeçalho, passa-se ao relatório, sem que se tenha necessidade de identifica-lo como tal. Porém, findado o relatório, antes de se passar à fundamentação, a fim de deixar o texto da sentença o mais inteligível possível, registramos a expressão: "Brevemente relatados, *decido*", ou "Sendo este o *breve relato*, segue a *discussão*", ou "Relatados, *decido*". Note-se que tais expressões nem de longe são requisitadas pela lei como elementos da sentença; mas, a sua inexistência, que em princípio não acarretará a sua nulidade, poderá tornar ininteligível a fundamentação. Ademais, não fosse esse o sentido da divisão, na construção da sentença, como texto, não haveria razão para que o legislador tripartisse os requisitos necessários da sentença, no *art. 489, CPC.* O primeiro, o relatório, registra os fatos e o direito invocado; o segundo, a fundamentação, retrata a apreciação subjetiva pelo julgador; e o terceiro, o dispositivo, exara o mandamento final sobre a questão. Distingui-las no corpo da sentença é, pois, necessário e imperioso. Da mesma forma que, encerrada a fundamentação, sempre antecede o dispositivo alguma forma de registro que delimite a fundamentação do dispositivo. Alguns assim registram: "Discutidos, passo ao *dispositivo*" ou, *ex positis* e considerando-se tudo o mais que dos autos consta, julgo ...", ou, ainda, "julgo, pois, ...".

Note-se, que como texto ou como interpretação subjetiva, não existem fórmulas exatas e únicas para a construção literal de uma sentença. Existem as linhas mestras, que aqui buscamos traçar. Mas seu conteúdo deverá ser completado exclusivamente por cada julgador, em cada caso, sofrendo toda sorte de interferências próprias do conhecimento individual, para "sentir" a questão apresentada e entregar a cada um o que lhe pertença.

2.4. Do epílogo

O *epílogo* ou finalização é encerramento que se segue ao dispositivo, tal qual na construção de qualquer texto. Na praxe, forense, o epílogo usual é a determinação ou declaração referente à *publicação, ao registro* e à *intimação da sentença*. Tais elementos não constituem requisitos, propriamente ditos, da sentença nem podem ser considerados como efeitos dela. Não são requisitos por não serem exigidos como tais, pela lei. Não são efeitos porque não revelam direito ou obrigação constituída pela decisão ou em face da decisão. Isso porque a *publicação* da sentença, que é o ato em que o juiz ou o tribunal dá a conhecer que julgou a causa, encerrando o seu *munus* e tornando imutável a sua decisão (salvo nos casos de embargos declaratórios), é uma decorrência própria da existência, da sentença, é uma formalidade, uma condição absoluta da própria existência que pode ocorrer em conjunto com a intimação da sentença – quando proferida em audiência – ou isoladamente – quando prolatada e entregue ao escrivão. Assim, uma sentença ou qualquer ato público não publicado é inexistente, deixando de produzir efeitos, não integrando o procedimento como ato processual. Tem-se, pois, por publicada a sentença quando, ao ser prolatada, o juiz entrega-a ao escrivão, não mais podendo alterá-la (exceção aos *arts. 505 e 485, § 3º, CPC*), tornando-a definitiva para o seu prolator (enquanto não atacada por tempestivos embargos de *declaração (art. 1022, CPC)*, e conhecida ao menos por uma pessoa além de seu prolator. Ou quando esse conhecimento ocorre durante o ato público ou em segredo de justiça (audiência), no primeiro grau, ou sessão, no segundo grau. A simples ação do juiz em entregar a sentença para o escrivão, torna-a pública, sendo desnecessária, para a sua publicidade, a sua publicação em diário ou édito. Tais condutas, como veremos, revelarão outros requisitos complementares. Uma vez publicada a sentença, passando a integrar o processo como ato processual, devem as partes ser *intimadas (art. 1003, CPC)* daquele ato, para tomarem conhecimento de seu conteúdo e produzir o efeito processual correspondente à iniciação do decurso de prazo para a manifestação recursal, tornando-se imutável e consubstanciando-se em coisa julgada material. É com a intimação, que poderá ocorrer pessoalmente, por meio de mandado, ou por publicação em órgão oficial ou em édito, que o juiz propiciará às partes, num primeiro plano, insurgirem-se ou não contra o *decisum*. Num segundo plano, poderá haver a cientificação por terceiros, com o édito ou com a publicação em diário oficial, que demonstrem interesse no julgamento e seu resultado, facilitando a projeção dos efeitos *erga omnes*, quanto, no mínimo, ao respeito devido pela lei criada entre as partes, pela sentença. Tratando-se a sentença de um ato jurídico com força de lei (*art. 503, CPC*), evidentemente que deve ela ser *registrada*; não apenas pela segurança decorrente do registro, mas também para garantir-se a sua autenticidade e até os seus efeitos, mesmos os provisórios (carta de sentença para execução provisória). É com o registro que surge a sentença de sua não substituição por outra, uma vez que a publicação e a intimação ocorrem por ato entre pessoas que, em algum tempo, não mais estarão vivas. Mas o registro supera o tempo e as penas que ele impõe aos seres humanos, quer a morte, quer a falta de memória, perpetuando por gerações a sentença. Outrossim, é o registro que permite aos interessados, uma vez não prescrito o direito de ação, obter o conhecimento do julgado, por meio da certidão independentemente de estarem ali, no cartório respectivo, os autos originários daquela sentença. Evita-se, assim, para uma eventual execução do julgado, o emprego de artifícios tendentes a dificultar ou procrastinar a sua execução, por falta de processo, ainda que temporariamente. Tais formalidades, na praxe forense, são utilizadas na redação da sentença em seu encerramento, quando proferida, dizendo-se: "Dou esta por publicada e as partes por intimadas neste plenário. Registre-se" ou, quando prolatada, constando-se: "Publique-se. Registre-se. Intime-se". Necessário esclarecer-se que, embora seja comum ver-se em sentenças a expressão referida no plural (Publiquem-se. Registrem-se. Intimem-se), não é esta última a forma correta posto que, na verdade, o juiz, ao determinar a publicação, o registro e a intimação da sentença, emana uma ordem ao escrivão. Assim, o sujeito da determinação é o escrivão e não as partes. Ele é quem deverá publicar, registrar a sentença e intimar as partes. Seria a oração completa assim: "Senhor escrivão, publique e registre esta sentença e intime as partes sobre seu conteúdo". Daí ser o correto: *Publique-se e Registre-se (esta sentença); e Intime-se (as partes dessa sentença)*.

Também deverá constar na sentença, no epílogo, como requisito complementar, enquanto texto escrito, o local onde foi prolatada (se proferida será desnecessário pois já constará do termo de audiência), a data em que foi prolatada (também aqui, se proferida, será desnecessário o registo, já lançado no termo da audiência) e assinatura do juiz (digital ou não), com sua identificação. Juridicamente, esses três últimos requisitos têm sua obrigatoriedade de inserção na sentença na medida em que revelarão se aquele juiz, naquela data e naquela comarca (ou vara), tinha, naquele juízo (registro na introdução), competência e jurisdição para aquele julgamento. Sua assinatura, em todas as folhas da sentença, servirá para dar autenticidade à mesma. Aliás, prescreve o *art. 205, CPC*, sobre a obrigatoriedade de serem datados e assinados pelos juízes, todos os despachos, sentenças e acórdãos.

2.5. Do epílogo

Estrutura da sentença como ato escrito:

- **Preâmbulo:** Vistos e examinados estes autos de ação tombados sob nº __/__ deste juízo da __ vara ___, em que é o autor __ e réu __ (qualificação)

- **Relatório:** Sucinto no texto, mas completo no registro das principais ocorrências

- **Fundamentação:** Coerência com o relatório

- **Dispositivo:** Decisão conforme a fundamentação
  Efeitos Próprios e Diretos da Sentença:
  Sucumbência – determinação (v.g. Ofícios, mandados)

- **Epílogo:** Publique-se. Registre-se. Intime-se.
  Local, data
  Assinatura Digital e Identificação do Juiz

Capítulo VIII
VÍCIOS E DEFEITOS

De acordo com a gravidade dos *vícios ou defeitos* existentes no processo ou na própria sentença, decorrerá ou a sua *nulidade*, ou a sua *anulabilidade*, ou a sua *inexistência*.

1. Sentenças nulas

No estudo da sentença, por ela ser a síntese da *função jurisdicional*, o fim maior do processo, não se pode aplicar genericamente os conceitos e as coordenadas de nulidade processual de forma e de fundo.

A primeira, de forma, quando enfrentada no curso do processo (*art. 276 e 277, CPC*), pode ser absoluta, ante a expressa previsão legal, ou relativa, quando não prevista em lei, dizendo respeito apenas e tão-somente ao ato processual em si mesmo, ou a um conjunto de atos processuais ou quanto ao momento em que se tem a colocação do ato dentro do processo. Já à segunda, de fundo, está ligada diretamente às condições gerais da ação e seus pressupostos de existência e de desenvolvimento válido e regular que, como anotado por Teresa Arruda Alvim Pinto,[30] "dizem respeito a um passo lógico a decisão de mérito e, esta, daqueles elementos depende diretamente". Por isso, tais nulidades se confundem na sentença, chegando, ainda no dizer de Teresa Alvim[31] ao "ponto de deixar até mesmo de existir, pois, inexistindo pressuposto processual positivo, não deve, também, haver sentença de mérito". Assim, enquanto as *nulidades de forma e de fundo*, relativas ou absolutas, são aplicadas direta e anteriormente à própria existência da sentença de mérito, seus conceitos não podem ser genericamente empregados para a definição das nulidades da sentença. Mas jamais se pode esquecer do conceito e dos efeitos da coisa julgada formal e material (*art. 502, CPC*):

---

30 *Nulidades da sentença*. Editora Revista dos Tribunais, edição de 1987, p.96.
31 Ob. cit., p.96.

"Denomina-se *coisa julgada material* a autoridade que torna imutável, e indiscutível a decisão de mérito, não mais sujeita a recurso."[32]

Embora a lei fale em decisão de forma genérica, incluindo-se aí as extintivas, sem julgamento do mérito, como define o *art. 203, § 1º, CPC*, é claro que a coisa julgada atinge a sentença *definitiva de mérito*[33]. Ao pretender a sua inclusão de forma genericamente lançada pelo legislador, incorrer-se-ia em confronto com o dispositivo no *art. 486, § 2º, do CPC*, que permite a propositura de nova ação, se extinta a ação, sem julgamento do mérito, pelo *art. 485, CPC*, à exceção da previsão de seu inc. V (que trata não apenas do intuito da coisa julgada mas também da *perempção* – que é penalização da própria lei ante uma conduta irregular do autor, prescrita pela lei (*v.g., art. 486, parágrafo 3º, CPC*), e da *litispendência* – que é a impossibilidade de se discutir, simultaneamente, sobre questões idênticas).

Coisa julgada material é, assim, o instituto que cria a imutabilidade da sentença definitiva e não de qualquer espécie de sentença. Veja-se que o núcleo da coisa julgada é a imutabilidade da sentença, que é atingida uma vez vencidos os recursos contra a mesma, seja pela inanição da parte, seja por ter restado aquela vencida em segundo grau. Não há, aqui, que se confundir recursos contra a sentença com ação rescisória ou com a ordinária de inexistência de ato jurídico. Essas são ações e não recursos[34]. A não propositura, tempestiva, da *ação rescisória* transformará a coisa julgada em definitivo.

---

32 Pontes de Miranda, em seu *Tratado da ação rescisória*, Editora Bookseller, 1998, p.157, tece séria e fundada crítica ao legislador pátrio, ao definir a "coisa julgada material como se estivesse a definir coisa julgada formal".

33 Registra Pontes de Miranda, em seu *Tratado da ação rescisória*, que "A respeito, alguns intérpretes superficiais cometem o grave erro de entender que as sentenças meramente homologatórias e as decisões não-sentenciais não passam em julgado. Até já houve quem escrevesse que não transitam em julgado julgamentos de arrematação, adjudicação ou de remissão de bens, julgamento de que – note--se bem – cabia agravo de instrumento, sob o Código de Processo Civil de 1939, *art. 842, XIII*, e hoje, felizmente, por se falar de decisão, o recurso é o de apelação – e contra os quais, precluso o prazo de interposição, ou julgado o recurso, ou outro recurso eventualmente cabível, não há remédio jurídico processual fora da ação rescisória: a *res iudicata* estabelece-se".

34 Pontes de Miranda (*ob. cit.*) assim afirma: "nos povos, o remédio jurídico processual de rescisão de sentença é ação, qualquer que seja o nome que lhe dê, qualquer que seja a veste processual sob que apareça, se a lei lhe confere o caráter de ir contra coisa julgada formal".

Por isso, ou a *sentença é tecnicamente perfeita*, ou sofrerá, ante a existência de vícios, a sua anulabilidade, ou nulidade, ou até mesmo, inexistência. Assim, dos vícios próprios e naturais da sentença, como a falta de qualquer de seus requisitos necessários, como ato escrito, decorre a sua *nulidade absoluta*. A falta do relatório ou da fundamentação conduzem à sua nulidade. Porém, tais nulidades, enquanto não declaradas, quer por provocação da parte, quer por conhecimento *ex officio*, em segundo grau, em recurso oficial, produzem sua eficácia, constituindo-se dos elementos de imutabilidade da coisa julgada. Uma vez produzindo efeitos de constituição, poderá ela vir a ser desconstituída – existência e desconstituição (circunstância que pressupõe a *existência*, ainda que eivada de nulidade – "o que não existe não pode ser rescindido, de sorte, que não se há que falar em ação rescisória de sentença inexistente" – Humberto Theodoro Jr.),[35] pela *ação rescisória*, no prazo de dois anos, quando, então será operada, definitivamente, a eficácia da coisa julgada. Por isso, diz-se que a sentença nula, por vícios próprios internos, pode vir a ser definitivamente imutável, se não desconstituída, tempestivamente, pela ação rescisória. E aqui nasce a fundamental diferença entre a sentença nula (ou anulável) e a sentença inexistente. Na primeira, seja qual for a espécie de vício, sempre será possível a sua perpetuação jurídica, desde que não desconstituída; a inexistente por seu turno, em momento algum poderá operar os efeitos da coisa julgada, justamente por ser inexistente. Teresa Alvim,[36] invoca a lição de Adolfo Gelsi Bidart:[37] "A inexistência juridicamente relevante não é a que corresponde a um nada fático, ou seja, à ausência total de ato. O que interessa ao direito é a inexistência representada por atos que tinham 'pretensão' de ser direito (...) Portanto, o que aparenta ser sentença, o que foi expressado como sentença, o que pretende resolver um litígio como se sentença fosse, mas não o é, é o que nos interessa. Esse critério não basta senão para delimitar um grande conjunto de atos". É por essa mesma razão que não se pode falar em ação declaratória de nulidade da sentença, posto que, findo o prazo para a ação rescisória, permanecerão, definitivamente, os efeitos da coisa julgada. É nesse sentido a exegese do cotejo do *art. 966*,

---

35 *As nulidades no CPC*. Editora Revista dos Tribunais, edição 1983, p. 30.
36 Ob. cit., p. 184.
37 *De las nulidades em los actos procesales*. Montevidéu, Editora Jur. Amálio M. Fernandes, 1981.

com o 975, *CPC*. Diz o primeiro que "a decisão de mérito, transitada em julgado, pode ser rescindida quando: (...)" e o segundo, que tal direito "se extingue em dois anos, contados do trânsito em julgado da última decisão". Ora, o pressuposto fundamental, aqui, é o transito em julgado da sentença, quer para a contagem do prazo, quer para a verificação de qualquer dos vícios elencados no *art. 489, CPC*; até porque, em não havendo o trânsito em julgado da sentença, caberá apelação (*art. 1009, CPC*), o que não acarretará o *trânsito em julgado* e, pois, as condições da ação rescisória. Assim, a ocorrência do trânsito em julgado, constituindo a coisa julgada com a sua eficácia formal, por inanição da parte, no prazo de dois anos, tornará a sentença definitiva, pondo fim à questão debatida, compondo a lide, para a criação da ordem e da estabilidade sociais. Ainda que nula a sentença. Igualmente ocorre quando os *vícios são anteriores e externos à sentença*, como uma nulidade processual de forma ou de fundo, não declarada no curso do processo.

2. Sentenças inexistentes

Porém, quando o vício é de tal ordem que reflete a impossibilidade de reconhecer o dispositivo e, pois, de fazer a coisa julgada, diz-se ser *inexistente a sentença* e não apenas nula. Daí a diferença fundamental entre ambas, anteriormente referida: a nula poderá vir a ser constituída definitivamente em *coisa julgada*; a inexistente jamais poderá ser constituída em coisa julgada. Da própria inexistência do objeto essencial à constituição da *coisa julgada* decorrerá a *inexistência da própria sentença*. Nesta, o vício, externo ou interno, é de tal gravidade que será impossível o estabelecimento da coisa julgada. Uma sentença sem o dispositivo (que já vimos, é o que constitui a coisa julgada) não pode ser simplesmente nula, sofrendo risco de vir a ser consolidada definitivamente, caso não ofertada a ação rescisória tempestivamente. Na verdade, nada haverá para se desconstituir, pois não se terá o dispositivo a determinar o que foi constituído em coisa julgada. Não haverá, ao final, um julgamento. Teremos o relatório, a discussão, mas, sem o *dispositivo*, não haverá sentença, não haverá a *composição da lide*. E por isso mesmo, como bem ensina Teresa Alvim,[38] somente nas sentenças inexistentes é que se pode falar em *ação declaratória ordinária de inexistência de ato jurídico*, sem prescrição. Nem mesmo o instituto da prescrição pode atingir o

---

38 Ob. cit.

inexistente. É claro que, declarada a sentença inexistente, o fato retornará a seu *status quo ante*, o qual sim, sofrerá a incidência da *prescrição*. Mas nao a sentença inexistente. Igualmente, uma sentença formalmente perfeita, porém, sem um processo a embasar a sua existência e validade, será, sem sombra de dúvidas, uma sentença inexistente. Como tal, não irá produzir qualquer efeito, nada irá constituir e, portanto, *não poderá ser desconstituída*, mas, sim, ser declarada como ato jurídico inexistente, tão-somente. Teresa Alvim,[39] com absoluta propriedade, anotou:

"Se admitíssemos que as sentenças proferidas em ações, às quais teria faltado uma condição, fossem nulas, porque a falta de condição da ação teria gerado uma nulidade processual, teríamos de admitir que estariam sujeitas, para serem desconstituídas, ao prazo decadencial da ação rescisória. Escoado esse biênio, caberia perguntar, por exemplo, qual seria a situação jurídica de uma sentença que desconstituiu a relação jurídica gerada pelo casamento, entre homem e mulher que não são, e nunca foram cônjuges? Qual seria também a situação de uma sentença que, aos cônjuges verdadeiros, concedesse o divórcio antes que esse instituto fosse acolhido pela legislação positiva brasileira? E a partilha de bens de pessoa viva, se estivesse juntado nos autos uma certidão de óbito de um homônimo?"

Sem dúvida. Nenhuma dessas sentenças poderia sobreviver, no mundo jurídico, sendo impossível exigir-se a propositura de uma ação rescisória, no prazo de dois anos, sob pena de "convalidada", passar a existir definitivamente no mundo jurídico. Podem, e devem ser declaradas juridicamente inexistentes. E conclui:

"Parece-nos, então, que as sentenças proferidas em processos instaurados por meio de ação, sem que tenham sido satisfeitas uma ou mais condições da ação: legitimidade, interesse e possibilidade jurídica do pedido, não podem ser consideradas nulas, mas inexistentes."

3. Casos mais comuns de *sentenças nulas*

É pois, *nula* e rescindível em dois anos a sentença de mérito, conforme elencou Teresa Alvim:[40]

1. que não contenha os requisitos do *art. 489, CPC*;

---

39 Ob. cit., pp. 159/160.
40 Ob. cit.

Capítulo VIII – Vícios e defeitos

2. cuja fundamentação seja deficiente ou não corresponda ao decisório como a que não aprecie todas as questões suscitadas, *v.g.*, quando não julga a reconvenção (ação e reconvenção devem sofrer julgamento único e simultâneo; que decide apenas um dos pedidos cumulados ou julga além do pedido;

3. proferida em processo eivado de nulidade (vícios extrínsecos), *v.g.*, falta de intervenção do ministério público em causas que assim determine ou em que ausentes pressupostos processuais de validade, incompetência absoluta, imparcialidade, capacidade e legitimidade processual – petição inicial apta – citação válida;

4. em outros casos como o do *art. 966, CPC*.

4. Casos mais comuns de *sentenças inexistentes*

Estes são os exemplos mais comuns de sentenças inexistentes, que não fazem coisa julgada material, consoante a doutrina, assinalados na obra de Teresa Alvim:[41]

1. A sentença sem decisório é sentença inexistente (aliás, analogamente, como já se sustentou neste trabalho, petição inicial sem pedido não pode ser considerada petição inicial, apesar da letra da lei que envolve uma *contradictio in adjectis*, ou seja, petição inicial que não tem e que não é pedido).

2. A sentença sem condições materiais de produzir efeitos, porque incerta ou impossível.

3. A sentença proferida por um não juiz. Trata-se de sentença proferida em processo inexistente, por faltar o pressuposto processual de existência: "jurisdição". É o caso das sentenças proferidas por juízes aposentados ou afastados.

4. Inexistente também será, sempre, segundo Rodrigues, a sentença pronunciada contra pessoa inexistente ou sem legitimidade para a causa, pois que, ao nosso ver, ausente está uma condição da ação.

5. A sentença não assinada pelo juiz, em princípio, também inexiste.

6. Sentenças ilegíveis.

7. Sentença não publicada.

---

41 Ob. cit.

5. Conclusão

Dessarte, uma sentença sem estrutura técnica correta acarretará, num primeiro plano, a sua nulidade ou a sua própria inexistência; mas, mais do que isso, decorrerá a falta de composição da lide no processo regular, que tem fim público, na medida em que, composta a lide em seus exatos limites e segurança, haverá a pretendida prestação da tutela jurisdicional, avocado pelo Estado, no interesse da permanência da estabilidade das relações entre as pessoas. Portanto, mais do que possibilitar a permanência de uma instabilidade entre as partes, a sentença viciada pela nulidade ou inexistência afetará diretamente o exercício da convivência de relações de toda ordem, no Estado de Direito.

Capítulo IX

PLANOS DO TEXTO E SEU DESENVOLVIMENTO – COMO REDIGIR

A sentença, como *ato jurídico de inteligência e de vontade – do juiz –* persuasivo, deve ser redigida e desenvolvida com todos os conceitos e elementos de um texto, obedecida, ainda, a ordem dos requisitos essenciais (*arts. 489, CPC*). Dentre aqueles, afiguram-se como próprios, a retórica e a aplicação correta da gramática e da grafia, revelando-se a sentença, antes de uma "composição de conflitos", um texto formal, com capacidade de convencimento das teses esboçadas, por meio da retórica, ou arte de redigir ou falar, com distinção ao público.

1. Da *arte de redigir*

Tal qual esta obra, uma sentença necessita não apenas de regras gerais de criação própria; é necessário fazer-se entender; não necessariamente ser aceito, mas entendido. E é aí que a arte de redigir tem sua ingerência direta na produção da sentença. Alguns juízes, revelando-se verdadeiros mestres na arte de redigir, chegam a sentenciar usando (e abusando) das regras da retórica poética, retratando-a em versos, por vezes até métricos. É claro que não há, o juiz, que chegar a tanto, mas é de se ressaltar que as sentenças em tais circunstancias, ainda que com rimas e métricas próprias de uma poesia, não padecem de qualquer espécie de vício. Fogem, é claro, da estrutura que determinada pelo *art. 192, CPC*, que impõe o emprego do vernáculo em todos os atos e termos do processo, incluindo-se aí, estreme de dúvidas, a sentença, posto que o nosso idioma não é expressado em *versos ou rimas*, sem, contudo, maculá-la interna ou externamente, apenas por ter sido edificada em versos e rimas. Mas deve-se evitar tal procedimento, na medida em que o julgador, preocupado com as métricas e rimas a construir, afasta-se (ainda que por pequena distância) da completa e necessária análise fático-jurídica do caso em julgamento. Mas, de qualquer forma, ainda que a sentença venha em versos e rimas, deve ater-se às orientações da retórica.

2. Da *retórica*

A retórica, que deve integrar qualquer texto persuasivo, não é inata. Mas pode ser desenvolvida, mesmo por aqueles que se sentem demasiadamente incapazes. Muitas obras existem no mercado a ensinar técnicas de redação. Porém, até por experiência própria, o livro *Redação escolar: criatividade,* do professor Samir Meserani, Editora Ática, embora destinado ao segundo grau, é perfeito para aqueles que pretendem desenvolver uma técnica de construção de textos, o que somente se consegue com a feitura de textos; mas de forma didática e pedagógica, com desenvolvimentos paulatinos que fazem o aprendiz se soltar ante o texto a ser criado de forma ordenada, clara, concisa e persuasiva. É claro que essa obra não busca despertar escritores. Porém, pela finalidade precípua, que é o ensinamento da criação e do desenvolvimento técnico da sentença, e em sendo aquela um texto, é necessário, para aqueles que pretendem desenvolver sentenças, uma aptidão, própria ou provocada, na *criação do texto.* E não só, também é mister que as regras gramaticais sejam rigorosamente observadas. São elas que ditarão a forma de como deverá o juiz proceder em sua sentença para que a mesma venha a ser o reflexo da composição da lide, legível por qualquer pessoa. Pode o julgador ter imensurável cultura jurídica, mas, se não souber expressar seu conhecimento na análise dos fatos e direito, de forma sistemática e gramatical, por certo cometerá o equívoco de pensar e concluir de uma forma e escrever de outra. Os embargos de declaração têm sua existência justamente para correções dessa natureza: omissão, obscuridade ou contradição. Mas a sociedade espera do julgador, que felizmente já não é mais a divindade da Grécia e da Roma antiga, que sua decisão seja, senão justa, ao menos *definitiva e certa,* para pôr fim aos litígios, mantendo-se a soberania da lei e da ordem. E é aí que a sentença, ante de exprimir um "ensaio de estilo ornamentado e de brilhante erudição exposta em vitrine"[42], deve "trazer a paz entre os homens,"[43] e tentar evitar, em decorrência dos erros da retorica e da gramática, a infindá-

---

42 Calamandrei, ob. cit.

43 Calamandrei, ob. cit.

vel discussão do que, pelo próprio juiz, já foi sentenciado. Não vai aqui nenhum menosprezo ou vexame às reformas de sentenças, quer pelo próprio julgador, nos embargos declaratórios ou nos juízos de retratação, quer pelos tribunais, em grau de recurso. Estas nos ensinam, nos orientam, quando a correção se opere sobre o *meritum causae*, que depende da apreciação subjetiva na formação do convencimento. Mas há o dissabor em forma de sentenças por nulidade do julgamento, em face de inobservância de princípios comezinhos na técnica de sua construção. Afinal, se não se tem mais o juiz-divindade, como na Roma antiga, aquele que foi aprovado em rigoroso exame de seleção, envolvendo não apenas o conhecimento técnico e prático, certamente não se sentirá realizado interiormente (a sentença como obra de arte escrita produz alento ao seu criador), ao ver sua obra destruída, por meros erros de retórica e gramática.

É salutar trazer a lume alguns aspectos abordados pelo professor Samir Meserani,[44] que permitem desenvolver a capacidade criativa e crítica de cada um, na retórica, enquanto mera arte de escrever. E a fluência e a desinibição que o juiz deverá ter, na retórica, na sentença, podem ser buscadas (para aqueles que sentem dificuldade em escrever e discursar) na forma abordada pelo mencionado professor, sem que tal prática o conduza diretamente à construção de uma sentença. Mas, com certeza, irá ajudá-lo na fluência, na crítica e na criatividade, necessárias em qualquer texto. Como um discurso, usando o *vernáculo*, deve o juiz seguir com fluência na construção da sentença. Simultaneamente, a sua criação (como texto escrito) sofre críticas (como um mero texto e não necessariamente como texto jurídico) e criatividade (o juiz não cria os fatos constantes do processo ou prescritos pela lei, mas cria a forma de traduzi-los como um mero texto), inicialmente, que sofrendo toda a sorte de ingerências jurídicas, transformando-se, somente ao final, num texto jurídico. E essa é a primeira dificuldade para aqueles que não possuem destreza com as palavras: lendo o processo, conclui, com facilidade, ante o seu conhecimento jurídico, a decisão que deverá seguir; mas mal sabe como começar a externar, na fundamentação, aquela conclusão. Daí a importância *da fluência, da crítica e da criatividade do juiz,* na sentença, repito, como mera redação que possui regras, tal qual a poesia métrica, das quais não se pode fugir.

---

44 Ob. cit., ver Adendo I.

3. Do emprego da *ortografia e da gramática* [45]

Qualquer texto, para ser claro e persuasivo, certo e bem compreendido, necessita do emprego adequado da gramática e da ortografia. Como texto jurídico, a sentença tem ainda as expressões jurídicas a lhe dar forma e conteúdo.

Como mero texto, não pode o juiz, como seu criador, fugir às regras gerais da ortografia e da concordância, sob pena de inferir e concluir algo, registrando de forma diversa. Assim, a errônea concordância gramatical, o emprego incorreto de palavras que podem ser um verbo, ou um adjetivo, ou um substantivo, de conformidade com a sua inclusão no texto, certamente tornará incompreensível a sentença, que poderá sofrer embargos de declaração ou até mesmo sua anulação. De qualquer forma, fugirá de seu princípio maior, que é a composição da lide, mantendo-se a paz e a ordem sociais. É claro que não se exige, na sentença, o português casto, desatual ou pedante. Até porque, se assim ocorrer, irá haver um distanciamento natural da clareza que é mister na sentença. Mas deve ser empregado o *vernáculo* corretamente, afim de permitir que seu registro seja a expressão efetiva dos fatos e do direito, devidamente apreciados. Veja-se estes exemplos, que traduzem a imperiosa necessidade da correta *aplicação da gramática*:

a) O tribunal condenou; eu não absolvo.

b) O tribunal condenou; eu não, absolvo.

Em (a), o falante reafirma a condenação.

Em (b), o falante não condena e sim absolve.

a) O juiz foi criticado, quando lutava pelos amigos.

b) O juiz foi criticado, quando lutava, pelos amigos.

Em (a), o juiz foi criticado por alguém no momento em que lutava em favor dos amigos.

Em (b) os amigos é que o criticaram.

Há, na língua portuguesa, muitas palavras bastante parecidas, portanto, é necessário tomar cuidado para não usar uma no lugar da outra; há os homônimos (palavras que possuem a mesma pronúncia, ou a

---

45 Ver Adendo II.

mesma grafia, mas significados diferentes) e os parônimos (palavras semelhantes na escrita ou na pronúncia, mas com significados diferentes):

O congresso pretende *cassar o mandato* dos parlamentares que faltarem à maioria das *sessões* a serem realizadas.

(*Cassar*: anular os direitos. *Caçar*: prender).

(*Mandato*: tempo de um político no cargo. *Mandado*: ordem judicial.)

(*Sessão*: reunião. *Cessão*: ato de ceder. *Seção/Secção*: setor, repartição.)

O *mandado* judicial já foi expedido.

Eu voto numa *seção* em que já grande número de eleitores.

O guarda *autuou* em flagrante o motorista que *infringiu* as normas de trânsito.

(*Autuar*: processar. *Atuar*: pôr em ação, agir).

(*Flagrante*: evidente, no ato. *Fragrante*: perfumado.)

(*Infringir*: desobedecer. *Infligir*: aplicar.)

O *começo* da sentença agradou os jurados.

Eu *começo* a entender o processo.

Ao final do livro (Anexo II) trazemos à colação algumas poucas regras gramaticais, não com o intuito de lecionar sobre tal matéria, mas isso sim, oferecer uma rápida recordação sobre o assunto.

4. Das *expressões jurídicas*

Registramos que *ex vi legis*, o uso do vernáculo, da língua nacional, na sentença, é obrigatório. Mas, como agora, sempre deparamos com expressões do jargão forense (*v.g.*, "o que não está nos autos não está no mundo jurídico") e latinas, estas em maior profusão. Em sendo o direito romano o berço do direito moderno, não apenas comum, mas necessário é o uso de brocardos jurídicos em latim. Não apenas na sentença, é de todo necessário, quer para se buscar se supedâneo histórico da regra aplicada, quer para demonstrar-se o efetivo conhecimento sobre a mesma, desde sua origem. Assim, o juiz, ao invocar a máxima "*juris praecepta sunt: Haec honest vivere, alterum non laedere, suum cuique tribuere*" ("Os princípios gerais do direito são: viver honestamente, não lesar terceiros e dar a cada um o que é seu") estará, mais do que retratando seu conhecimento quanto ao *brocadu latinu*, demonstrando que a tese esboçada encontra ressonância desde a era do direito romano, sendo, pois, pacificada por séculos, como princípios basilares do direito. É claro que nenhuma sentença, por imposição legal, como já vimos, poderá fugir do emprego do vernáculo, mas as *expressões latinas ou forenses* sempre integrarão a construção das peças jurídicas, não apenas como manutenção das origens de direito, mas como verdadeiras pérolas insubstituíveis por qualquer que seja a língua. Assim, ao dizer o juiz que os efeitos da sentença são *ex tunc*, não estará apenas usando uma expressão latina; estará dizendo que os efeitos são retroativos, porque a expressão de há muito revela as razões de retroatividade dos efeitos pretendidos, sintetizando, com o brocardo, toda uma gama de doutrina e história evolutiva da retroatividade dos efeitos e dos atos. É óbvio que não bastará, ao juiz, dizer que os efeitos retroagem *ex tunc*; haverá também, na fundamentação, que discorrer sobre a causa e os motivos da retroatividade, resumindo-os no dispositivo, com a singela, mas complexa em sua amplitude e estudo, expressão latina. É fato que muitas *expressões* empregadas, não se referem a estudos jurídicos por excelência; muitas são retiradas do *passado histórico*, de rico valor em sua aplicação e retórica, tal como quando Marcus Tulius Cícero iniciou o libelo crime acusatório contra Catilina (político romano acusado de atentar contra as instituições políticas de Roma) dizendo: "*Quousque tandem abutere, Catilina, patientia nostra?*". Vê-se por tal brocardo, embora não tradutor de nenhum princípio do direito, mas por sua representação histórica, no julgamento mencionado, que o mesmo é perfeitamente aplicável quando, *v.g.*, tiver o juiz que aprecia o pedido de indicação da localização dos bens do devedor, pelo próprio (art. 774, nº V, c.c. art. 139, nº III, CPC), que age abusivamente. A expressão latina, então, terá o efeito de, como historicamente narrado, demonstrar a conduta atentatória por parte do devedor, que deverá ser estancada, vencidas todas as possibilidades mitigadas pela lei e pelo próprio juiz. Os brocardos jurídicos, não obstante, não retratarem sempre regras jurídicas baseadas em um princípio geral do direito, como aquele que afirma que "uma só testemunha não faz prova" ("*Testis unus, testis nullus*"), são, via de regra, pois, verdades experimentadas pela história social ou jurídica, cujo valor, respeito e aplicação são incontestáveis. Esses são alguns brocardos latinos, dentre inúmeros, que têm sua aplicação rotineira: "*Semper in dubiis benigniora proeferenda sunt*" (nos casos de dúvida, prefere-se a solução mais benigna); "*Permittitur quod non prohibetur* (tudo o que não é proibido é presumivelmente permitido); "*Ad impossibilita nemo tenetur*" (ninguém está obrigado ao impossível). Dessa arte, devem ser empregadas as expressões latinas e forenses no texto da sentença, com o cuidado de serem interlocutoras de um pensamento já historicamente registrado, que tenha, por óbvio, conexão com o tema discorrido. "Fi-lo porque qui-lo" (Jânio Quadros) não será a melhor retórica, por mais rico que seja o emprego da gramática.

Capítulo X
DA PLANIFICAÇÃO DA SENTENÇA

2. O relatório

Como já vimos, a sentença deve ser clara, precisa e persuasiva, empregando-se o uso do vernáculo (*arts. 192, CPC*), daí a importância da correta aplicação ortográfica e gramatical do texto de forma sintetizada – posto que, se assim não for, haverá uma repetição de todo o processo novamente na sentença – sem, porém, deixar de se apreciar o pedido e as questões apresentadas.

2. A fundamentação

Realizado o relatório, sucinto no texto, porém completo no registro das principais ocorrências, será com base no pedido e nas questões ali constantes que o juiz desenvolverá *a fundamentação* de sua decisão, havendo, assim, uma correlação entre o relatório e a fundamentação. Pode-se até mesmo obedecer-se ao desenvolvimento do relatório, visto ser ele uma espécie de pré-fundamentação que objetiva, na estruturação retórica da sentença, circunstancializar a fundamentação. Esta retira muitos de seus elementos do relatório, que se constituem na base fático-jurídica (mas precipuamente fática) dos elementos propriamente fundantes; isto é, do aspecto propriamente justificativo de sua decisão.

3. O dispositivo

Encerrará o dispositivo a conclusão final em inteira convergência com a fundamentação. Será necessário referir-se aos nomes das partes, o que especificamente foi provido ou não, bem como os limites de sua abrangência, além dos dispositivos legais embasadores.

4. Esquema: Planificação do Texto

Preâmbulo
: Vistos e examinados estes autos de ação ___, tombados sob nº, deste Juízo da _ Vara ___, em que é autor _ e réu _(qualificar)

Relatório (exposição fática)

- Elementos basilares
  - o pedido e âmago de sua argumentação e docs.
  - a resposta e o espírito de sua argumentação e docs.
  - relato de todas as questões relevantes apresentadas, bem como das decisões sobre as mesmas

- Elementos condicionados à própria existência
  - impugnação, se houver, o espírito de sua argumentação
  - instrumentação e sua regularidade
  - últimas razões

Fundamentação (análise jurídica)
: Observando-se se o desenvolvimento do relatório, apresentar discussão sobre aquelas circunstâncias, de forma a justificar a decisão com a propriedade de, persuasivamente, propiciar a fático que haja por parte de outra pessoa uma tendência a obter-se a mesma conclusão.

Dispositivo
: Conclusão final sobre as questões apresentadas (acolhendo ou rejeitando total ou parcialmente o pedido), a qual é justificada pela análise fático-jurídica (fundamentação) das principais circunstâncias apresentadas.

Efeitos diretos
: Sucumbência
expedição de mandados, cartas etc.
Determinações gerais decorrentes da decisão

Efeitos indiretos
: Formalidades para sua existência (Publicação); o seu Conhecimento e início de seu trânsito em julgado (Intimação) e a segurança como ato que faz lei entre partes, e como tal, ao menos deve ser respeitado (Registro)

Epílogo
: Publique-se, Registre-se, Intime-se
Local, data e assinatura
(Identificando-se o prolator)

Capítulo XI

DA APLICAÇÃO DA LÓGICA NA SENTENÇA. NOÇÕES SOBRE LÓGICA DEDUTIVA, LÓGICA INDUTIVA E LÓGICA DIALÉTICA

Tem-se por *definição* que *lógica* é um ramo da filosofia que objetiva, em qualquer campo de conhecimento, com apoio de certas evidências, dar sustentação às conclusões. É uma ciência que estuda os princípios gerais do *pensamento válido*.

Sempre que uma pessoa raciocina, faz inferências que resultam em argumentos. A lógica objetiva apresentar os métodos capazes de identificar os argumentos como válidos ou não. O argumento consiste, assim, numa conclusão e na evidência corroboradora.

Wesley C. Salmon[46] exemplificou o argumento de um enunciado:

"Numa de suas célebres aventuras, Sherlock Holmes, esbarra num velho chapéu de feltro. Embora não conheça o seu proprietário, Holmes conta a Watson muita coisa a seu respeito – afirmando, entre outras coisas, que se trata de um intelectual. A afirmação, como foi feita, não dispõe de qualquer apoio. Holmes podia saber da existência de evidências, mas não as deu. O Dr. Watson, como de hábito, não percebe o que se passa e pede, portanto, que Holmes o esclareça:

À guisa de resposta, Holmes colocou o chapéu sobre a cabeça. O chapéu resvalou pela sua testa e foi apoiar-se no seu nariz. 'É uma questão de volume', disse ele: 'um homem com uma cabeça tão grande assim deve ter algo dentro dela'.

A afirmação de que o proprietário do chapéu é um intelectual não está mais sem apoio. Holmes ofereceu a evidência e a sua asserção está,

---

46 *Lógica*. Editora Zahar, 1984, 6ª ed., p. 13

agora, devidamente apoiada, passando a ser a conclusão de um argumento"

Prosseguiu Wesley C. Salmon sugerindo uma reconstrução do argumento:

1. Há um chapéu grande.
2. Alguém é o proprietário desse chapéu.
3. Proprietários de grandes chapéus têm grandes cabeças.
4. Pessoas de grandes cabeças têm cérebros grandes.
5. Pessoas de cérebros grandes são intelectuais.
6. O proprietário desse chapéu é um intelectual.

Tal argumento, após cinco premissas, resultou em uma conclusão – corroborada pelas evidências das premissas.

Porém, de fato, nem todas as pessoas de cabeças grandes são intelectuais e, assim, para ser tal conclusão seria necessária uma pesquisa científica. À lógica, contudo, interessa se as premissas dadas sustentam a conclusão.

1. A lógica dedutiva

A *lógica dedutiva* é aquela que tem como características:

a) o argumento destina-se a deixar explícito o conteúdo das premissas;

b) quando todas as premissas forem verdadeiras, obrigatoriamente deverá seguir-se uma conclusão também verdadeira;

c) toda a informação ou conteúdo factual da conclusão já estava, pelo menos implicitamente, nas premissas:

Assim, tem-se como método dedutivo o raciocínio:

Todo mamífero tem um coração.

Todos os cavalos são mamíferos.

Todos os cavalos têm um coração.

Assim, um argumento dedutivo ou é inteiramente conclusivo, ou não é conclusivo.

Se um argumento dedutivo é logicamente correto, as premissas sustentam de modo completo a conclusão.

2. A lógica indutiva

Já a *lógica indutiva* tem por características:

a) mesmo quando todas as premissas são verdadeiras, a conclusão é provavelmente verdadeira, mas não necessariamente;

b) a conclusão encerra informações que não estavam, nem implicitamente, nas premissas.

Assim, é indutivo o método:

Todos os cavalos que foram observados tinham coração.

Todos os cavalos têm coração.

Podemos observar de tais características que a dedução é delimitada, uma vez que o seu argumento não pode ser logicamente correto se a sua conclusão tiver conteúdo que exceda o das premissas. E, assim, as premissas devem ser consideradas como lei inquestionáveis.

Contudo, a indução não é delimitada, porque a conclusão não está, mesmo que implicitamente, contidas nas premissas; por isso, temos que a dedução restringe o seu conteúdo a matérias inquestionáveis, enquanto a indução permite ampliar o alcance de nossos conhecimentos, justamente por não haver a fixação de um princípio certo, determinado e imutável, nas premissas. Os argumentos indutivos, ao contrário do que sucede com os dedutivos, levam a conclusões cujo conteúdo excede o das premissas.

3. A *lógica dialética*

Já a lógica dialética suprime a imutabilidade, a perenidade presente no formalismo, substituindo-a pela noção de evolução permanente. Para a lógica dialética, não há nada de definitivo, de absoluto, todas as coisas serão ultrapassadas; tudo é movimento de superação. Não há soluções definitivas, ordens e verdades eternas. Assim, as experiências e a realidade social e histórica são compreendidas numa totalidade dinâmica e concreta.

Sabido é que o direito é dinâmico e evolutivo, desenvolvendo-se em face das diferenças entre aquilo que já se conquistou e aquilo que se deseja conquistar.

Embora evolutivo o direito, é certo que existem as normas do Direito Positivo a serem observadas no momento do julgamento. Tais normas não podem ser julgadas "verdadeiras" ou "falsas" (como se exige na lógica), mas, no dizer de Recaséns Siches,[47] "podem e devem ser ajuizadas em relação a outros valores: justiça, dignidade da pessoa humana, critérios de liberdade, de igualdade de oportunidade, de serviço ao bem-estar geral ou bem comum, de adequação às circunstâncias, de eficácia, de prudência etc."

4. A *lógica do razoável*

Em assim sendo, não pode o julgador usar da lógica dedutiva, ou indutiva, ou dialética, com exclusividade, no momento do julgamento. Há, é claro, parâmetros fixados na sentença, tomados pela lógica formal e racional; mas não exclusivamente naquelas posto que, se assim ocorrer, será o julgador o autômato, ao aplicar a lógica dedutiva ou indutiva, ou será um servo das injustiças e instabilidades, ao julgar pela lógica dialética apenas.

Alípio Silveira[48] faz registrar, em estudo sobre a lógica do razoável, que a lógica, como ciência formal, não pode ser aplicada ao direito, que não possui silogismos e enunciados mas sim normas que são aplicadas a cada caso, buscando-se como solução a justiça, aplicando-se, para tanto a lógica do razoável na interpretação da norma, isto é, na exegese da norma; deve o julgador ser suficientemente flexível em sua interpretação, e não matemática e estritamente interpretativo, buscando, sempre dentro da ordem jurídica expressa, aquilatar as circunstâncias do fato e do direito, a fim de ser o mais justo possível. Não se admite, a bem da verdade, possa o julgador *inovar, criando o direito inexistente ou julgando contra a lei*. Mas deve, pela própria natureza evolutiva do direito e das relações humanas, interpretar a norma, ainda que por equidade, de forma *razoável, flexível e justa,* de conformidade com o momento histórico e com as circunstâncias especiais de cada caso. É da lógica do razoável o nascedouro do Princípio da Insignificância, que permite ao titular da ação penal pleitear o arquivamento do caderno investigatório, pela insignificância que se revela o fato. Aliás, é obrigação do juiz, ao aplicar as leis, atender "aos fins sociais a que ela se dirige e às exigências do bem comum" (*art. 5º, LICC*). E de que forma poderia o julgador dar atendimento a tão expressiva norma delineadora da interpretação

---
47 *Experiência jurídica – Naturaleza de la cosa y lógica razonable,* 1971, pp. 499 e segs.
48 *Hermenêutica jurídica,* v. I, p. 168, Editora Brasiliense.

e da aplicação da lei (que não pode ser esquecida em momento algum pelo juiz, sob pena de não apenas deixar de atendar a texto expresso como também de fugir à verdadeira finalidade da própria lei e a sua aplicação: a paz social), caso aplicasse a lógica dedutiva, a indutiva ou a dialética? Não há parâmetros para estabelecer o desenvolvimento intelectual na formação de qualquer espécie de convencimento, quando o que se discute refere-se às relações humanas. E interagindo o direito sobre tais relações, não pode a lógica formal ser o indicador do sentido de tal operação de raciocínio lógico. Por certo o raciocínio intelectual, formador do livre convencimento do juiz, é lógico, pois dele decorrerá, inexoravelmente, a conclusão, sob pena de nulidade da sentença. Mas tal lógica nem de longe tange a lógica formal ou matemática. Alguns aspectos enfrentados na sentença são, sem sombra de dúvidas, de tal ordem técnicos, que o julgador, embora sem a obrigação de se ater aos laudos periciais (*art. 479, CPC*), fica obrigado a usar de lógica formal. Mas são questões de ordem técnica que circunstanciam o fato e o direito invocados e não o direito a ser aplicado, propriamente dito. Por vezes, uma *norma essencialmente técnica,* como, *v.g.,* a Tabela de Ábaco, em que se tem demonstrada a velocidade imprimida pelo veículo, tomando-se por base a distância da frenagem, não pode ser usada como argumento, premissa, para chegar-se à conclusão final da velocidade em seguia o veículo objeto da causa, posto que essa Tabela, embora obtida mediante elementos essencialmente técnicos e matemáticos, não previu (nem teria como) determinadas circunstâncias próprias e especiais do veículo objeto da discussão, como por exemplo, suas condições mecânicas, ou as condições da pista no exato momento da ocorrência, ou ainda, as condições de seu condutor. Nada impede, contudo, que o juiz faça uso da referida tabela; mas não de forma isolada, como se ela tivesse uma verdade única e indiscutível. É necessário, para tanto, que o julgador, lançando mão da lógica razoável, analisando outros elementos e provas de convicção, o faça de forma flexível, razoável, com supedâneo em informações de convencimento existentes no processo, e não matematicamente. É por isso que inexiste fórmula precisa sobre a aplicação do direito e, pois, sobre a *distribuição da justiça.* Diz Alípio Silveira: [49]

"A lógica formal é neutra aos valores éticos, políticos, jurídicos etc., as normas jurídicas, ao revés, têm uma dimensão intensiva, impe-

---

49 Ob. cit. vol. I, pp. 169/179.

rativa, estimativa, a qual é totalmente desconhecida pelas leis de inferência". Essa dimensão abrange o âmbito do *logos* dos problemas humanos de conduta prática, denominada por Recaséns Siches de "lógica do razoável".

"O racional puro da lógica da inferência é meramente explicativo. Ao invés, o *logos* do razoável, atinente dos problemas humanos – e portanto aos políticos e jurídicos –, intenta compreender sentidos e nexos entre significações, assim como realiza operações de valoração e estabelece finalidades ou propósitos".

Podemos dizer que o julgador, diante de qualquer caso, "há que proceder 'razoavelmente', investigando a realidade e o sentido dos fatos, indagando dos juízos de valor em que inspira a ordem jurídica em vigor, para que se encontra solução satisfatória, entendendo-se esta uma função de que a ordem jurídica considera como sentido de justiça".

"Esse critério de aplicação de lei nem por sombras tem pretensões à livre *decisão contra legem*. Recaséns Siches acentua que, em sua atividade interpretativa e adaptadora, não está o juiz autorizado a saltar por cima das normas vigentes. Ao contrário, terá a obrigação de manter-se fiel a elas. Mas, dentro do âmbito das mesmas, deverá dar ao caso concreto a solução mais justa possível".

"Em conclusão: na aplicação do direito, não há a uniformidade lógica do raciocínio matemático, e sim a *flexibilidade do entendimento razoável* do preceito".

"É interessante observar que, já em 1908, nosso grande Clóvis Bevilaqua tivera percepção destas ideias. Depois de expor as doutrinas hermenêuticas de sua preferência, assim as sintetizava nesta fórmula precursora:

'Em conclusão, na interpretação da lei deve atender-se antes de tudo ao que é razoável, depois às consequências sistemáticas e, finalmente, ao desenvolvimento histórico da civilização.'

"O processo de produção do direito continua na obra do órgão jurisdicional, o qual, em lugar de valorar, em termos gerais, certos tipos de situações, tem de valorar, em termos concretos, situações individuais. Para isso, tem que valorar a prova, valorar os fatos do caso apresentado, compreendendo seu sentido singular, qualificando-os juridicamente, e estimando qual seja a norma adequada. O conjunto dessas operações, travadas recíproca e indissoluvelmente entre si, é o plano de solução mais justo dentro da ordem jurídica positiva".

"Isto significa que uma ordem jurídica positiva não pode funcionar atendo-se exclusivamente ao que está nele formulado verbalmente. Para que uma ordem jurídica funcione, e sobretudo para que funcione satisfatoriamente, é muitas vezes indispensável recorrer a princípios ou critérios não formulados explicitamente, a critérios implícitos, mas que devem operar como postulados inelutáveis. Este argumento contra a interpretação literal é, ao mesmo tempo, argumento contra um positivismo jurídico extremado".

Alípio Silveira, ainda na obra citada, oferece *exemplos de necessidade da aplicação da lógica do razoável*, e repudia a aplicação da lógica formal:

"Uma certa lei ou regulamento estabelece, como infração, 'dormir em estação de ferro'. O juiz competente tem de julgar dois casos atinentes a essa proibição. Um deles consiste no fato de que um alcoolista impenitente foi preso porque, tendo chegado à estação arrastando uma pesada manta, estendeu-se e deitou-se sobre ela, embora não estivesse chegado a dormir. O outro caso foi o de um viajante muito decente e educado, o qual esperando sentando um trem que estava com cinco horas de atraso, adormeceu, e foi então detido. É óbvio que este não deve ser considerado como incurso na infração daquela norma; e que o primeiro, embora ainda não tivesse adormecido, deveria ser punido.

Uma lei declara ilícito e punível levar consigo ocultamente armas de fogo, uma pistola, um revólver, ou qualquer outra arma semelhante. Um homem foi detido por levar em seu bolso uma atiradeira de borracha ou estilingue. O juiz declarou-o inocente da suposta infração, porque a expressão 'qualquer semelhante', no contexto daquela lei, significava qualquer instrumento para disparar uma bala por meio de uma explosão".

"E se a alguém ocorresse perguntar ingenuamente sobre o que deve fazer o jurista (advogado, juiz, funcionário administrativo) quando sucede que o legislador cometeu a tolice de ordenar expressamente que a lei deve ser interpretada literalmente, a resposta a esta pergunta é óbvia: não fazer caso algum, não prestar nenhuma atenção a este disparate do legislador. Simplesmente, porque o legislador tem competência formal para editar as leis que entender convenientes. Suas leis serão mais ou menos corretas, do ponto de vista da crítica estimativa ou axiológica; mas de todo modo é ao legislador que compete determinar o conteúdo de suas normas gerais. Não obstante, o labor de individualização destas normas gerais e, portanto, a interpretação delas corresponde essencialmente aos órgãos jurisdicionais e não ao legislador".

É por isso, concluiu Alípio Silveira, conclusão à qual não rendemos, que o complexo normativo não se exaure com construção das normas em si, mas segue até a sentença que aprecia o caso individualizado, sem que esta seja *continuidade da própria norma:*

"Deve-se sepultar definitivamente a errônea ideia, hoje já descartada, mas que predominou durante mais de dois séculos, da assim denominada 'aplicação do direito'. O direito positivo não é aquele contido na constituição, nas leis, nos regulamentos etc., já prefixado, já concluído, já pronto para ser aplicado. O processo de criação ou produção da ordem jurídica positiva vai desde o ato constituinte, através da constituição, das leis, dos regulamentos etc., até a norma individualizada na sentença judicial ou decisão administrativa sem solução de continuidade".

5. O art. 5º da Lei da Introdução às Normas do Direito Brasileiro

"Na aplicação da lei, o juiz atenderá aos *fins sociais* a que ela se dirige e às *exigências do bem comum*".

De tão poucas palavras, a aplicação desse artigo exige, ao contrário, infindáveis horas de estudo, razão pela qual, aqui, traremos breve anotações, remetendo o leitor à obra de Alípio Silveira, citada, que interpretou a aplicação da lógica do razoável, defendida por Recaséns Siches, única a dar embasamento à existência da forma interpretativa das leis do juiz.

Como veremos na sequência, a hermenêutica determinada pelo *art. 5º, LINDB,* quer ao intérprete, quer ao juiz, é condição *sine qua non* para distribuição da justiça, obrigando o julgador, principalmente, a realizar uma concatenação de ideias na aplicação da lei ao caso concreto, e em cada caso concreto, de maneira a fugir da *interpretação literal e intrínseca do texto legal,* a fim de procurar obter a realização da justiça. Sem a passividade de outrora, o juiz moderno deve buscar, no seio da sociedade de seus jurisdicionados, os elementos próprios e condicionantes da conduta ali verificada, no tempo e no espaço enfrentado, a fim de aplicar a lei não pela letra morta que representa no texto frio de sua codificação. Mas, isso sim, de conformidade com o próprio objetivo da organização político-social de uma nação: *a paz e a ordem social*, com justiça, para o próprio homem. É de se repetir que ao juiz é vedado criar ou inovar as leis; mas sua aplicação teleológica é imposição que se faz sentir cada dia mais em que se busca o verdadeiro Estado de Direito.[50] A lei "é prescrita não para utilidade particular, mas para *utilidade comum dos cidadãos*" (Santo Tomás, *Summa, 2XC, arts. II e III*; Santo Isidoro, *Etymologiae*, v. 21).[51] Portanto, a sua aplicação e interpretação devem obedecer aos fins sociais a que a lei se dirige, e não exclusivamente ao interesse da parte. Esta tem o direito que entende ser devido. Porém, tal somente existiu na medida em que assim foi exigido pela própria sociedade, como meio e forma de sua organização, para a sua subsistência e continuidade. E por essas mesmas razões é que o juiz deve observar, em sua sentença, na aplicação da lei, as exigências do bem comum. Nas sociedades politicamente organizadas, independentemente da ideologia partidária, a lei é fruto do que se exige em benefício coletivo, embora preveja casos de ocorrências individualizadas; isto é, ainda que o direito seja reclamado por um cidadão, nascedouro desse direito não foi o interesse daquele cidadão, mas sim, o da coletividade, em nome das "exigências do bem comum".

Alípio Silveira[52] registra:

"Como vimos de início, é opinião comum que as *regras hermenêuticas* editadas pelo legislador são obrigatórias para o intérprete e especialmente para o juiz. E também tivemos ocasião de verificar (Cap. 5) quão infundada é a regra medieval *in claris cessat interpretatio*. Todas as leis necessitam interpretação. A consequência resulta nítida: a aplicação do *art. 5º* é necessário em todos os casos. Vejamos. *O brocardo in claris cessat interpretatio*, a partir da crítica esclarecida de von Savigny, viu seu prestígio declinar. Páginas atrás, baseados nos conceitos de Degni, Ferrara, Carlos Maximiliano, Eduardo Espíndola, Virgílio de Sá Pereira,

---

50 Arruda Alvim, *Manual de direito processual civil*, Editora Revista dos Tribunais, 1979, vol. I, p.72, arremata: "Parece-nos que é impossível ser atingida a verdadeira liberdade e justiça fora do Estado de Direito, pois este é concebido e estruturado de forma a reconhecer e dar realidade prática a uma filosofia, na qual o homem é o valor substancial da sociedade"

51 *Enciclopédia Saraiva do Direito*, 1ª ed., vol. 41, p.158.

52 Ob. cit., vol. 2, pp. 38/40.

e outros, mostramos que é ele condenado pela ciência jurídica: *todas as leis devem ser interpretadas*".

Poder-se-ia, todavia, objetar-nos: embora seja doutrinariamente certa a repulsa ao brocardo medieval, nosso legislador não se manifestou expressamente a respeito. Isso é verdade, mas é igualmente certo que a adição, pelo nosso legislador, dos métodos modernos (que atendem aos fins sociais da lei e às exigências do bem comum) significa uma repulsa implícita ao brocardo. Todos os hermeneutas que lançaram ou adotaram métodos modernos, e mesmo muitos que ainda se atêm ao método clássico, repelem o *in claris*. O próprio Laurent, apontado como corifeu máximo desse método, não deixou de declarar: "*art. 2º* do Código Napoleão acrescenta que é, muitas vezes, necessário interpretar as leis. É preciso dizer mais: isto é sempre necessário. É fazer da interpretação uma falsa ideia, crer que não é preciso recorrer a elas senão quando as leis são obscuras ou insuficientes" (*Principes de droit civil*, vol. I, p. 339). Páginas adiante, insiste ele: "Pode acontecer que a letra, embora clara, não exprima a verdadeira vontade do legislador. Se isso ficar provado, certamente deverá o espírito ser proferido ao texto". A seguir, torna a frisar sua repulsa à "interpretação farisaica, que sacrifica o espírito à letra. O intérprete deve sempre pesquisar o espírito da lei. Nesse sentido, poder-se-ia dizer que toda interpretação é lógica". "Embora o texto seja claro, é preciso animá-lo, vivificá-lo, recorrendo à história, às discussões, aos trabalhos preparatórios, com maioria de razão quando a lei for obscura."[53] Segue Alípio Silveira: "Uma vez que o próprio *art. 5º* implica a repulsa ao brocardo *in claris*, os aplicadores terão de recorrer, sempre, à interpretação. E, ao interpretarem as disposições legais, deverão seguir os *critérios estabelecidos* pelo nosso legislador no referido artigo. O Ministro Hahnemann Guimarães, como relator do acórdão, por maioria dos votos, da Segunda Turma do Supremo Tribunal, assim se manifestou a respeito do último ponto, isto é, dos métodos a seguir:

"Não se deve, na intepretação da lei, observar estritamente a sua letra. A melhor interpretação, a melhor forma de interpretar a lei não é, sem dúvida, a gramatical. A lei deve ser interpretada pelo seu fim, pela sua finalidade. A melhor interpretação da lei é, certamente, a que tem em mira o fim da lei, isto é, a interpretação teológica" (*rec. Extr. 9.189, acórdão de 3.8.48*, na *Revista Forense*, vol. 127, p. 394).

---

53 Ob. cit., p. 347.

Poder-se-ia, talvez, prossegue Alípio Silveira, objetar que o afastamento da letra da lei abriria ensanchas para o recurso extraordinário por violação da lei; mas essa afirmação é afastada por brilhante acórdão, de que foi relator o Ministro Orozimbo Nonato, que assim se exprimiu:

"É certo que esse contraste entre a letra e o espírito da lei não significa a possibilidade do exercício frutuoso do recurso quando, fiel ao espírito, aparta-se a decisão da letra da lei. Não. Nesses casos, a sentença, sobre estar maior de reformas, dá exata aplicação à lei, descativando-se dos grilhões de sua letra para invocar a linguagem do memoradíssimo princípio romano."[54]

Retorna Alípio Silveira:

"Vai sem dizer que o aplicador, ao atender os fins sociais da lei e às exigências do bem comum, que ele encarna, está apenas manifestando sua fidelidade ao espírito da disposição aplicada. Como foi visto no início, a *interpretação* das leis é um só processo mental,[55] sendo integralmente descabido opor a interpretação literal de um lado, àquela lógica ou teleológica do outro. Assim, ou se englobam os vários processos num só, ou não haverá verdadeira interpretação. Com isso, o intérprete, em sua ação, não poderá deixar de considerar os fins sociais da lei e as exigências do bem comum que ela visa satisfazer. E por isso perante toda e qualquer lei, e não apenas naquelas aparentemente ou superficialmente claras".

Miguel Reale,[56] sentencia que "no que se refere, por exemplo, à *filosofia do direito*, veremos que seu problema nuclear é o do valor do justo, de que cuida a deontologia jurídica; mas o estudo dessa matéria envolve também a prévia determinação da consistência da realidade jurídica, suscitando questões relativas às estruturas do juízos jurídico-normativos, assim como ao processo histórico de objetivação das exigências axiológicas no plano da experiência humana". E conclui, às pp. 272/273:

"O valor próprio do direito é, pois, a justiça – não entendida como simples relação extrínseca ou formal, aritmética ou geométrica, dos humanos, mas sim como a unidade concreta desses atos, de modo a cons-

---

54 "Voto vencedor", no *Diário da Justiça*, de 08.02.45, p. 775, 1ª coluna.
55 Cf. Cap. 4, nº 1.
56 *Filosofia do Direito*. Editora Saraiva, 18ª ed., 1998, p. 38.

tituírem um bem intersubjetivo ou melhor, o bem comum. A justiça, que, como se vê, não é senão a expressão unitária e integrante dos valores todos de convivência, pressupõe o valor transcendental da pessoa humana, e representa, por sua vez, pressuposto de toda ordem jurídica. Essa compreensão histórico-social da justiça leva-nos a identifica-la como bem comum, dando, porém a este termo sentido diverso do que se lhe conferem os que atentam mais para os elementos de 'estrutura', de forma abstrata e estática, sem reconhecerem que o bem comum só pode ser concebido, concretamente, como um processo incessante de composição de valorações e de interesses, tendo como base ou fulcro o valor condicionante da liberdade espiritual, a pessoa como fonte constitutiva da experiência ético-jurídica (...) Em conclusão, a discriminação acima já nos habilita a situar a experiência jurídica como:

1. uma experiência histórico-cultural;
2. de natureza ética;
3. normativa;
4. que tem como valor fundante o bem social da convivência ordenada, ou o valor do justo."

Os doutrinadores, de igual forma, defendem a mesma posição, registrando Silvio Rodrigues:[57]

"A lei disciplina relações que se estendem ao mesmo tempo e que florescerão em condições necessariamente desconhecidas do legislador. Daí a ideia de se procurar interpretar a lei de acordo com o fim a que ela se destina, isto é, procurar dar-lhe uma interpretação teleológica. O intérprete, na procura do *sentido da norma*, deve inquirir qual o efeito que ela busca, qual o problema que ela almeja resolver. Com tal preocupação em vista é que se deve proceder à exegese de um texto. Só assim, a meu ver, pode-se compreender a regra do *art. 5º, da LINDB*".

No mesmo sentido, Washington de Barros Monteiro[58] ensina:

"No *Decreto-Lei nº 4.657*, de 4.9.1942, encontramos uma única disposição sobre o assunto: 'na aplicação da lei, o juiz atenderá aos fins sociais a que ela se dirige e às exigências do bem comum' (*art. 5º*). Quais são aqueles fins sociais e estas exigências do bem comum que o legis-

---
57 *Direito civil*. Editora Saraiva, vol. 1, edição de 1974, p. 25.
58 *Curso de direito civil*. Editora Saraiva, vol. 1, edição de 1971, pp. 38/39.

lador manda tomar como ponto de referência na aplicação da lei? O texto não esclarece e a doutrina mostra-se imprecisa. Por outro lado, as expressões são metafísicas e difícil é fixar com acerto sua compreensão. Intuímos, sem dúvida, facilmente seu conteúdo, mas encontramos dificuldade em traduzir-lhe a exata significação. Acreditamos, todavia, que os *fins sociais* são resultantes das linhas mestras traçadas pelo ordenamento político e visando o bem-estar e a prosperidade do indivíduo e da sociedade. Por seu turno, *exigências do bem comum* são os elementos que impelem os homens para um ideal de justiça, aumentando-lhes a felicidade e contribuindo para seu aprimoramento. Esses os dados da razão que o magistrado há de cuidadosamente sopesar, quando tiver de aplicar a lei".

Limongi Franca[59] registrou:

"Quanto à expressão *fins sociais*, além do aspecto assinalado pelo ilustre mestre, pensamos que aí se pode divisar a adoção do pensamento de Alexandre Álvares, esposado por Beviláqua, segundo o qual 'a aplicação da lei seguirá a marcha dos fenômenos sociais, receberá, continuamente, vida e poderá produzir a maior soma possível de energia jurídica'. Com alusão às 'exigências do bem comum', tal expressão parece significar mera ociosidade do legislador, pois é evidente que as leis se destinam ao bem comum e só com este fito podem ser aplicadas por quem de direito".

6. Conclusão

A *lógica, como ciência formal*, não pode ser aplicada indistintamente na apreciação do *meritum causae*, na medida em que as relações tuteladas por direito e praticadas pelas pessoas não estão delimitadas em grau, número e gênero, de forma a possibilitar a aplicação da lógica formal (dedutiva, indutiva ou dialética) como meio de solução para os conflitos resultantes de tais relações. Daí o nascimento da lógica do razoável que, fazendo inferências pela análise da prova, encontra a solução mais próxima da justiça almejada, pela razoabilidade de sua interpretação (o que não é permitido pela lógica formal), voltada sempre para os fins sociais a que se destina a lei e às exigências do bem comum. A operação racional que decorrer da análise fático-jurídica do caso em julgamento que se afastar da lógica do razoável, sem apoio das evidên-

---

59 *Enciclopédia Saraiva do Direito*, vol. 41, p.153.

Capítulo XI – Da aplicação da lógica na sentença

cias histórico-sociais do momento e do lugar em que a lei está sendo aplicada, por certo resultará numa sentença, porém, em muito distante da aplicação do direito, como condição essencial para a ordem e para a evolução social, entendida pela sociedade politicamente organizada, como a prestação da necessária justiça.

Assim, julgar com razoabilidade não implica, necessariamente, aplicar-se o *bom senso*. É muito mais do que isso, posto que o "bom senso" não integra todo o universo que deve ser observado pelo julgador, na composição das lides, isto é, na manutenção da paz e da ordem sociais. Implica, por vezes, também, em aquilatando-se a realidade político-social do meio em que o fato ocorreu, em uma inferência intelectual, com conclusões que, inicialmente, podem não parecer suficientemente de "bom senso", mas são necessárias para o objetivo final da norma e do processo. Nem sempre, por isso, o "bom senso" na interpretação da norma, verificado no interesse pessoal da parte, é o "mais razoável" para o interesse coletivo a que se dirige a norma a ser aplicada. Pode, estreme de dúvidas, vir a integrar a inferência desenvolvida pelo juiz, mas, nem mesmo assim será, isoladamente, o meio e a forma suficientes para a interpretação e o corolário julgamento. Estes deverão sofrer toda gama de influências do meio, do tempo e do lugar, com seus reflexos diretos e indiretos, atuais e futuros, que incidiram sobre o conflito apreciado, cuja conclusão irá repercutir sobre as condutas futuras, não apenas das partes envolvidas. Em sendo um dos objetivos da norma a sua aplicação e verificação de seus efeitos sobre um tempo futuro, na sociedade, para a manutenção de sua ordem e equilíbrio social, a aplicação exclusiva do "bom senso", em sua interpretação e aplicação, por não retratar e nem assim se preocupar com as consequências futuras de sua aplicação[60], foge a longa distância da aplicação daquilo que seja suficiente e necessário e, pois, razoável.

Portanto, para que o juiz possa aplicar a lei, atendendo "aos fins sociais a que ela se destina e às exigências do bem comum", é necessário aplicar-se mais do que o *bom senso* ou do que a *lógica formal,* o que for

---

60 *O bom senso, como a lei,* após a ocorrência do fato, em determinado grupo social, em determinado tempo e lugar que (diferentemente da lei, que é aplicada a todos os grupos sociais, em qualquer tempo e lugar) não tem a preocupação quanto às consequências que advirão por sua aplicação, isto é, o bom senso não cuida de repercussão futura de suas afirmações, diferentes da lei.

suficientemente *razoável*, sem que isso implique criação legislativa, mas apenas na interpretação e aplicação da lei existente.

Miguel Reale[61] ensina que, embora seja impossível distanciar-se da aplicação da lógica formal, enquanto um exercício do ato de pensar, não pode a mesma ser a razão final conclusiva de verificação e aplicação do direito, na medida em que é apenas o estudo de um "pensamento sem conteúdo".

---

61 *Filosofia do Direito*. Editora Saraiva, 18ª ed., 1998, pp. 28 e 29.

Capítulo XII
TÉCNICA DE COMPOSIÇÃO. ORDEM NA APRECIAÇÃO DAS MATÉRIAS

1. Das preliminares

Vimos na planificação do texto de uma sentença que a sua composição estrutural é formada por preâmbulo, relatório, fundamentação, dispositivo, efeitos próprios ou diretos e epílogo. No relatório deve constar o registro completo das principais ocorrências havidas no processo.

Porém, o relatado o pedido e o âmago de sua argumentação, seguir-se-ão os principais tópicos da resposta com o espírito de sua argumentação (obviamente considerado não revel o réu). Quando o réu, como lhe compete (*art. 337, CPC*), arguir fatos jurídicos com o objetivo de extinguir ou impedir, definitiva ou temporariamente, a pretensão do autor, temos a ocorrência de uma defesa indireta, denominada de preliminar. Sempre que essa arguição se referir à relação processual apenas, teremos uma preliminar processual. Esta objetiva extinguir a pretensão do autor ou que ela não seja conhecida, mediante a inutilização do processo, eis que a relação processual é de ordem pública.

2. A preliminar processual peremptória e a dilatória

Quando a preliminar processual levar o processo à extinção, como, *v.g.*, a ilegitimidade de parte, a inépcia da inicial, litispendência, coisa julgada, perempção etc., teremos que a preliminar processual é *peremptória*, posto que o vício é de tal ordem que inutiliza o processo como instrumento apto à obtenção da prestação jurisdicional. Quando, ao contrário, a alegação do vício provoca temporária ampliação ou dilatação do curso do processo, *v.g.*, como a nulidade da citação, a conexão, deficiência de representação da parte ou falta de autorização para a causa, ou ausência de caução (*art. 337, I, II, VIII, IX e XII, CPC*), teremos que a preliminar processual é *dilatória,* pois seu reconhecimento não determina a pronta extinção do processo, embora possa se transformar em peremptória, se não regularizada. Assim, sendo determinada a regularização da representação em quinze dias (dilatória), com a juntada da procuração e a parte não satisfaz a obrigação, aquela preliminar processual dilatória transformar-se-á em peremptória.

As preliminares processuais, justamente por impedirem que seja conhecida a matéria do mérito, deverão ser arguidas pela parte e conhecidas de ofício pelo julgador. À exceção do *compromisso arbitral*[62] – que ocorre quando as partes optam por um terceiro para dirimir a questão específica, renunciando ao poder jurisdicional, por isso sua arguição é preclusiva e impede às partes recorrerem ao Poder Judiciário, mesmo que iniciada a sua execução – todas as demais matérias preliminares processuais serão conhecidas de ofício pelo julgador. Rogério Lauria Tucci[63] formulou regras dirigidas a prática forense, quanto ao julgamento conforme o estado do processo e os casos em que deve o juiz conhecer de ofício: "Com efeito, e no tocante, particularmente, ao *julgamento segundo o estado dos autos,* deve ter-se presente que:

a) todos os assuntos elencados no *art. 337 do Código de Processo Civil,* e que se encontram, numa aproximada enunciação, especificados nos diversos incisos do *art. 485, CPC,* o réu deve arguir, como matéria *preliminar,* em sua contestação ao pedido formulado pelo autor;

b) essa matéria, à exceção expressa no *inc. IX do art. 337, CPC,* ou seja, a referente ao compromisso arbitral (*cf. § 4º do mesmo dispositivo),* deve ser, por igual, apreciada *ex officio* pelo julgador;

c) minudenciando as situações enquadráveis nas letras *a* e *b* supra, e tendo em vista, em rigor técnico, disposto no *art. 485,*

---

62 Teresa Arruda Alvim Pinto, ob.cit., p.38: "O compromisso arbitral consiste num acordo realizado entre as partes, no sentido de que comporão um determinado conflito de interesse, prescindindo do Poder Judiciário; acordo esse em que as partes deferem a função, que àquele caberia, a um terceiro. Trata-se, pois, de um contrato, por meio da qual renuncia-se à atividade jurisdicional, relativamente a uma controvérsia específica, e não simplesmente passível de individualização, caso em que de mera cláusula compromissória tratar-se-ia."

63 *Do julgamento conforme o estado do processo.* Editora Saraiva, 2•ed., 1982, p. 307.

Capítulo XII – Técnica de composição 91

CPC, enquanto ao juiz é dado conhecer de ofício e decidir as matérias constantes dos seus *incs. I, II, III, IV, V, VI, IX, X e XI*, à parte interessada é lícito deduzi-las todas, à exceção, certamente, da prevista no *nº II*".

3. A preliminar do mérito peremptória e a dilatória

Se, porém, os fatos jurídicos extintivos ou impeditivos da proteção pretendida for de natureza substancial em relação apenas ao direito material, diremos, então, que haverá uma preliminar de mérito. Estas, ao contrário das outras, ultrapassam o conteúdo de forma do processo, chegando a atingir o mérito, porém, indiretamente, ao verificar-se, embora reconhecendo a existência e a eficácia do fato jurídico alegado pelo autor, outro fato que "impede", modifica ou extingue o direito do autor (*art. 350, CPC*). Assim, a prescrição e a compensação, para serem admitidas, deverão superar os vícios processuais e, então, reconhecidas, admitir-se-ão os fatos articulados na inicial, sem, porém, permitir o reconhecimento do direito.

Sempre que tais preliminares de mérito se apresentarem como verdadeira objeção à pretensão, serão elas *conhecidas de ofício* pelo julgador, tal qual o pagamento, a decadência, a prescrição de direito não--patrimonial, e as causas de nulidade do ato; já, se elas se apresentarem como mero direito de defesa indireta substancial, como a prescrição de direito patrimonial, a compensação e as causas de anulabilidade, teremos uma exceção a ser *conhecida* pelo julgador, *apenas se invocada pela parte*.

Igualmente às preliminares processuais, as de mérito também são tidas como peremptórias ou dilatórias, de conformidade com seu objetivo em excluir totalmente o direito material, ou apenas procrastinar o seu exercício (é peremptória a prescrição e é dilatória a retenção por benfeitorias, *516, CC*).

As preliminares processuais ou de mérito, deverão ser *arguidas pela parte, na primeira oportunidade*, sob pena de responder pelas custas do retardamento (*art. 485, § 3º, CPC*). Por se tratar de matéria que objetiva impedir, modificar ou extinguir o direito ou processo, sempre deverá ser dada a oportunidade à parte contrária, por quinze dias, para se *manifestar sobre a preliminar (350 e 351/352 (até 30 dias), CPC)*.

As preliminares que podem ser conhecidas de ofício, se não forem arguidas pela parte, na primeira oportunidade, acarretarão a responsabilização da parte pelas custas de retardamento. Se, ainda assim, não declaradas de ofício, poderão ser *reconhecidas a qualquer tempo*, anulando-se ou extinguindo-se o processo ou o ato. No tocante às preliminares que somente são conhecidas quando arguidas, se não o forem tempestivamente e verificado seu legítimo impeditivo, decorrerá a *preclusão (art. 278 parágrafo único e 507, CPC)*.

4. Da análise das *questões de fato e de direito*

Após, então, apreciadas as preliminares, processuais e de mérito, de ofício ou invocadas, analisará o julgador, se vencidas as preliminares, os fatos e o direito, verificando a adequação de ambos, para a procedência ou não do pedido. Se, porém, reconhecida a preliminar, será o processo julgado extinto com ou sem julgamento do mérito (preliminar processual e de mérito peremptória) ou deverá ser determinada a regularização do ato (preliminar processual e de mérito dilatória).

No enfrentamento das questões de fato, cujas provas, em sua maioria, são orais, impede ao juiz a aplicação de conhecimentos de psicologia, ou melhor, de *psicologia do testemunho*. Note-se que é do próprio Código (*art. 448 e art. 457, § 3º, CPC*) o conhecimento dessa aplicação, ao dispor referido artigo sobre não estar obrigada a testemunha a depor sobre fatos "que lhe acarretem grave dano, bem como a seu cônjuge e aos seus parentes consanguíneos ou afins, em linha reta, ou na colateral em segundo grau (nº I), ou "a cujo respeito, por estado de profissão, deva guardar sigilo (nº II). E isso porque, como a prova objetiva trazer ao julgador a *verdade real* (que nem sempre é revelada no processo, surgindo, então, a *verdade processual*, que será a que irá servir para o julgamento), a fim de melhor distribuir a justiça, dando a cada um o que lhe pertence, e como prova oral sofre toda sorte de interferência, por certo que a mãe, *v.g.*, ao depor sobre fatos que irão provocar grave dano contra seu filho, com a naturalidade racional que se espera, jamais irá trazer aos autos o retrato da verdade dos fatos. Se assim, já se tem por previsível, nada mais correto que o estabelecimento da dispensa de depoimentos dessa ordem. Da mesma forma (quanto às ingerências sofridas) atua-se com qualquer outro depoimento. Assim, quer pelo *tempo decorrido* (tente se lembrar de qual roupa você estava vestindo no dia 25.12.2018, por volta das 14 horas), os fatos, para cada pessoa, serão revelados de forma diversa (*o art. 387, CPC,* consulta a breves notas, desde que sejam para completar esclarecimento). Quer pelas *condições pessoais* de cada um, como cultura, interesse, crença etc., também os fatos irão ser revelados de forma distinta para cada uma das testemunhas (observe um fato juntamente com outra pessoa, assim preestabelecido entre ambos, buscando, depois, com a extração de relato de cada um, verificar as coincidências entre si). Quer pela condição física ou mental (inclusive emocional) de cada uma das testemunhas, também não serão seus depoimentos absolutamente convergentes. Assim, um juiz de comportamento excessivamente rigoroso (e porque não dizer, truculento ou ríspido ou mesmo grosseiro – embora assim não deva proceder, casos existem), ao tomar o depoimento de uma testemunha pacata, submissa, encabulada, tímida, não conseguirá obter dela todos os elementos necessários para a produção de prova. A testemunha estará mais preocupada em não atingir a ira do juiz (e correr o risco de vir a ser presa – e esse é o seu humilde pensamento), do que revelar sobre os fatos, para se ter a distribuição da justiça, para um terceiro. Por certo essa testemunha não terá a menor condição psicológica de se recordar dos fatos a serem apreciados. E se o fizer, certamente sofrerá interferência de seu estado emocional naquele momento, e seu subconsciente estará mais voltado para a sua autoproteção do que para o interesse do processo. E assim várias são as razoes, extraídas do comportamento humano, que impedem seja um fato visto e relatado exatamente da mesma forma por mais de uma pessoa, em tempo distinto. Por isso, o juiz, ao verificar os fatos carreados nos autos, máxime, repito, os traduzidos oralmente, deverá saber revelar todas essas circunstâncias, cônscio de que jamais irá ter a unanimidade convergente em todos os depoimentos. Deverá agir razoavelmente também na interpretação da prova oral, tomando em consideração não o registro escrito do depoimento, mas sim todos os elementos que pôde observar ou registrar durante a instrução, quer tenham sido trazidos pelas testemunhas, quer por terceiros. Assim, ouvida uma primeira testemunha, que não tenha se declarado suspeita, mas que, com outro depoimento, descobre-se existir uma relação de intimidade entre uma parte e a dita testemunha, maculando seu depoimento, deverá o juiz assim dar relevo na sentença, quando da apreciação das provas, sobre tal circunstância, embora tenha sido aquela testemunha, comprometida com uma das partes, devidamente compromissada. Igualmente deve o juiz considerar (e admitir) quanto à sua *habilidade em retratar as ideias com clareza* suficiente para serem entendidas pela testemunha, bem como de se relacionar com a mesma, numa comunicação completa. Tal regra, a da psicologia do testemunho, sem dúvida, não está diretamente revelada na estrutura técnica da sentença, mas deve ser ponderada pelo julgador, na apreciação das provas, que exigem da testemunha uma *percepção* (percepção do fato e registro), uma *memória* (armazenamento e interpretação da informação) e uma *comunicação* (reconstrução do fato e sua significação). Como vemos, a análise dos fatos, na fundamentação, não é um procedimento tão simples assim, para a distribuição da justiça, principalmente se retratados por prova oral.

E a análise da matéria de direito, por seu turno, não é menos complexa que a dos fatos. E isso porque, com as *diretrizes do art. 5º da Lei de Introdução às Normas Brasileiras,* seja a norma de que época for, a sua aplicação sempre estará relativamente desatualizada na medida em que a sociedade evoluiu em ritmo e tempo muito mais avançado do que a norma que regulamenta suas relações e condutas. Aliás, já foi dito que a norma nasce para regulamentar um fato já existente na sociedade; portanto, a norma sempre estará aquém, no tempo e no espaço, da conduta da sociedade. Por isso, a sua aplicação no caso concreto deve atender aos "fins sociais a que ela se destina e às exigências do bem comum" (*art. 5º, LINDB*), buscando o julgador, na sentença, dar a correta interpretação à norma, sem, entretanto, tornar-se legislador.

Capítulo XII – Técnica de composição   95

5. Esquema: Preliminar – Defesa indireta

Processual (Defesa Indireta de Conteúdo Processual)

Arguição de fatos jurídicos com o objetivo de extinguir ou impedir uma pretensão, em face da relação processual

- Peremptória – causa a extinção do processo
  - Peremptória – 337, I, II, VII, VIII, XI, 485, IV
- Dilatória – paralisação temporária do processo, podendo adquirir força de peremptória
  - Dilatória – 337 I, II, VII, VIII, XI, 485, IV

Conhecidas de ofício: **artigos 337 e incisos (exceto o nº X) e 485, IV e VI, CPC**
Conhecida apenas se arguida: compromisso arbitral

De mérito (Defesa Indireta de Direito Material de Natureza Substancial)

A arguição de fatos jurídicos com o objetivo de, embora reconhecendo a existência e eficácia do fato jurídico alegado, outro fato é alegado que "impede", modifica ou extingue o direito pretendido" (art. 350 – CPC).

De conformidade com seu objetivo em excluir o direito material ou apenas retardar o seu exercício
- Peremptória: prescrição
- Dilatória: retenção por benfeitorias

Conhecidas de ofício: quando se apresentam como verdadeira objeção à pretensão (pagamento, decadência, causa de nulidade do ato e prescrição do direito não patrimonial) direito de defesa indireta substancial: prescrição de direito patrimonial; compensação, causas de anulabilidade.

Capítulo XIII
DAS SENTENÇAS COMPLEXAS

Arruda Alvim[64] conceitua *sentenças complexas* como sendo "aquelas oriundas da conjunção do poder jurisdicional em mais de um órgão jurisdicional. Será da conjunção do poder fracionado em mais de um órgão que nascera a sentença propriamente dita". Entretanto, não é nesse sentido que aqui enfocamos a *complexidade da sentença*. Para nós, pelo objetivo da obra, *sentenças complexas,* quanto à sua estrutura e criação, são aquelas que exigem do juiz uma atenção ímpar, por não apreciar a relação existente entre apenas o autor e o réu, de conformidade com o pedido do primeiro, mais sim, também ao invés, bem como quando houver mais de um autor ou de um réu, ou mais de um pedido, ou mais de uma ação, ou ainda, a intervenção de terceiros. Complexas, pois, quanto à sua estrutura e criação, são todas as sentenças que não atinjam, exclusivamente, em sua apreciação e resultado apenas o autor e o réu, diante tão-somente o pedido do autor. De forma contrária, pois, em assim ocorrendo, isto é, em sendo a sentença a apreciação apenas do pedido do autor, contra um único réu, teremos a sentença, quanto à sua estrutura e criação, *simples.* Note-se que aqui definimos *sentença complexa simples* apenas do ângulo de sua estrutura técnica e de sua criação (como ato escrito e jurídico), sem que tal traduza a medida de sua importância no contexto sociopolítico, que será sempre igualitária, seja qual for a espécie de sentença.

Buscamos, em cada subtítulo, apresentar as sentenças que, nessa definição, apresentam certa complexidade, traçando a conduta do juiz diante das mesmas.

1. Ação e reconvenção

A reconvenção, como verdadeira ação que é, movida pelo réu contra o autor no prazo da contestação, no mesmo processo, ou em aparta-

---
64 Ob. cit., p. 359.

Capítulo XIII – Das sentenças complexas

do, em face da conexão, deve ser julgada simultaneamente com a ação, embora sejam ações autônomas. É certo que a expressão "peça apartada" representa um pleito feito em peça separada da contestação, porém, dentro do mesmo processo da ação principal. E aqui repito quanto à impropriedade de se denominar as partes de *requerente e requerido*, quando o correto é autor e réu. Sim, porque, na ação principal, o autor será, na inicial, o "requerente". Na mesma ação, o réu, quando ofertada a defesa, será o "requerido". Mas quando ofertar a reconvenção, será ele, *réu-reconvinte*, o autor da reconvenção e será, então, um "requerente", passando o autor-reconvindo a ser o "requerido". Nessa hipótese absurda, como fará o juiz, em sua sentença, que deverá apreciar os pedidos tanto da ação principal como os da reconvenção, se denominar as partes indistintamente de "requerente e requerido"? Como será possível, dessa forma, identificar-se quem vem a ser o "requerente" e quem o "requerido" e em que momento? É claro que a hipótese é das mais absurdas, levando a sentença à completa nulidade, caso os termos sejam empregados apenas no relatório e na fundamentação; porém, se empregados também no dispositivo, de forma a não permitir a clara individualização das partes, decorrerá daí a sua inexistência, como já visto. Tecnicamente, nas ações em que se permite a reconvenção (exceção estabelecida pelo *art. 36 da Lei do Divórcio*), pela conexão, deverá o autor da ação principal ser denominado de "autor-reconvindo" e o réu da ação principal, réu-reconvindo", distinguindo-os claramente em qualquer momento da sentença.

O *relatório* de ação dessa complexidade devera, tal como no relatório de uma ação simples, traduzir o âmago do pedido, da defesa, do pedido da reconvenção e da defesa da reconvenção, na exata ordem que se apresentam no processo. Assim, relatado sobre a inicial, seguir-se-á quanto à defesa e, então, surgirá o pedido da reconvenção e a defesa correspondente, ofertada pelo autor-reconvindo. Não é de melhor técnica a inversão da ordem apresentada, por força de lei, visto que não se tem ação *ab ovo*, o pedido da reconvenção, que somente aparecerá no momento oportuno (quando da defesa, em peça apartada). E isso porque, se existir simultaneamente uma ação também proposta pelo réu (uma ação autônoma e não reconvenção), contra o autor, o que se terá será a reunião de ações, pela conexão ou continência, independentemente da vontade das partes, que poderá ocorrer até antes da prolatação da sentença (*art. 57 e 58, CPC*). Ademais, as questões a serem enfrentadas no julgamento serão mais bem observadas se distintamente relatadas, cada qual a seu tempo, permitindo ao julgador, com a ordem estabelecida, não se esquecer dessa ou daquela questão. Já o dispositivo, tal qual na ação simples, também deverá dizer quer sobre o pedido do autor, na ação principal, quer sobre o pedido do réu, na reconvenção, ou ainda, sobre a extinção de uma ou outra, ou de ambas. De qualquer forma, todas as questões postas, quer na ação, quer na reconvenção, deverão ser objeto de *apreciação na mesma sentença* em uma única oportunidade.

Assim, supondo-se que o autor ingresse numa ação de consignação, objetivando eximir-se de sua obrigação decorrente de uma compra e venda. Citando o réu, este apresenta a sua contestação e também a reconvenção, onde pretende seja desfeito o negócio. A sentença, então, irá apreciar e decidir, simultaneamente, sobre a ação e sobre a reconvenção. Mesmo que a procedência ocorra apenas em favor do réu-reconvinte, desfazendo-se o contrato, sendo indevida ou incompleta a consignação, deverão todas as questões ser enfrentadas pelo juiz. Pode até a conclusão final ser única no sentido de que, se procedente o pedido da reconvenção, obrigatoriamente o da ação deverá ser improcedente; mas mesmo assim o relatório, a discussão e a conclusão de cada uma das questões de ambas as ações deverão ser enfrentadas, guardando o dispositivo, correlação conclusiva para com a fundamentação.

2. Ações dúplices

Porém, quando numa ação, por natureza cumulativa, verificar-se a confusão entre as partes, surgindo ambas como autores e réus, surgirão as chamadas *ações dúplices*. A sua *característica* é a de que, embora apenas o autor tenha demonstrado a sua pretensão, *v.g.*, com uma ação reivindicatória, o réu, se improcedente o pedido, será o vitorioso da demanda, o que permitirá apreciar o direito do réu (e reconhecê-lo) sem a existência da reconvenção. Assim, com a apreciação do pedido lançado na inicial, ter-se-á a declaração do direito do réu, como corolário da negativa do direito invocado pelo autor. de procedimento sumaríssimo são consideradas dúplices. Por esse motivo, não comportam reconvenção: na resposta, ao réu poderá: "formular o pedido, em seu favor, desde que fundado nos mesmos fatos referidos na inicial".

Nelson Nery Júnior e Rosa Maria Andrade Nery[65] assinalam, sobre o caráter dúplice da ação possessória: "A ação dúplice se caracteriza quando as posições do autor e réu no processo se confundem, sendo que, por essa razão, não poderá o réu deduzir reconvenção. Isso porque, em sua contestação, deduzida na ação possessória, poderá ele pedir a proteção possessória e indenização por perdas e danos (*CPC, 556*). Normalmente não poderia fazer isso, pois o réu não deduz pedido, mas apenas contesta o pedido do autor. O elemento novo na contestação da possessória pelo *Código de Processo Civil* vigente (indenização) faz com que a ação possessória não seja uma idêntica configuração do *actio duplex* do processo romano, mais se aproximado da *actio contraria*, de cunho notadamente reconvencional. A 'duplicidade' da ação possessória, entretanto, limita-se única e exclusivamente àqueles pedidos cuja formulação foi autorizada pelo *CPC, 556*. Se o réu quiser pedir a proteção possessória ou a indenização por outro meio que não seja a contestação, carecerá de interesse processual (Nery, RP, 52/170)".

Por tanto, no julgamento das chamadas *ações dúplices*, embora não haja pedido por parte do réu (seja por reconvenção ou reunião), uma vez negado o direito reclamado pelo autor, deverá o juiz *reconhecer* na fundamentação e no dispositivo o *direito do réu*.

3. Intervenção de terceiros e do litisconsórcio

Moacir Amaral Santos[66] define terceiros como sendo "pessoas estranhas à relação de direito material, deduzida em juízo e estranhos à relação processual já constituída, mas que, sujeitos de uma relação de direito material que àquela se liga intimamente, intervêm no processo sobre a mesma relação, a fim de defender o interesse próprio".

Como a oferta da *intervenção pelo terceiro*, o processo ficará suspenso, tratando-se de, – quando o réu indica o terceiro como detentor da coisa demanda ou porque o ato que derivou em prejuízo ao autor foi determinado pelo terceiro – , *denunciação à lide (art. 130, CPC)* – quando o terceiro tem responsabilidade indireta por força de contrato ou direito e quando estiver obrigado a indenizar, regressivamente – e *do*

---

65 *Código de Processo Civil comentado*. Editora Revista dos Tribunais, 3ª ed., 1997, p. 962.

66*Enciclopédia Saraiva do Direito*. Editora Saraiva, 1977, vol. 46, p. 24 (verbete Intervenção de Terceiro.

chamamento do processo (art. 130, CPC) – do corresponsável pela dívida, em relação aos demais devedores –, a fim de resolvida a intervenção. Resolvida aquela, seguirá o processo o rito normal, devendo a sentença, ao final, julgar simultaneamente a ação e a pretensão de terceiro (se admitida anteriormente sua intervenção), tal qual na reconvenção. Em se tratando de *oposição (art. 682, CPC)*, quando o terceiro se opõe à pretensão das partes, no todo ou em parte, pretendendo para si a coisa ou direito sobre o qual controvertem autor e réu, pode a ação vir a ser suspensa, por prazo não superior a 90 dias, quando o juiz verificar se necessário para poder julgá-la simultaneamente com a oposição (*art. 685 CPC*), quando oferecida a intervenção depois de iniciada a instrução.

Assim, resolvida e admitida a intervenção, caberá ao juiz jugar, simultaneamente, a ação e a intervenção, no tocante aos efeitos resultantes da pretensão de uma das partes, a assistida. O *terceiro* será denominado, na sentença, de conformidade com a sua postura diante das partes da ação em tramitação, *opoente (art. 682, CPC)* e o autor e o réu de *opostos* ou, *denunciado (art. 125, CPC)* e o autor ou réu, *denunciante* ou, *chamado (art. 130, CPC)*, podendo, para melhor compreensão, anteceder a palavra "terceiro": terceiro opoente, terceiro denunciado, terceiro chamado.

Já, no entanto, em se tratando de *assistência*, que não se inclui na intervenção de terceiros, mas sim no *litisconsórcio*, recebendo o terceiro o processo no estado em que se encontrar, não haverá a suspensão de seu curso, ainda que ocorra oposição à intervenção, por qualquer das partes (*art. 120, CPC*), resolvendo, o juiz, sobre a intervenção. Isso porque a assistência revela apenas o interesse do terceiro resultado da ação proposta em relação a qualquer uma das partes, isto é, não busca ver declarado qualquer direito material seu. Apenas tem interesse que o direito material de uma das partes seja ou não reconhecido. Por tal razão, a sentença em ação com a intervenção do terceiro assistente, embora relate sobre a pretensão e sua admissão (ou não), o que é resolvido fora e antes da sentença final, irá apenas, no dispositivo, registrar que os efeitos daquela decisão atingem também ao terceiro assistente, com o fim de obstar futura pretensão sua, com relação à questão já julgada (*art. 123, CPC*).

O *litisconsórcio*, por seu turno, revela apenas, para a construção da sentença, a existência de mais de uma parte, passiva ou ativa, que intervém na ação volitiva ou impositivamente (*art. 113, CPC*), devendo o dispositivo estabelecer sobre a relação de direito de cada um.

4. Ações reunidas por conexão ou continência

Quer no processo civil, quer no processo penal, a *conexão* e a *continência* são causas determinadoras da direção processual, que obrigam um julgamento simultâneo de dois ou mais fatos, quer para melhor adequação instrumental do processo, quer para evitar julgamentos contraditórios.

No processo civil, sempre que o objeto ou a causa de pedir, de duas ou mais ações, forem comuns (art. 55, *CPC*) surgirá a *conexão* entre si e a imposição do julgamento simultâneo (art. 57 e 58, *CPC*). Com *continência*, por seu turno, ocorre a identidade quanto às partes e à causa de pedir, e o objeto de uma é maior do que o da outra, abrangendo-o também.

Assim, operada a conexão, haverá a reunião das ações e, pois, um julgamento único. O preambulo dessa sentença trará o registro da reunião das ações, bem como os nomes das partes e das ações reunidas, a fim de se estabelecer os limites da coisa julgada. Igualmente o relatório deverá detalhar individualmente a inicial de cada uma das ações, suas defesas respectivas e suas principais ocorrências, de modo a delimitar claramente, até o momento da reunião, tudo o que de realce ocorreu em cada uma das ações. É de se ressaltar, entretanto, que, com a reunião, se ocorrida antes da instrução, esta será única, colhendo-se todos os elementos de todas as ações reunidas e, desse momento em diante, embora possa ser instrução única para mais de uma ação (eis que reunidas antes da instrução), o relatório irá circunstancializar a sua ocorrência, com o cuidado de se observar, desde a instrução, cada uma das provas pleiteadas por cada uma das partes, em cada um dos processos. A discussão, por seu turno, revelará a análise fático-jurídica de cada uma das ações, conforme relatado, seguindo-se ao dispositivo, que irá determinar a coisa julgada material para todas as ações reunidas, em seus respectivos pedidos e partes.

No mesmo sentido tem-se quando a reunião ocorrer por *continência*, quando o objeto de uma ação, de idênticas partes e causas de pedir, é maior do que a outra ação, envolvendo-o em sua plenitude, obrigando-se ao julgamento simultâneo. De qualquer forma, para a feitura da sentença, em ações reunidas, seja por conexão, seja por continência, sua estrutura obedecerá àquela natural para as ações simples, porém, com a indicação da reunião, o motivo, o nome de cada ação e suas partes, com apreciação de cada um dos pedidos individualmente, mas também simultaneamente.

5. Pedidos alternativos ou sucessivos

Sempre que o devedor, conforme a natureza da obrigação, dispuser de mais de um modo de cumprimento da obrigação, é ilícito formular, o réu ou o autor, uma preferência, como alternativa. Em assim sendo, o julgamento de uma ação com pedidos alternativos, se reconhecido o direito (art. 325 CPC, o será em sua totalidade, e não parcialmente. Como bem resumiu Sérgio S. Fadel:[67]

"O pedido alternativo, ativamente formulado, assegura ao réu o direito de cumprir a obrigação por qualquer modo; o pedido especifico do autor, não alternativo quando a escolha cabe ao réu, não impede, inobstante ter sido formulado assim pelo autor, que o réu o cumpra por outro modo, sempre que a natureza da obrigação, a lei ou contrato assim o possibilitar ou estipular. Cabendo ao autor a escolha, deverá ser atendido nos termos em que ele o pleiteou".

Assim são *alternativos* (art. 326 CPC) os pedidos de restituição do bem depositado, ou o equivalente em dinheiro (ação de depósito). Qualquer um satisfaz o credor. A sentença deverá, então, declarar todos os efeitos pretendidos pela parte, deixando a critério do vencido o cumprimento daquela que melhor lhe aprouver. Assim, pretendida a restituição do bem, mas não o seu equivalente em dinheiro e em sendo tal possibilidade estabelecida pelas partes, em contrato – ou por força de lei –, assim pretendendo o devedor, poderá ele pleitear ocorra, em vez da restituição, o pagamento em dinheiro do equivalente à coisa, cuja restituição se pretende. Aí, ao juiz caberá sentenciar, se procedente for o pedido do autor, estabelecendo ambos os meios de cumprimento da obrigação, ou pela restituição da coisa, ou pelo equivalente em dinheiro, cabendo ao devedor da obrigação a escolha de uma ou outra.

---

[67] *CPC comentado*, vol. I, p. 491.

Já os pedidos *sucessivos*, também denominados de pedidos alternativos subsidiários, estabelecem a diferença com os pedidos alternativos propriamente ditos, não por oferecer a possibilidade de escolha no cumprimento da obrigação, mas sim por localizar uma solução imediata à anterior, sempre que esta não possa ser viabilizada. Assim, pretende o comprador receber complemento da área adquirida, mas, se não houver área para tanto, pretende então o equivalente em dinheiro. Aqui a sentença irá declarar a forma alternativa do cumprimento da obrigação, reconhecida a procedência do pedido, na ordem decrescente de solução mais satisfatória para o autor (prefere-se o complemento da área ao recebimento da diferença do preço – ou vice-versa), desde que se torne impossível, por qualquer razão, o cumprimento da primeira alternativa apontada.

Quer sejam os pedidos alternativos ou sucessivos, deverá o juiz julgá-los simultaneamente, apreciando todos os pedidos.

Salutar trazer à colação a lição de Celso Agrícola Barbi,[68] ao tratar do julgamento simultâneo da ação principal com o da declaração incidental, quando houver necessidade de produção de prova em audiência, para a verificação meritória: "Se a questão principal e a prejudicial não dependerem da colheita da prova em audiência, deve ser feito o julgamento de ambas, simultaneamente, na forma de julgamento antecipado da lide, previsto no *art. 355, item I, CPC*. Se a questão prejudicial tiver sua solução dependente de fatos cuja prova deve ser colhida em audiência, evidentemente não se pode falar em julgamento apenas dela, porque não está madura para decisão. Se a questão prejudicial não depender da colheita de prova em audiência, mas a questão principal depender, será inconveniente julgar apenas aquela, porque haveria tumulto processual. Realmente, decidida ela, poderia o vencido recorrer, surgindo a primeira dificuldade em determinar o recurso cabível: apelação ou agravo de instrumento? Se apelação, os autos teriam de subir ao tribunal, sem ter sido completada a instrução quanto à questão principal. Se agravo, a decisão seria revista na instância superior em julgamento simplificado, sem revisor e com a restrição de não comportar recurso posterior de embargos somente são admissíveis em julgamento de apelação e de ação rescisória, nos termos do *art. 1.022 e 994 CPC*. Tudo isso leva a concluir que o julgamento da ação principal e da declaração incidente deve ser feito sempre simultaneamente pelo juiz da instância inferior".

---

[68] *Ação declaratória principal e incidente*. Editora Forense, 5ª ed., 1986, p. 217.

6. Cumulação de ações

Quando o autor, podendo ingressar com várias ações contra o mesmo réu, opta por sua conjunção numa só ação, *cumulando as ações*, deverá o juiz julgá-las, todas, simultaneamente.

Moacyr Amaral Santos[69] leciona que "Duas ou mais ações podem cumular-se no mesmo processo. É o fenômeno da *cumulação objetiva*, também e mais comumente chamada *cumulação de ações ou cumulação de pedidos*. É o que se dá quando o autor propõe, em relação ao réu, duas ou mais ações, por via de um mesmo processo. Ou melhor, quando o autor formula duas ou mais pretensões contra o mesmo réu, suscitando, assim, a formulação de um único processo, para o fim de o juiz decidir quanto a elas na mesma sentença. Exemplos: o autor pede a condenação do réu na quantia de cem, que lhe deve por serviços prestados; o autor, filho natural do testador falecido, cumula três pedidos: o reconhecimento de filiação, a anulação do testamento e a petição de herança. Observa-se que, na cumulação de ações, são várias ações que se cumulam no mesmo processo, quando cada uma delas bem poderia constituir objeto de um processo distinto, ou melhor dizendo, de uma distinta relação processual".

O *relatório*, assim, registrará os principais elementos de todas as ações cumuladas, bem como sua resposta e demais ocorrências relevantes. A fundamentação, por seu turno, enfrentará todas as questões postas, de forma individualizada (eis que existe mais de uma ação, pois, mais de um pedido), deixando suficientemente clara a apreciação de cada direito invocado. O dispositivo encerrará a conclusão que decorrer da fundamentação, dizendo sobre todas as pretensões invocadas, como pedido, na inicial (ou também na defesa, em sendo mesclada a cumulação com duplicidade de ações, *v.g.*, Ação Reivindicatória cumulada com Ação de Indenização).

7. Restituição de coisas apreendidas

As coisas apreendidas em decorrência da prática de um delito podem ser devolvidas quando não interessarem mais ao processo, ainda que não transitada em julgado a sentença final, desde que sejam objetos ou instrumentos do crime líticos.

---

[69] *Primeiras linhas de direito processual civil*. Editora Saraiva, 5ª ed., 1977, vol. I, p. 162.

Se pacífica a propriedade ou justa a posse daquele que a reclama, a restituição poderá ser operada nos próprios autos (criminal), mediante despacho e termo pelo juiz ou pela autoridade policial, desde que não apreendida em poder de terceiro de boa-fé.

Se, contudo, a coisa tiver sido encontrada com terceiro de boa--fé, ou se duvidoso o direito do reclamante, não poderá ser apreciada a restituição pela autoridade policial e, então, em apartado, formar-se--á o pedido (ainda no juízo criminal), com sumária oportunidade para demonstração do direito, ouvindo-se, sempre, o Ministério Público. Se ainda assim persistir a dúvida, a ser solucionada como *questão de alta indagação,* serão os reivindicantes levados ao Juízo Cível.

E aí a sentença será a mesma de uma ação simples, com todos os seus requisitos, máxime por ter se tornado a questão de alta indagação.

Na sentença, se vencido o reclamante, imporá o juiz, àquele, o pagamento das custas processuais. Mas se disputada a propriedade ou a posse, haverá a sucumbência regular.

Capítulo XIV

SUCUMBÊNCIA

Ao vencido será imposto o pagamento das *despesas processuais* (*art. 82, §2º CPC*). O professor Yussef Said Cahali,[70] mencionando Pontes de Miranda, afirma que "hoje, não há qualquer especialização de ações para que incida o *art. 82, CPC;* não importa se a ação é declaratória, constitutiva positiva ou negativa, condenatória, mandamental ou executiva. Não mais se limita a sanção às ações de ato ilícito absoluto ou relativo. O pressuposto necessário é um só: ter havido perda da causa, pelo autor. Ou pelo réu, ou quem quer que seja perdente".

1. Sucumbência parcial

Porém, conforme não seja atendida a totalidade do interesse do litigante, ou por imposição legal em face de inércia da parte, ainda que vencedor, a *sucumbência será parcial*. Assim é que, se julgado parcialmente procedente um pedido de indenização cujo *quantum* devido foi reconhecido pela metade, resultará, então, na proporcionalidade da sucumbência. (V. *arts. 362, § 3º; 888, parágrafo único, todos do CPC*).

Outrossim, quando cada um dos litigantes for, em parte, vencedor e vencido, serão recíproca e proporcionalmente distribuídos e compensados entre si os honorários e as despesas (*art. 86, CPC*). Assim, de conformidade com o valor da causa ou da condenação, ou ainda pela natureza e importância da causa, deverá o juiz distribuir a sucumbência de forma recíproca e proporcional às partes, o que não representa, necessariamente, sejam sempre compensadas entre si, pagando cada parte seu procurador e, a metade das despesas. Para tanto faz-se necessária a inferência intelectual do juiz, para aquilatar, dentro da pretensão do autor (ou do réu, se reconvinte), qual deles obteve maior êxito em sua pre-

---

[70] *Honorários advocatícios*. Editora Revista dos Tribunais, 2ª ed., 1990, p. 61.

tensão. Àquele que o julgamento for mais favorável, deverá haver uma compensação maior, quanto aos honorários e diametralmente menor, quanto às despesas. Se, por outro lado, ocorrer uma equivalência no reconhecimento das pretensões, aí sim poderá o juiz compensar entre si os honorários e determinar o rateio das despesas.

2. Sucumbência e o valor da causa

O *valor da causa* poderá ou não vir a ser elemento aferidor da fixação dos honorários advocatícios. Gelson Amaro de Souza,[71] com muita propriedade, sintetizou: "O valor da causa é elemento às vezes importante da sucumbência. Dissemos às vezes, porque nem sempre ele será levado em conta para tal. Essa última hipótese acontece quando existe condenação em que a sucumbência e fixada por esta e não pelo valor dado à causa, a teor do *art. 82, § 2º, e art. 85, § 17º, do Código de Processo Civil*. Este dispositivo fala em condenação e que esta servirá de base à fixação dos honorários advocatícios. Todavia existe uma gama muito grande de ações em que não existirá condenação. Neste caso, não havendo a condenação, os honorários advocatícios, necessariamente, serão fixados, por equidade ou pelo valor da causa, tudo conforme se pode extrair do contido no *art. 85, § 8º e § 3º, do Código de Processo Civil*. Também por isso, ainda que se tenha a causa sem conteúdo econômico, necessita-se atribuir um valor à causa (*CPC, art. 291*)".

3. Sucumbência e a assistência jurídica

Outrossim, ao vencido, sempre será aplicada a sucumbência, mesmo que seja beneficiário da assistência jurídica. É comum o juiz equivocar-se, quando o vencido é beneficiário da gratuidade, deixando de aplicar-lhe a condenação nas custas e honorários. O que ocorre é que a condenação na sucumbência é imposta ao vencido, pela regra do *art. 82, CPC*. O que a *Lei nº 1.060/50* estabelece é a isenção do pagamento de antecipação de custas e da sucumbência, mas em hipótese alguma perdoa o vencido, não lhe impondo a condenação. Esta sempre haverá, ao final, para o vencido que, mesmo em sendo beneficiário da assistência jurídica, terá, durante cinco anos, suspensa toda e qualquer execução (na verdade não haverá título executável ante a sua inexigibilidade legal) do

---

71*Do valor da causa*. Editora Sugestões Literárias, 1986, pp. 40/41.

que possa ser devido a título de condenação pela sucumbência (custas, despesas para com a ação – viagens, hotel e outras –, honorários etc.), pois os benefícios da lei apenas isentam o pagamento. Assim diz o *art. 17º* da Lei nº 1.060/50: "A *assistência judiciária* compreende as seguintes isenções:...". Ora, somente se pode isentar o que pode ser exigido. Para poder ser exigido, deve existir e, pois, deve haver a condenação. Em assim sendo, imagine-se que o vencido na ação, após dois anos do trânsito em julgado, quando era necessitado, para os fins da *1.060/50*, ganhou na loteria, passando a ter total condição financeira para suportar a *sucumbência*, sem prejudicar o seu sustento ou o de sua família. Pela regra do *art. 12* da citada lei, a referida parte vencida perderia o direito à isenção, desde que não decorridos mais de cinco anos da sentença final, quando haveria a prescrição do direito. Muito bem. Na hipótese enfocada, caso o juiz não tivesse estabelecido a condenação do vencido ao pagamento das despesas processuais e fixado os honorários do perito e do advogado, como poderia, agora, o vencedor exigir do vencido tais valores? Seria de se "reabrir a sentença" e "complementá-la" com a sucumbência? E por qual juiz? E de que forma? É claro que todas as respostas são negativas, isto é, caso a sentença não tivesse condenado o vencido ao pagamento das despesas e dos honorários devidos, seria ela incompleta, passível, pois, de embargos de declaração que, se vencidos – pela não oposição tempestiva –, gerariam uma nulidade da sentença. Tratando-se a sucumbência de efeito complementar da sentença, que poderia ter resultado em revisão através de ação rescisória, a qual, caso não tivesse sido proposta no biênio legal, haveria de se consubstanciar em coisa julgada material, inexistindo o direito então pretendido pelo vencedor. Não se exige, do beneficiário da gratuidade, qualquer antecipação das verbas enumeradas no *art. 3º*; entretanto, se vencido o beneficiário, deverá, sempre, ser condenado ao pagamento de qualquer uma daquelas verbas, desde que devidas no processo, ficando, durante cinco anos, isento de seu pagamento, desde que continue a não ter condições de saldá-las sem prejuízo de seu próprio sustento ou de sua família. Decorridos os cinco anos a partir da sentença final (o trânsito em julgado), prescreverá o direito ao recebimento de tais verbas pelo vencedor, ficando desobrigado o vencido a qualquer pagamento das ditas verbas, agora, independentemente de sua condição financeira.

4. Sucumbência e o art. 82 do *CPC*

Finalmente, matéria sempre questionada nos recursos, a sucumbência merece estudo mais aprofundado, ressaltando contudo que, quando a sentença for condenatória, a fixação dos honorários atenderá ao prescrito pelo *art. 82, § 2º, e art. 85, caput, CPC*, verificando-se o zelo do advogado do vencedor, o lugar da prestação dos serviços (se sua banca profissional se situa na comarca ou não, decorrendo disso, a dificuldade para sua locomoção), bem como a natureza e a importância da causa, reveladas, por vezes, pelo trabalho desenvolvido e o tempo exigido para tanto. É claro que, hodiernamente, com a informatização tomando conta de todas as atividades da sociedade, tem-se maior facilidade para a realização do trabalho pelo profissional. No entanto, tal, por si só, não autoriza desmerecer quer a natureza da ação e sua complexidade, quer a sua importância para a parte ou para a coletividade. Assim, mesmo que se tenha uma ação nascida de uma pequena inicial, por si só, não se pode afirmar ser a mesma insignificante ou de pouca importância. O exame de tais circunstâncias deve ater-se ao objeto da ação propriamente dito e seu conteúdo, e não apenas ao volume da petição que o retratou.

5. Sucumbência e as causas de pequeno valor, ou inestimável, ou sem condenação

Se, contudo, a *causa for de pequeno valor ou de valor inestimável*, ou ainda, sem condenação ou o condenado for a Fazenda Pública, ou finalmente, tratar-se de execução, embargada ou mão, também será estabelecido pelo juiz o valor dos honorários, por apreciação equitativa, sem que resulte aviltante, a maior ou menor, sempre tendo por base as regras do *art. 85, §§ 3 e 8, CPC*. Assim, é equitativa, numa ação de execução de valor de R$500,00 (quinhentos reais), a fixação dos honorários em R$200,00 (duzentos reais), embora superior a 20%. E isso porque, equitativamente, se fosse tomado aquele parâmetro (o do *caput* do *art. 83,, CPC*), haveria, por certo, uma fixação aviltante, uma vez que a tabela de honorários, pela OAB, prevê o valor mínimo de R$200,00[72] para a propositura de qualquer ação. Se fosse aplicada indistintamente a regra

---
[72] Resolução 16/95 do Conselho Seccional da OAB-PR, *Manual do advogado*, 2ª ed., Juruá, 1996.

do *art. 85 e §§*, fixando-se os honorários entre 10 e 20 pontos percentuais, no exemplo teríamos os honorários fixados entre 50 e 100 reais, o que seria inferior ao salário mínimo e ao mínimo estabelecido, por resolução, com base em lei, conforme o Estatuto da Ordem dos Advogados do Brasil. Entretanto, em sendo o valor da execução algo estratosférico, por certo atender àqueles parâmetros mencionados causaria um enriquecimento ilícito. Afinal, é essa equitatividade que deve buscar o juiz, na fixação dos honorários, quando determinados pelo *art. 85, § 8º e § 3º*.

Capítulo XV

DA TÉCNICA DE CONSTRUÇÃO DE UMA SENTENÇA COM BASE EM UM ENUNCIADO (CONCURSO)

1. Enunciado I

O enunciado a seguir objetiva demonstrar, na prática, a efetivação das técnicas até aqui analisadas. Por certo, para aqueles que pretendem fazer concurso para ingresso na magistratura, sua valia será maior na medida em que souberem aproveitá-lo como meio de treinamento, realizando, inicialmente por conta própria, a sua sentença e, depois, cotejando-a com as anotações lançadas, buscando as correções necessárias. Dessa forma, estreme de dúvidas, poderá o leitor aprendiz dar início à prática na realização de sentenças, mesmo com base em um mero e hipotético enunciado. É necessário, contudo, esclarecer que, tratando-se de enunciado (tal como ocorre no processo), existe uma limitação para o julgador. No processo, ela é estabelecida pelo pedido e pelas provas dos autos. Como é da praxe forense, "o que não está no processo não existe no mundo jurídico". No enunciado, porém, a limitação poderá estar implícita nele mesmo, ou então, haverá a possibilidade de o candidato divagar com sua imaginação, demonstrando seu conhecimento sobre a ação e sobre o processo, ainda que imaginário. Porém, será o enunciado quem dirá sobre referidas limitações.

O candidato sempre será o "juiz competente da causa", mas a sua jurisdição irá depender do enunciado. Se esse determinar a aplicação da competência pela regra processual, dizendo sobre circunstâncias que assim exijam, obrigatoriamente assim deverá ser observado. Contudo, se o enunciado se mantiver silente, a regra será o estabelecimento da competência de conformidade com o local onde a prova está sendo realizada. Portanto, ou o enunciado, de qualquer forma, estabelece a competência ou, essa é fixada pelo local dos exames de seleção.

Assim, para exemplificar, deverá ser elaborada uma sentença cível sobre o seguinte tema:

"Os autores Fulano e suas mulher, mediante contrato particular de promessa de compra e venda, adquiriram dos réus Sicrano e esposa, o imóvel descrito na inicial, tendo pago uma parte inicial e devendo a segunda e final parcela. Antes do pagamento final, constataram que o aludido imóvel não estava registrado no Ofício Imobiliário em nome dos réus e, ainda, que o réu varão foi declarado insolvente por decisão judicial e contra o mesmo existiam ajuizadas diversas execuções. Foram os autores ludibriados em sua boa-fé, sendo induzidos em erro. Os réus não cumpriram e não têm como cumprir o contrato. Os autores pedem a rescisão do contrato, devolução da quantia já paga, devidamente corrigida e mais perdas e danos, com as cominações de direito.

Contestaram os réus alegando, preliminarmente, a inépcia da inicial e a carência de ação por impossibilidade jurídica dos pedidos e que os autores tinham pleno conhecimento das dívidas e da insolvência do réu varão, não tendo sido induzidas em erro, pois houve uma publicação editalícia da decisão que declarou a insolvência do réu varão. Consta penhora do imóvel vendido aos autores. A dívida para com a Fazenda Nacional já foi paga pelo réu varão. Pedem a improcedência da ação e condenações legais, exigindo documentos com a defesa. Houve despacho saneador e audiência com produção de prova oral. Os pedidos dos autores foram julgados procedentes, em parte".

Os exames (concurso) estavam sendo realizados na comarca de Poloni-SP. Como o enunciado nada estabeleceu sobre a competência, tomaremos o imóvel localizado em Poloni-SP.

Observando-se o enunciado, deve verificar-se inicialmente qual é a ação e seu rito. Para tanto, verifica-se, pelos pedidos *rescisão de contrato por vício* (1), *devolução da quantia paga* (2), além das *perdas e danos* (3) tratar-se, o primeiro, de uma ação de nulidade de ato jurídico – portanto, declaratória (e não de vício redibitório) e o segundo e o terceiro, de uma ação patrimonial condenatória, na qual a incidência da correção monetária e "demais cominações de direito" são efeitos complementares da sentença. Verificadas as naturezas das ações, apura-se o rito a ser empregado que, no caso, será o ordinário (*art. 318*). Estabelecido o rito, deverá o julgador, obrigatoriamente, observar todos os meandros do rito processual, sob a pena de causar nulidade.

Verifica-se, ainda pelo enunciado, quais são os fundamentos dos pedidos: – imóvel não registrado – insolvente o réu – devedor de várias execuções, o que não foi dado a conhecer aos autores. Se o rito é ordinário e o enunciado diz que houve saneador e instrução oral, surge uma primeira limitação impositiva: o saneador venceu as preliminares e isso deverá ser enfrentado na sentença, com singela referência, como já visto anteriormente. O enunciado também diz ter havido defesa pelos réus, o que é outro limitador para o julgador (pela inexistência de revelia e confissão) e, por isso, o próximo passo é verificar os fundamentos da defesa que, no caso, arguiu preliminar. Mas essa questão já foi observada (ao menos deveria ter sido) no momento em que o enunciado afirmou sobre a existência do saneador e da realização de audiência instrutória. Sobre o mérito, afirmou o enunciado que os autores sabiam das dívidas e da condição de insolvente do réu, não tendo havido indução ao erro, sabendo que o imóvel já havia sido penhorado e que as dívidas para com a Fazenda Pública já restaram quitadas.

Portanto, até aqui, sabendo o rito da ação, poderemos fazer o relatório buscando os elementos fornecidos pelo próprio enunciado e, na lei, aqueles sobre os quais o enunciado silencia, mas que devem ser observados, obrigatoriamente.

Assim, embora o enunciado não diga ter sido dada vista ao autor sobre as preliminares (*art. 351 e 352, CPC*) e os documentos juntados (*art. 437, § 1º, CPC*), tal providência é impositiva ao juiz, como condutor do processo (*art. 139, CPC*), devendo, por tal razão, constar no relatório. Resultam daí duas incidências processuais não previstas pelo enunciado, mas de observância obrigatória para o julgador. A primeira é a abertura de vista ao autor, para que ele se manifeste sobre as preliminares e sobre os documentos; a outra é a efetiva manifestação do autor nesse sentido, à qual se denomina de impugnação à contestação. Aqui caso ocorresse a juntada de novos documentos, novamente deveria ser dada vista à parte adversa. E aqui repetindo: em sentença não existe requerente e requerido. Para o juiz (como para o código), existem apenas autor e réu. A explicação é bastante singela e compreensível na medida em que, ao se denominar o autor de requerente e o réu de requerido, como comumente se vê em petições e sentenças, não se estará individualizando quem é o autor e quem é o réu, pois, o autor, quando pede, quando requer algo no processo, é requerente. Mas quando é o réu quem pede, é a sua vez de ser requerente, e não do autor. Surge, então, uma confusão, com o uso de incorreta denominação para as partes, não se podendo, apenas pela terminologia, estabelecer se o requerente do momento é o autor ou o réu. Por isso, no processo, existem o autor e o réu, que ora são requerentes de algo, ora são requeridos por algo.

Outra incidência processual obrigatória que não consta do enunciado, mas deve constar no relatório, uma vez que houve saneador e instrução, tratando-se de direito disponível, é a obrigatória realização da audiência de conciliação (*art. 334, CPC*), na medida em que, como já visto, o interesse maior da própria lei é a ordem social, que é mais bem alcançada quando as questões são resolvidas pelas próprias partes (obviamente em se tratando de direito disponível), que melhor sabem como dispor de seus bens (seja de que natureza for), do que ter-se a solução por imposição da sentença.

O relatório encerrará, ainda, sobre a existência do saneador, que já houve nos autos, consoante afirmação do próprio enunciado, cuja matéria foi repelida (pois do contrário não se seguiria à instrução) referindo-se sobre a rejeição das preliminares e eventual recurso, bem como sobre os pontos controvertidos; sobre as testemunhas ouvidas, quantas do autor, quantas do réu e em movimento dos autos são localizados seus depoimentos. É claro que a falta do registro da página onde constam os depoimentos colhidos não acarretará nulidade da sentença. Porém, pela boa técnica (e para facilitar o trabalho do juiz e de quem ler a sentença), tal identificação tornará a peça primorosa e possibilitará melhor compreensão, pelo juiz ou por terceiros.

Outro elemento que o enunciado não expressa mas acha-se implícito é a apresentação das razões finais das partes. Sim, porque, em tendo havido instrução, houve, obrigatoriamente, no mínimo, a oportunidade às partes para apresentarem seus debates finais, que podem ter sido apresentados na audiência ou por memorias (*art. 364, e § 2º, CPC*).

Outros elementos, contudo, podem ser obrigatórios na edificação da sentença, embora não estejam expressamente prescritos pelo enunciado, tal como a intervenção do Ministério Público (*art. 178, CPC*); a existência de réu revel citado com hora certa, que exige a nomeação do curador especial (*art. 72, CPC*); a necessidade da outorga uxória (*art. 73, CPC*), cuja falta acarretará a nulidade do processo, se não sanada a tempo. Tais questões, relevantes e que merecem registro, deverão compor o relatório, ainda que o enunciado não as invoque, mas que, pela natureza da ação, deverão estar presentes, competindo ao juiz, repito, o dever de dirigir o processo e, pois, corrigir as imperfeições passíveis de saneamento (*art. 139, CPC*).

Com esses registros, é possível construir-se o *relatório*, que será a base para a fundamentação, sem esquecer que o enunciado antevê o julgamento parcialmente procedente, sem, contudo, dizer a qual dos pedidos foi dada procedência. É de se frisar, no entanto, que na sentença definitiva de mérito é o dispositivo que faz coisa julgada, que diz se acolhe ou rejeita o pedido. Portanto, na sentença de mérito sempre o que procederá ou não, é o pedido e nunca a ação ou processo. A sentença, então, já com os elementos para o seu preâmbulo e relatório, seria próxima do que se patenteia:

"Vistos e examinados estes autos de Ação Ordinária de Nulidade de Ato Jurídico, cumulada com Repetição de Indébito e Indenização Por Perdas e Danos, devidamente registrada neste juízo da 1ª Vara Cível de Poloni-SP, em que são autores JOSÉ PEDRO e sua mulher MARIA EUGÊNIA, brasileiros, casos, ele do comércio, portador do RG nº 123.456.789-PR e CPF nº 123.123.123/123, ela do lar, portadora do Título Eleitoral nº 12.123.123, expedido pelo Juízo Eleitoral da 1.000ª Zona Eleitoral de Poloni-SP, residentes e domiciliados à rua Um, Dois Três de Oliveira Quatro, nº 123, nesta cidade e comarca de Poloni, e réus, JOÃO DOS SANTOS e sua mulher ROSA DOS SANTOS, ele autônomo, portador do RG nº 321.321.321, CPF nº 32.321.321-SP, ela, de prendas domésticas, portadora do RG nº 321.321.321-SP, residentes e domiciliados nesta cidade à rua De todos os Dias, s/n.

Ingressaram os autores com as presentes ações cumulativas, buscando a nulidade do contrato particular de compra e venda, pelo valor de R$220.000,00 (duzentos e vinte mil reais) do imóvel descrito pela Matrícula nº 1234, do Registro Imobiliário local, movimento 12, sob o fundamento de que os réus não possuem condições para efetuar a transferência dominial aos autores, eis que ainda não registrado em nome dos réus, inexistindo, pois, a necessária cadeia sucessória de transmissão de domínio. Disseram que foram induzidos em erro, sendo que o réu varão foi declarado insolvente pelo Douto Juízo da 2ª Vara Cível desta comarca, possuindo várias penhoras, em várias execuções. Com a nulidade, pretendem, ainda a devolução do adiantamento, no valor de R$110.000,00 (cento e dez mil *reais), acrescidos de juros moratórios e da correção monetária, além das perdas e danos, havidas com a nulidade pretendido.*

Ao movimento 20 ofertaram os réus sua defesa, alegando, preliminarmente, ser inepta a inicial, pois do 'relatório não decorre logicamente a conclusão', além da carência da ação ante a impossibilidade jurídica do pedido. No mérito, disseram que os autores sempre souberem da insolvência do réu varão, inexistindo indução a erro, pois 'até edital da insolvência houve'. Afirmaram, ainda, haver penhora sobre o imóvel vendido aos autores e que a dívida para com a Fazenda Nacional já foi liquidada. Pleiteiam, assim, ou a extinção da ação, ante as preliminares, ou a improcedência do pedido.

Sobre as preliminares e os documentos falaram os autores movimento 30, repelindo-as, eis que, diferentemente do afirmado pelos réus, da narrativa dos fatos, na inicial, decorre logicamente à conclusão do pedido, tanto que possibilitou ampla defesa aos réus e que o pedido é juridicamente possível, ante a regra do art. 145, nº III, e art. 968, ambos do Código Civil.

Designada audiência de conciliação (art. 334, CPC), a mesma resultou infrutífera, sendo rejeitadas as preliminares, movimento 40, cuja decisão resultou sem oposição. Foram deferidas as provas orais, fixadas os pontos controvertidos e designada a audiência de instrução e julgamento, oportunidade em que foram colhidos os depoimentos pessoais das partes e duas testemunhas dos autores e outras duas dos réus, ao movimento 50, oportunidade em que as partes requereram a substituição dos debates por memoriais, o que foi deferido. Nas derradeiras alegações, ratificam as partes, suas inicias razoes, de per si.

É o breve relatório. Segue a fundamentação:

Antes de se seguir à fundamentação, é necessário que se defina a decisão. Como o enunciado já registra a procedência parcial, deve-se, então, encontrar os fundamentos que deem suporte àquela decisão. Mas com coerência e persuasão. Se o enunciado não estabelecer a decisão, a mesma será de livre escolha.

No caso, a procedência é imperiosa, mas parcial. Então, se três são os pedidos, qual ou quais serão procedentes e quais ou qual improcedente? Na verdade, há um pedido principal (rescisão do contrato) e dois acessórios (restituição e perdas e danos). Como o acessório segue o principal, não pode ser este o último rejeitado. Como a restituição é obrigatória se desfeito o negócio, e como as perdas e danos, de forma contraria, devem ser provadas, e houve produção de prova oral, obviamente que será a pretensão quanto ao recebimento das perdas e danos a rejeitada. Agora, então, sabemos que a nossa sentença dará procedência à nulidade do ato, declarando-se rescindido o contrato, condenando-se os réus à devolução da primeira parcela, rejeitando-se o pedido das perdas e danos.

Bem, mas como, agora na fundamentação, resolver a questão? Porque procede o pedido de rescisão com restituição e improcede o de perdas e danos. É claro que a solução está, em princípio, no direito positivo. Mas deve-se observar atentamente o enunciado, para não sofrer engano. Assim, figura como engodo a condição de insolvente do réu, dito pelo autor e reconhecida pelo réu; também é um equívoco a existência de penhora e de dívidas do réu para com a Fazenda. Tais informações, lançadas para criar confusão, são verdadeiras balelas quando se descobre o verdadeiro fundamento da procedência do pedido principal: nulidade do ato jurídico pela incapacidade dos agentes. Ou seja, é do enunciado que o imóvel não está registrado no Ofício Imobiliário em nome dos réus, o que permite afirmar-se (nada a ver com o dito "quem não registra não é dono") que os réus não eram os proprietários do imóvel. Ora, se não eram proprietários, não possuíam o *jus abutendi* e, assim, não tinham capacidade para comprometer a venda do imóvel. Dessa forma, fixados os elementos da própria fundamentação, segue-se à realização da própria, mantendo coerência com o relatório. As preliminares, já apreciadas no saneador, rejeitadas, não serão novamente apreciadas. O mérito será iniciado lançando-se os fatos e o direito, fazendo uma correlação entre ambos (positiva ou negativa), seguindo-se com conclusões. Dessa forma, diz-se que "Tem o proprietário do imóvel o direito a dispor do mesmo, pela venda, inclusive. O documento de movimento ___ (dos autos) afirma que o imóvel, já à época da transação, não era de propriedade dos réus. Assim, não poderiam proceder eles à venda, sendo, pois, o ato jurídico imperfeito – e, nulo, para os fins do *art. 186 c.c. art. 927,* ambos do CCv. Em sendo nulo o ato e demonstrado pela prova oral e documental o engodo (fazer considerações sobre as provas que embasam a afirmação), deve o negócio ser declarado nulo, restituindo-se o *quantum* já pago pelos autores".

Até aqui, como se vê, de forma clara, concisa, retórica e jurídica, verificou-se a procedência de parte dos pedidos.

Seguindo-se, então, verifica-se, quanto à pretendida indenização pelas perdas e danos, a sua improcedência. E isso porque para a sua caracterização é necessária a indubitável comprovação. "Os autores, embora tenham alegado, até final razões, sobre a existência das perdas materiais, nesse sentido nada provaram. Daí a rejeição". Finalmente, por terem sido lançadas como relevantes pelas partes, serão também apreciadas outras questões, em que nada irão alterar a decisão, mas deverão ser apreciadas: "Outrossim, o fato de os réus serem devedores, inclusive para com a Fazenda Pública Nacional, ou de o réu ser insolvente, desde os tempos do negócio, ante a clara nulidade que o fulminou, são de todo estranhos ao *meritum causae* e irrelevantes par o deslinde, exceto para se colher a motivação dos réus para venderem o que não lhes pertencia".

Vê-se, pois, que, com síntese, clareza, persuasão e análise fático-jurídica, com a propriedade de propiciar a todos que a lerem admitirem com lógica e jurídica, fez-se a discussão retórica sobre os fatos, que irá justificar o dispositivo:

"*Desta arte, julgo parcialmente procedentes os pedidos para rejeitar as pernas e danos reclamados, declarar nulo de pleno direito o contrato operado entre JOSÉ PEDO e sua mulher MARIA EUGÊNIA, e JOÃO DOS SANTOS e sua mulher ROSA DOS SANTOS, já qualificados no exórdio, juntado no movimento 20, e condenar os réus à devolução de R$110.000,00 (cento e dez mil reais), devidamente corrigidas desde 13.3.2.20118, além dos juros de mora devidos desde a citação, à base de 01,0% ao mês, conforme art. 404/405, CPC.*"

Seguem, então, os efeitos próprios e direitos da sentença: "*Condeno os réus, ainda, ao pagamento proporcional das despesas processuais à base de 70%, e aos autores os outros 30%, nos termos do* art. 86, *do Código de Processo Civil, bem como ao pagamento dos honorários à base de R$10.000,00, para o Procurador dos autores, e de R$3.000,00, para o Procurador dos réus, ante o teor da regra supracitada, pela importância da causa, o zelo de cada um dos Doutores Procuradores e o local da prestação dos serviços, vistos que ambos possuem suas bancas profissionais nesta cidade e comarca.*"

Segue-se com o Epílogo ou encerramento (requisito complementar):

Publique-se. Registre-se. Intime-se.

Poloni-SP, 13, abril, 2020.

As. Ismair Roberto Poloni

Juiz de Direito"

E nossa sentença hipotética seguiria, assim, com a *fundamentação*:

"*DECIDO*

O feito encontra-se apto a julgamento, uma vez repelidas as preliminares arguidas pelos réus, restando devidamente saneado.

O ponto controvertido, assim estabelecido na audiência de conciliação, cinge-se sobre a possibilidade de os réus, poderem dar cumprimento ao compromisso avençado, transferindo o bem aos autores e, se assim não o for, são devidas as perdas e danos e a restituição da entrada.

Tem o proprietário do imóvel o direito a dispor do mesmo, pele venda, inclusive. O documento de movimento 09 afirma que o imóvel, já à época da transação, não era de propriedade dos réus. Assim, não poderiam proceder eles à venda, sendo, pois, o ato jurídico imperfeito – e, nulo, para os fins do art. 82 c.c. art. 130, ambos do CC.

No depoimento pessoal do réu varão, movimento 53, afirmou o mesmo que, embora tivesse havido penhora sobre o imóvel em questão, em dívida de sua responsabilidade, o mesmo apenas detinha a sua posse e "acreditava que com isso fosse o dono". As testemunhas, de movimento 54 e 55, afirmaram no mesmo sentido, restando suficientemente provado que os réus jamais poderiam transferir os autores a plena propriedade, em que pese a existência do contrato entre si firmado.

Em sendo nulo o ato e demonstrado pela prova oral e documental o erro, deve o negócio ser declarado nulo, restituindo-se o "quantum" já pago pelos autores.

Os autores, embora tenham alegado, até final razões, sobre a existência das perdas materiais, nesse sentido nada provaram. Além do que, não restou provado tivesse os réus agido de má-fé. Na verdade, a pouca instrução dos réus, aliada a uma possibilidade de aquisição da propriedade pelo usucapião, como se denota (sem se questionar aqui sobre tal direi-

to) é que levaram os réus a se comportarem como legítimos proprietários do imóvel, inexistindo, repito, má-fé. Daí a rejeição.

Outrossim, o fato de os réus serem devedores, inclusive para com a Fazenda Pública Nacional ou de o réu ser insolvente, desde os tempos do negócio, ante a clara nulidade que o fulminou, é de todo estranho ao "meritum causae" e irrelevante para o deslinde, exceto para se colher a motivação dos réus para venderem o que não lhes pertencia.

Tendo os autores pagos, em 13.3.2019, a primeira parcela do negócio no valor de R$110.000,00 (cento e dez mil reais), conforme comprova o documento de juntado no movimento 10 e confirmado pelo próprio réu varão, deve dita importância ser restituída aos autores, devidamente corrigida desde aquela data, quando passaram os réus a dispor do numerário. Os juros de mora, contudo, somente são devidos a partir da citação, nos termos do art. 1.536, § 2º, do Código Civil, à base de 0,5% ao mês (art. 1.062, CC).

(DISPOSITIVO) Desta arte, julgo parcialmente procedentes os pedidos para rejeitar as perdas e danos reclamados, declarar nulo de pelo direito o contrato de compra e venda do imóvel matriculado sob nº 1.234, do CRI local, operado entre JOSÉ PEDRO e sua mulher MARIA EUGÊNIA E JOÃO DOS SANTOS e sua mulher ROSA DOS SANTOS, já qualificados no exórdio, juntos às movimento 09, e condenar os réus à devolução de R$110.000,00 (cento e dez mil reais), devidamente corrigidos desde 13.3.2019, além dos juros de mora, devidos a partir da citação à base de 1,0% ao mês.

Condeno os réus, ainda, ao pagamento proporcional das despesas processuais à base de 70%, e aos autores os outros 30%, nos termos do art. 21, do Código de Processo Civil, bem como ao pagamento dos honorários à base de R$10.000,00, para o Procurador dos autores, e de R$3.000,00 para o Procurador dos réus, ante o teor da regra supracitada, c.c. art 20, § 3º, do mesmo Codex, pela importância da causa, o zelo de cada um dos Doutores Procuradores e o local da prestação dos serviços, visto que ambos possuem suas bancas profissionais nesta cidade e comarca.

Publique-se. Registre-se. Intime-se.
Poloni-SP, 13, abril, 2020.
Assinatura digital
As. Ismair Roberto Poloni
Juiz de Direito"

2. Conclusão

Assim, verificamos que a sentença, quando exigida em concurso, mediante a apresentação de um enunciado, deve obedecer aos registros do próprio enunciado, mas deve buscar, como se processo efetivamente houvesse, todos os elementos cuja apreciação é de obrigação do julgador. É de se salientar que é com a pratica diuturna que o candidato poderá adquirir aptidão e desenvoltura para a realização de suas sentenças. Afinal, é na sentença que se expressa todo o direito, material e substantivo. Daí ser fundamental e de grande peso, nos exames de concurso para ingresso na magistratura, a prova da sentença. E como no exemplo dado, aos acadêmicos e àqueles que pretendem ingressar na magistratura, o que efetivamente importa não é o caso apresentado, mas sim a capacidade de conseguir desenvolver a sentença de conformidade com os que se apresenta e com as normas, quer de direito material, quer de direito substantivo, que tenham, de forma direta ou indireta, explicitada ou não pelo enunciado, ligação com a questão, como se uma ação verdadeira fosse. É salutar registrar ainda, aos acadêmicos e candidatos, que, quanto menor o enunciado apresentado na prova, maior será a liberdade do candidato no desenvolvimento de sua sentença. Porém, quanto maior, menor será a possibilidade de criação do texto. Por isso, busque desenvolver sentenças partindo de enunciados que apresentem o máximo de informações e de outros, ao contrário, que pouco informam.

3. Enunciado II

Nesta espécie de enunciado trago uma questão que aprimorará a técnica necessária, no dia a dia. Ainda hoje, é matéria muito apreciada e, como enunciado, por ser bastante sincopado, impõe uma sentença complexa; veja-se:

"Certo cidadão ajuizou Ação Popular objetivando anular a alienação de determinado imóvel municipal sob pressuposto de lesividade ao patrimônio daquela pessoa jurídica de direito público interno. Lavrar a sentença em torno de tal hipótese".

Inicialmente, é de registrar que a ação popular, regulamentada pela *Lei nº 4.717*, de 29.6.1965, mantida pela vigente *Constituição Federal* em seu *art. 5º, inc. LXXIII*, é a maior expressão jurídica do exercício da cidadania, pelo cidadão comum, em defesa do patrimônio público, da moralidade administrativa, do meio ambiente e do patrimônio histórico-cultural.

Por essa razão, também, trago à lume, como exemplo e como forma de despertar nos amantes do direito uma reflexão sobre sua melhor e maior aplicação, sem, evidentemente, fugir da direção principal deste livro.

4. O "pânico" do candidato

Pois bem. Imagine-se um candidato, no dia da prova de sentença, tendo sido sorteado exatamente o enunciado supra-registrado, sem que sequer tivesse estudado, nos bancos acadêmicos, sobre ação popular. Sem sombra de dúvidas, esse candidato iria entrar em pânico, por seu total desconhecimento sobre a matéria, embora tivesse estudado durante o ano todo, sobre todas as teorias e matérias. Menos essa. Estaria, então, cometendo seu primeiro erro. É claro que não se poderá esperar uma concentração absoluta, como um monge ou um yogue. Mas seu desespero somente lhe será prejudicial, como o é para o julgador inexperiente que, enfrentando, como é corriqueiro, durante uma audiência uma questão levantada por um dos procuradores, desespera-se por não saber a solução de pronto e sente maior ainda a responsabilidade da toga. Mas esse nosso juiz dispõe de mecanismos processuais que lhe permitem estudar a questão, para melhor distribuir a justiça. Afinal, o que esperam as partes é um julgamento justo e célere, mas não uma avaliação da capacidade do julgador, quanto ao tempo em que decide as questões apresentadas. Mas normalmente, tem por volta de quatro horas para fazer sua prova de sentença escrita. E aí o desespero aumenta, aumentando proporcionalmente seu erro. Pois bem, tentando transformar nosso suposto (e amedrontado) candidato, faremos nossa sentença, buscando, inicialmente, desvencilharmo-nos do imprestável desassossego, lembrando que, afinal, ninguém é detentor do conhecimento pleno, mas cursarmos e fomos aprovados num curso universitário, tendo estudado por vários meses, preparando-nos para aquele concurso. Então, não estamos numa posição tão prejudicial como possa parecer. É uma questão de saber lidar com o conhecimento que se detém, ainda que de forma genérica, buscando a sua aplicação no caso que nos foi apresentado.

5. A busca da solução

Portanto, com ciência da limitação de nossos conhecimentos, devemos, *a priori*, buscar a leitura atenta da lei especial, que rege a matéria

– ação popular –, inteirando-nos, como já visto, sobre a ação e seu rito. Esse é o primeiro passo, a afim de estabelecermos como será o processo que vamos relatar. Dirão então: Mas em apenas quatro horas, sem ter o menor conhecimento sobre ação popular, como será possível proceder a uma leitura atenta da lei especial, criar o fato e a sentença respectiva? Lembre-se, entretanto, do que anteriormente já foi registrado: observe o enunciado. Fundamentalmente, ele nos obriga à existência de 1) um único autor, do sexo masculino, que é "um cidadão" (o que pressupõe seja eleitor regularmente inscrito), portanto, apto à propositura de uma ação popular; 2) a venda de um imóvel municipal (portanto, o bem público que se pretende tutelar é apenas um imóvel do município que, com maior probabilidade, deverá ser urbano); 3) o embasamento foi a "lesividade ao patrimônio público" (o que irá reduzir drasticamente a verificação de todas as causas enumeradas pela *Lei nº 4.717/65*, como ato nulo). Portanto, acalme-se, pois haverá tempo suficiente.

6. O desenvolvimento pela própria norma

Prosseguindo, sabemos que o autor, pelo art. 1º, deve ser um cidadão, e isso foi afirmado pelo enunciado. Sabemos que o direito do cidadão para postular em juízo nasce com a capacidade civil. Mas como a questão é sobre um bem municipal, somente poderá ser parte legítima o cidadão do município proprietário do imóvel. Assim, nosso cidadão, que chamaremos de Pedro da Silva, deve ser regularmente inscrito na Zona Eleitoral, conforme exige o *art. 1º, § 3º*, da *lei especial*, à qual pertencer o município titular do domínio do bem cuja venda é o objeto da ação. A ação, por evidente, será a Ação Popular. O embasamento legal da ação, "ato lesivo ao patrimônio público", vem elencado no *art. 2º*, que enumera cinco itens, apresentando, na sequência, a conceituação do que seja necessário para ser considerado como nulidade, bem como pelo *art. 4º*. Será preciso, então, escolhermos um deles e, por isso, ficaremos com a hipótese prescrita pelo *art. 4º, inc. V, letra c,* que é da venda de bem imóvel, por preço inferior ao de mercado, à época da operação. A razão por ter escolhida essa causa de lesividade é bastante simples: é a corriqueira na administração pública, portanto, com maiores possibilidades de criarmos as circunstâncias necessárias, além de se adequar ao caso enunciado.

Adiante, pelo *art. 5º*, vamos verificar a competência jurisdicional, que é estabelecida conforme as regras de organização judiciária. Por essa e pela legislação adjetiva, a competência será do juízo do local do imóvel. Nosso imóvel está em Poloni-SP, e o enunciado não apontou o município, deixando de especificá-lo, possibilitando-nos a livre escolha.

O réu, por seu turno, será, obviamente, o município proprietário daquele imóvel (e não a prefeitura, que não é pessoa jurídica). Para nós, o município réu será o de Poloni-SP. Mas o *art. 6º, da Lei nº 4.717,* estabelece quem deverá ser réu na ação popular, incluindo, além do município, no caso em exemplo, também "os benefícios diretos do mesmo" ato nulo e lesivo. Ora, é evidente que se o município vendeu o imóvel, alguém o comprou; e se a venda foi lesiva, por valor inferior ao do mercado, esse alguém também terá se beneficiado com o preço pago a menos do que valia. A esse outro réu chamaremos de Carlos Roberto. Mas, o mesmo artigo determina que a ação deve também ser proposta contra as autoridades, funcionários ou administradores que houverem autorizado, aprovado, ratificado ou praticado o ato impugnado. Assim, teremos, também, como réu, o Senhor Prefeito Municipal que, para nós, foi a autoridade que assinou a escritura de compra e venda e será denominado de Antônio da Costa. Afinal, é o prefeito o representante do município. E para termos simplificada a nossa hipotética ação, somente teremos envolvido na compra e venda lesiva o prefeito, sem a participação de mais nenhum outro funcionário ou autoridade. Essa é outra oportunidade que o enunciado oferece.

Já no § 4º, do *art. 6º*, tem-se a imperiosa participação do Ministério Público na ação. E a esse denominaremos de Cláudio Dias. Duas circunstâncias também são previstas pelo *art. 6º*, nos § *3º e 5º*, que não devem ser consideradas por nós, com a finalidade de simplificarmos a questão. Assim, pelo § *3º*, é possível à pessoa jurídica de direito público, no nosso caso o município de Poloni, a juízo do respectivo representante legal, que é o prefeito, deixar de contestar a ação, para atuar ao lado do autor. Mas o enunciado assim não estabeleceu e, se assim for feito, com certeza poderá haver uma dose de complexidade no desfecho da ação. Já o § *5º*, prevê o litisconsórcio ou a assistência por qualquer outro cidadão. Novamente verificamos que o enunciado assim não exigiu e, por isso, deixaremos, por facilidade na construção de nosso caso hipotético, de criar um ou mais litisconsortes ou assistentes.

Chegamos, então, ao *art. 7º*, que estabelece o procedimento ordinário do *Código de Processo Civil* para a ação. Entretanto, o artigo prescreve outros procedimentos, ditos especiais para a ação popular, que não podem ser relegados pelo juiz. Portanto, deveremos, na inicial, além da citação de Carlos Roberto e de Antônio da Costa, determinar a intimação do representante do Ministério Público, o Doutor Cláudio Dias, consoante determinada a letra *a*, do *inc. I*; deveremos, ainda, pela letra *b, do mesmo inciso e artigo*, requisitar os documentos referidos pelo autor (basta a referência, sem qualquer provocação pelo autor) ou qualquer outro que o juiz entenda ser necessário para o esclarecimento dos fatos; igualmente, pelo *inc. V*, caso não exista pedido de produção de provas orais, até o despacho saneador (e aqui, por tratar-se de direito indisponível, inexiste a obrigatoriedade da prévia conciliação), deverá ser concedido o prazo de dez dias para as alegações finais. Em havendo prova oral a se produzir, haverá, obviamente, instrução e julgamento, sendo que existe o prazo para prolatar a sentença, em 48 horas, se inexiste a instrução, ou em 15 dias, se com instrução, sob possibilidade de severas penas ao juiz que retardar a prestação jurisdicional.

O *art. 8º* prevê as sanções pelo não atendimento às requisições judiciais, o que, para nós, também não deverá ser objeto de consideração, justamente para se ter a simplificação máxima possível.

O *art. 9º*, por seu turno, estabelece que a desistência formulada pelo autor da ação popular não implicará na extinção da ação, podendo sofrer a continuidade por qualquer cidadão (no caso somente aqueles do município de Poloni-SP), ou quando não, prosseguirá tendo o Ministério Público como autor, em substituição. Mas, mesmo que possível fosse a desistência, como meio de extinção (*art. 485, nº VII, CPC*), por certo o candidato não deveria apresentar uma sentença que estabelecesse a extinção da ação sem julgamento do mérito, portanto pobre na demonstração de seu conhecimento jurídico que está a sofrer a avaliação pela banca examinadora.

O *art. 10º* estabelece o pagamento das custas somente ao final. Mas como o pagamento das custas não é matéria de relevância na ação e para ação, torna-se desnecessário o registro acerca de sua ocorrência ou não.

Já o *art. 11º* determina a condenação dos responsáveis pela pratica do ato lesivo, na procedência da ação popular, em perdas e danos, além da sucumbência (*art. 12º*).

O *art. 13º*, prevendo a condenação do autor, quanto temerária a lide, também não terá aplicação em nossa sentença, pelo mesmo motivo dito na apreciação do *art. 9º*.

Pelo *art. 14º*, tem-se o estabelecimento do valor a ser indenizado, em decorrência da lesão, como certo, se assim ficar suficientemente demonstrado nos autos, ou a ser apurado por perícia, se necessário for, além de outros efeitos próprios, porém impositivos, que deverão ser observados, no caso de condenação. Como um dos réus é o prefeito, Carlos Roberto, que recebe dos cofres públicos, na nossa sentença, procedente o pedido inicial, haverá de ser determinado o desconto na folha de pagamento do mesmo, até a liquidação total do devido. Já para o outro réu, Antônio da Costa, caso perceba seus vencimentos dos cofres públicos, também sofrerá o desconto em folha; mas pode ele ser um comerciante local e, aí, sofrer sequestro e penhora de seus bens, já na sentença que der pela procedência do pedido. Note-se que o *art. 14º, § 4º*, diz em sentença condenatória. Apenas para relembrarmos o já estudado, é certo que haverá uma condenação, mas a sentença será também declaratória, uma vez que irá declarar nulo o ato translativo do domínio.

Os demais artigos, como é possível verificar numa pincelada, não terão interferência em nossa sentença.

7. Resumo dos elementos colhidos da própria norma

Em resumo, ficou estabelecido, quer pelo enunciado, quer pela nossa imaginação, quer pelo breve estudo da *Lei nº 4.717/65* que:

I – o autor, Pedro da Silva, deve juntar seu título de eleitor, sendo munícipe de Poloni-SP;

II – os réus serão três: O município de Poloni-SP, o prefeito de Poloni-SP, Antônio da Costa, e o comprador do imóvel, Carlos Roberto;

III – a ação é denominada "ação popular";

IV – a competência é do juízo de Poloni-SP;

V – o embasamento de fato e de direito será a venda de um imóvel, de propriedade do Município de Poloni, pelo prefeito, Antônio da Costa, a Carlos Roberto, sem concorrência e por preço inferior ao de mercado, o que obrigará à produção de prova técnica, pericial, para apurar o valor de comércio, para cotejo com valor efeito da transação;

VI – não haverá intervenção de terceiros;

VII – o procedimento será o ordinário, com requisição de documentos, com realização de instrução (e, pois, saneador, ante a perícia supra-referida);

VIII – haverá a intervenção do Ministério Público;

IX – o autor não desistirá da ação;

X – os responsáveis pela transação lesiva serão condenados a perdas e danos, a serem apuradas em execução;

XI – o prefeito terá descontado, mensalmente, em sua folha de pagamento, numérico suficiente para o pagamento da condenação nas perdas e danos, expedindo-se ofício à fazenda estadual;

XII – o comprador, Carlos Roberto, sofrerá sequestro e a penhora de bens, com suficiência para a garantia do juízo da execução das perdas e danos, expedindo-se mandado;

XIII – deverá ser expedido mandado de cancelamento do registro da compra e venda ao registro de imóveis e ao estabelecimento, para averbação da sentença que anulou a compra e venda.

8. A sentença

Com essas considerações e seguindo as orientações contidas no título Planificação do Texto, passaremos, então, à edificação de nossa sentença:

(A INTRODUÇÃO)

"*Vistos e examinados os autos de ação popular, devidamente registrada neste juízo cível sob nº 2.001/2019, em que é o autor* **PEDRO DA SILVA***, brasileiro, casado, do comércio, portador do Título de Eleitor nº 123 123 123, expedindo por esta 84ª Zona Eleitoral, residente e domiciliado nesta cidade Poloni-SP à rua Olívia, 100, Centro, e réus, o* **MUNICÍPPIO DE POLONI-SP***, representado pelo senhor prefeito;* **ANTÔNIO DA COSTA***, prefeito de Poloni-SP, brasileiro, casado, funcionário público estadual, residente e domiciliado nesta cidade à rua Videiras, 100, Centro, portador do título eleitoral nº 890 890 890 e* **CARLO ROBERTO***, brasileiro, casado, comerciante, residente e domiciliado nesta cidade à rua Thomas, 100, Centro, portador do RG nº 123.123.123 – PR e CPF nº 321.321.321-321.*

(O RELATÓRIO)

Ingressou o autor com a presente ação popular, contra os réus já nomeados, com o fim de anular a compra e venda do imóvel de propriedade do município réu, matriculado sob nº 1.234, do Registro de Imóveis desta comarca, fls. 15, eis que o mesmo foi vendido, por seu representante legal, o Senhor Prefeito, o réu Antônio da Costa, ao corréu Carlos Roberto, sem concorrência pública, pelo preço de R$110.000,00 (cento e dez mil reais), em data de 22 de dezembro de 1998, através de escritura pública lavrada às movimento 111, do Livro II, do Tabelionato desta sede (movimento.12/14), quando o valor mínimo de comércio, apurado por três avaliações de imobiliárias locais (fls. 16/18), à época, era de R$ 500.000,00 (quinhentos mil reais), decorrendo daí a nulidade do ato, em face da lesão impugnada ao patrimônio público, nos termos do art. 4, inc. V, letra c, da Lei nº 4.717/65, pretendendo a sua anulação, bem como a condenação nas perdas e danos, ante a derrubada de uma edificação que havia no imóvel. Juntou certidão atualizada do Cartório Eleitoral desta 84ª Zona Eleitoral comprovando sua condição de eleitor regular no município, bem como certidão da escritura de compra e venda e da matrícula do imóvel, além de três avaliações do imóvel em tela, por imobiliárias locais.

Regularmente citados, pessoalmente, apresentaram os réus suas defesas no prazo prescrito pelo art. 7º, inc. IV, dizendo, o primeiro réu, o município, por seu procurador, ter havido autorização legislativa para a venda do bem, sem estabelecimento no valor, que foi fixado, na ocasião, em R$110.000,00 (cento e dez mil reais), ante a recessão econômica, que retirou do mercado local capacidade financeira para a aquisição por preço superior. Disse, ainda, que o valor apontado pelo autor, R$ 500.000,00 (quinhentos mil reais), como sendo o valor do imóvel, à época da transação, não reflete a realidade dos fatos, posto que, na época, os munícipes passavam por uma recessão econômica, ante a frustação da safra, e por essa razão jamais seria possível obter-se o valor dito pelo autor, pelo imóvel. O corréu Antônio da Costa, ratificado o teor da defesa apresentada pelo município, disse, ainda, que em sua administração sempre teve a preocupação de manter as finanças municipais saneadas, para atender prioritariamente à assistência social, tanto que obteve da Edilidade local a necessária autorização para a venda do imóvel em tela. Afirmou não ter havido, em momento algum, dolo, má-fé ou fraude, na compra e venda atacada, que se apresenta absolutamente perfeita. O corréu Carlos Ro-

berto, por seu turno e em igual oportunidade, confirmou a aquisição pelo preço constante da escritura de movimento. 12/14, posto que esse era o preço real de mercado à época dos fatos, juntados outras duas avaliações, por corretores de imóveis locais, que asseveram ter sido aquele o valor de mercado, na época dos fatos, requerendo a produção de proa oral. Sobre a construção demolida, disse assim ter agido pois o prédio era imprestável e condenado, sem utilidade à destinação pretendida por ele, Carlos Roberto.

Com ciência do Doutor Promotor de Justiça, requereu Sua Excelência, movimento 44, fossem requisitadas a lei que autorizou a venda, bem como a cópia do cheque pago por Carlos Roberto e o respectivo comprovante de entrada no caixa da fazenda municipal, além da realização de perícia, para apuração do valor do bem, à época do negócio, e para apurar o valor da benfeitoria demolida.

Sobre os documentos juntados pelos réus, manifestou-se o autor às fls. 50, repelindo-os requerendo a realização de perícia, como requerido pelo Ministério Público.

Ao movimento 60 foi o feito saneado, restando sem recurso a decisão interlocutória, oportunidade em que foram requisitados os documentos elencados pelo Doutor Promotor de Justiça, ao movimento 44, determinada a realização da perícia, nos termos do art. 464 e segs., do Código de Processo Civil, *nomeando-se e compromissando-se o expert deste juízo, apresentando as partes e o Doutor Promotor de Justiça os quesitos, ao movimento 70/80. Juntado o laudo, tempestivamente, às fls. 85/90, que concluiu ser o valor de mercado do imóvel, à época, de R$ 145.000,00 (cento e quarenta e cinco mil reais) e que havia edificado sobre o mesmo uma residência em alvenaria, com 120 m², sobre o mesmo manifestaram-se as partes, bem como sobre os documentos requisitados, movimento 81/83, o autor, no movimento 93, o Município, movimento 95, o réu Antônio da Costa no movimento 96/99 e o réu Carlos Roberto, no movimento. 102/104, bem como o Doutor Promotor de Justiça. Designada a audiência de instrução e julgamento para esta data, nesta oportunidade, foram tomados os depoimentos pessoais das partes (movimento 116/119) e ouvidas duas testemunhas arroladas pelo réu Carlos Roberto, movimento 120/121. Nessa mesma oportunidade, apresentaram as partes suas derradeiras razoes, pedindo, o autor e o Digno Representante do Ministério Público, a procedência dos pedidos, ante as provas dos autos, que concluem* *pela venda por preço muito inferior ao do mercado, à época, ante a apuração pericial do mesmo, revelado em R$ 400.000,00 (quatrocentos mil reais). O Doutor Promotor de Justiça requereu, ainda, a extração de peças para a abertura do procedimento investigatório criminal, ante os indícios de ocorrência de crime, nos termos do art. 15, da Lei nº 4.717/65, bem como a condenação dos réus às perdas e danos, descontando-se, em folha de pagamento do réu Antônio da Costa, valor suficiente para o pagamento do valor devido, e o sequestro e penhora dos bens do réu Carlos Roberto, em suficiência para garantir o juízo da execução. Os réus, por seu turno, e em iguais e consecutivas oportunidades, por seus Doutos Procuradores, repeliram, de per si, a pretensão do autor e do Ministério Público, reafirmando que o valor do bem, à época, até poderia ser de R$ 400.000,00 (quatrocentos mil reais), porém, não havia comprador com suficiência econômica para suportar tal preço, sendo, assim o valor de R$ 110.000.00 (cento e dez mil reais) o valor certo e justo, para a época, do bem vendido.*

(A DIVISÃO DO TEXTO E A FUNDAMENTAÇÃO)

Este é o breve relatório.

DECIDO.

As partes são capazes, atendendo às condições gerais da ação, máxime quanto à condição de eleitor neste município, pelo autor, devidamente representadas por seus procuradores, inexistindo irregularidades a sanear.

Cinge-se a questiúncula central quanto ao valor de mercado, à época da transação, do bem vendido pelo município réu ao corréu Antônio da Costa, se igual a R$ 10.000.00 (dez mil reais) ou se de R$ 400.000,00 (quatrocentos mil reais), como obtido pela perícia de fls. 85/90, visto que pelos réus, à unanimidade, foi admitida a venda do bem, pertencente ao município de Poloni-SP, por R$ 110.000.00 (cento e dez mil reais), e assim restou provados pelos documentos de movimento 12/14 (Certidão do Tabelionato desta sede), fls. 19 (certidão da Matrícula do Imóvel) e movimento 81/83 (cópia do cheque e comprovante de entrada do mesmo valor no caixa da fazenda municipal), bem como pelos depoimentos pessoais e das testemunhas de movimento 120/121, sendo matéria incontroversa. Igualmente se mostra indiscutível a desnecessária concorrência para a venda do bem, ante a expressa previsão legal e autorização legislativa.

Ademais, se revelou como o certo que, estreme de dúvidas, o valor do imóvel à época da transação era de R$ 400.000,00 (quatrocentos mil reais), como atestou o perito judicial (contra o que não houve impugnação) e o réu Carlos Roberto em seu depoimento pessoal, movimento 118/119, e não de R$110.000.00 (cento e dez mil reais). Contudo, o fato de, à época, não haver no município pessoas com condições financeiras suficientes para adquirir o bem ao valor de R$ 400.000,00 (ou próximo disso), como afirmaram os réus e as testemunhas de movimento 120/121, não autorizava fosse o bem vendido por preço tão inferior àquele que efetivamente vigia no mercado, na ocasião. Outrossim, o preço apurado como de mercado sofreu, para tanto, toda a sorte de interferência até ser estabelecido, pelo próprio mercado, que aquele imóvel, naquela ocasião, valia os quantrocentos mil reais. As regras de estabelecimento pelo mercado do valor bem em transação consideraram, sem sombra de dúvidas, a eventual falta de numerário circulante, fazendo com que o preço fosse reduzido, à vista de oportunidades outras, em que o mercado, pela lei da oferta e de procura, sofria um aquecimento e, pois, uma elevação de preços. Portanto, ao se considerar, como dito pelos réus e pelas testemunhas, que na ocasião o mercado sofria retração, ante a quebra da safra, por certo o valor de R$ 400.000,00 (quatrocentos mil reais) já era inferior ao que, em tempos de "vacas gordas", poderia se obter. Isto é, se com a crise foi avaliado em quantrocentos mil reais, em tempos sem crise econômica haveria de valer muito mais. Mas em momento algum, nem mesmo durante uma séria crise econômica, ainda que nacional, poderia, como apurado pelo expert, o imóvel chegar a valer a insignificante quantia de cento e dez mil reais. Outrossim, à exegese do art. 4°, inc. V, letra c, da Lei 4.717/65, não se exige tenha havido a venda por preço inferior ao do mercado com dolo, má-fé ou fraude. A nulidade, como claramente prescrita pelo citado artigo, configura-se apenas e tão-somente com a venda por preço inferior ao do mercado, na época da operação. A questão do dolo, contudo, deverá ser apreciada pelo Agente Ministerial, com as cópias a serem transladadas, como requerido; porém, aqui não tem qualquer relevância. Igualmente é irrelevante o destino do numerário obtido com a venda, como invocado pelo réu Antônio Costa, visto não ser esse o objeto da questão. Nem se invoque o fato de não ter havido, por parte da Edilidade local, o estabelecimento de valor mínimo para a venda do bem. O silêncio havido na autorização legislativa, ante expressa previsão de nulidade do ato, pelo art.

4º, inc. V, letra *c*, da Lei 4.717/65 não permitia aos réus a compra e venda do bem imóvel, por valor inferior ao mercado da época.

Assim, comprovado que o valor de mercado do imóvel da municipalidade, à época da compra e venda, era muito superior ao da venda efetivada, tem-se por nula a transação, nos termos do art. 4º, inc. V, letra *c*, da Lei 4.717/65, ante a evidente lesividade ao patrimônio público que, dessa forma, permitindo o enriquecimento ilícito de terceiro, sofreu depreciação econômica indevida. Decorre daí, inexoravelmente, a efetiva ocorrência de perdas e danos, além, evidentemente, da demolição da edificação ali existente, além de 120 m², cujo valor deverá ser apurado por perícia, em execução de sentença.

(O DISPOSITIVO)

Julgo, pois, procedente o pedido inicial para declarar nula a compra e venda do imóvel matriculado sob nº 1.234, do Registro de Imóveis desta comarca, realizada entre os réus, nos termos do art. 4º, inc. V, letra *c*, da Lei 4.717/65 e para condenar os réus ao pagamento das perdas e danos, a serem apuradas por perícia, em execução de sentença, nos termos do art. 11 c.c. art. 14, "caput", segunda parte, da citada lei.

(A SUCUMBÊNCIA)

Nos termos do art. 12, da citada lei, condeno os réus, ainda, proporcionalmente, ao pagamento das despesas processuais e extrajudiciais relacionadas com a ação e comprovadas, bem como dos honorários advocatícios, que fixo em 20% sobre o valor da ação, ante a regra do art. 85, § 8º e § 3º, do Processo Civil, ante a importância da causa, o zelo do Doutor Procurador do autor e por possuir o mesmo a sua banca profissional na capital do estado.

(EFEITOS PRÓPRIOS E DIRETOS)

Expeça-se mandado de cancelamento do registro da compra e venda ora declarada nula, na Matrícula 1.234, do Registro de Imóveis local, bem como o Tabelionato da sede, a fim de averbar o dispositivo desta sentença e cancelar o ato.

Oportunamente oficie-se à Fazenda Pública Estadual para proceder ao desconto mensal, em folha de pagamento ao réu Antônio da Costa, até a satisfação integral dos danos a serem apurados.

Expeça-se, oportunamente, mandado de sequestro e penhora sobre os bens do réu Carlos Roberto, com suficiência para a garantia do juízo da execução, pelas perdas e danos.

Extraiam-se as cópias requeridas pelo Doutor Promotor de Justiça, movimento. 115, encaminhando-as à Sua Excelência.

(EPÍLOGO)

Dou esta por publicada e as partes intimadas, nesta audiência. Registra-se.

Assinatura do juiz, com identificação (É desnecessário o lançamento do local e da data pois, proferida a sentença em audiência, aqueles já foram registrados no Termo).

Capítulo XVI
DA SENTENÇA NO JUIZADO ESPECIAL CÍVEL

O *Juizado Especial* (Cível ou Criminal) é regido basicamente pelos *princípios gerais* de oralidade, simplicidade, informalidade, economia processual e celeridade[73]. Decorrente da positivação da inovadora aplicação do então Juizado de Pequenas Causas e por seu antecessor, Juizados Informais de Conciliação, o atual Juizado Especial Cível busca, antes do primor jurídico das decisões togadas, a solução mais célere e justa, assim admitido pelas próprias partes, quando se compõem[74]. Essa é a grande preocupação do legislador, ao determinar, no *art. 6º*, que "o juiz adotará em cada caso a decisão que reputar mais justa e equânime, atendendo aos fins sociais da lei e às exigências do bem comum".

1. A lógica do razoável no Juizado Especial Cível

Verifica-se, aqui novamente, a imperiosa necessidade da aplicação da lógica do razoável[75], mesmo em se tratando de uma decisão absolutamente informal e simples[76], em cuja grande maioria tem-se a conciliação e sua homologação (e não julgamento propriamente dito). E isso porque, de qualquer forma, o juiz deve sempre intervir com o fim de buscar a composição entre as partes, esclarecendo as vantagens dela decorrentes, ante os riscos e as consequências que poderão advir, caso

---

73 Art. 2º, Lei nº 9.099/95

74 Como já referido, a composição entre as partes, ainda que no processo comum, reflete antes a verdadeira finalidade da lei, que é a sua própria extinção, na medida em que as pessoas saibam reconhecer os limites de seus direitos e de suas obrigações, dispensando-se a existência da normatização de conduta ou sua interpretação, aplicação e execução.

75 Ver título "A lógica do razoável", p. 75.

76 Consoante dispõe o *art. 3º*, a competência do Juizado Especial é adstrita para "conciliação e julgamento das causas cíveis de menor complexidade", relacionando as permitidas e as excluídas.

ocorra instrução e julgamento. É óbvio que o juiz não poderá adiantar às partes sua decisão, pois nem mesmo instrução houve para se embasar. Porém, por certo deverá apresentar uma resenha fática do caso, apontando a provável direção do julgamento, em termos de probabilidade de ganho por uma ou por outra parte, com a persuasão de apontar-lhes o caminho mais justo para a solução da questão (que será de somenos apenas da ótica da lei, pois para a parte o seu caso é sempre mais importante do que qualquer outro), deixando claro, contudo, tratar-se de uma exposição ante apenas os poucos elementos que as próprias partes estão a apresentar.

Com a aplicação da lógica do razoável, durante a tentativa de conciliação buscada pelo juiz, torna-se mais eficaz a lei e a prestação jurisdicional. Fazendo uso de uma linguagem simples e clara e razoável, pode o juiz apresentar s partes as vantagens e as desvantagens de uma composição. Mostrar que é razoável, numa composição, que haja perdas para as partes, mas, ao mesmo tempo, ambas terão benefícios, é agir com a lógica do razoável, que trará uma justa composição da lide, principalmente porque admitida pelas partes.

E a solução mais justa é, sem sombra de dúvidas, a mais razoável.

2. A conduta conciliatória do Juiz no Juizado Especial Cível

Assim, concluímos que, ainda que ao juiz não seja exigida a feitura de uma sentença definitiva, mesmo no juizado especial, a inferência intelectual que deverá empreender será a mesma que lhe seria cobrada para a confecção da sentença definitiva. Na verdade, com maior dificuldade ainda, ante a ausência de advogado[77] na maioria das questões, envolvendo pessoas que não puderam se aculturar, máxime pelo interior, cuja conversação jamais poderá ser mantida no mesmo nível se o fosse com um profissional do direito. Assim, deverá o juiz, antes mesmo de sua sentença, ainda que homologatória, usar de sua capacidade de síntese, de clareza e de convencimento que usaria para a feitura de uma sentença terminativa, para com as partes, em linguajar simples e compreensível. E esse é um dever do juiz, não uma liberalidade, na medida em que a lei, prescrevendo os princípios de economia, informalidade, oralidade e simplicidade, permite às partes, nas questões de valor inferior a 40 salários mínimos, atuarem em qualquer dos polos, sem a assistência de

---

77 Art. 9º.

advogado. Então, o juiz deve não se sobrepor à conciliação de advogado mas, antes de um julgador formal, a de um conciliador simples, informal e compreensível, afastando ainda mais o temor sofrido pelas pessoas incultas e de enorme pudico, comum no interior, que fazem questão de frisar "nunca ter entrado num fórum ou numa delegacia", como se isso fosse algo vexatório, como fazem crer que o seja. Ora, como admitir possa o juiz, diante de pessoas que mal sabem se expressar, ao fazer uso de uma linguagem forense, tal como a empregada no processo comum, invocando brocardos latinos, textos de lei, ensinamentos doutrinários ou jurisprudências, obter a conciliação entre as partes? Como tornar-se justo se forem ininteligíveis a exposição e o convencimento? É claro que "fazer justiça", como já visto, não é tarefa singela para nenhum dos profissionais do direito, cada qual com seu papel de atuação no processo regular. Nem deve a sentença ou argumentação para a composição ser simplesmente admitida como única verdade pelas partes. Mas deve o juiz, quer na sentença, quer na persuasão, na composição enfrentada, mostrar-se suficientemente claro e convincente, no afã de demonstrar às partes que aquela é a melhor solução para o caso, pondo um fim definitivo não somente àquela questão, mas também e principalmente às demais que daquela decorrerão, principalmente pela falta de conhecimento e cultura das partes, mantendo o fim maior da convivência social: a paz e a ordem. Se, para cada caso apresentado, o juiz usar de seu poder de síntese, clareza e precisão, com a simplicidade cobrada pela lei dos juizados, tal qual o faria em sua sentença, por certo a distribuição da justiça se fará de forma mais cristalina e segura, resultando para as partes a certeza de confiabilidade na justiça e, pois, nas relações entre elas geradas. Daí a imposição, ao juiz, de apresentar elementos convincentes para uma conciliação, sem, repito, transformá-los num pré-julgamento.

3. O relatório na sentença do Juizado Especial Cível

E esse, em sendo imperioso, advirá da mesma forma exigida no processo comum, muito embora a lei dispense o relatório[78], ante a obrigatoriedade do registro dos atos considerados essenciais[79] e relevantes[80].

---

78 *Art. 38:* "A sentença mencionará os elementos de convicção do juiz, com breve resumo dos fatos relevantes ocorridos em audiência, dispensado o relatório".
79 *Art. 13, § 3º.*
80 *Art. 38.*

Assim, a "dispensa" do relatório, por expressa previsão legal, não permite seja inquinada de nula a sentença que não contiver. Contudo, caso a sentença não apresente, sucintamente, "resumo dos fatos relevantes ocorridos em audiência", será ela anulável. Verifica-se assim que, embora exista a dispensa expressa do relatório, este na verdade deve existir se a decisão for escrita e não oral. O fato de exigir a lei que sejam mencionados na sentença "os elementos de convicção do juiz, com breve resumo dos fatos relevantes ocorridos em audiência", não representa, necessariamente, que o relatório seja confundido com a fundamentação, por mais singelo e concisos que possam ser. O *resumo dos fatos relevantes*[81] *e o registro dos "atos considerados essenciais*[82] refletem nada mais do que o relatório exigido pelo processo comum. Afinal, estes não podem ser confundidos com "os elementos de convicção do juiz", os quais retratam a sua fundamentação ou discussão. Portanto, embora a lei expressamente dispense o relatório, ele deve existir uma vez que todo e qualquer fato relevante que possa ter ocorrido quer na audiência, quer durante o tramitar do processo será sempre elemento integrante de um relatório não apenas da discussão, que nesta poderá ou não vir a ser enfrentado. Ora, determina o *art. 93* que "serão decididos de planos todos *os incidentes* que posam interferir no regular prosseguimento da audiência", reservando para a sentença *"as demais questões"*. *Contudo, em sendo o ato oral, o relatório será dispensado. Mas, se o processo for escrito, então sobreviverá o relatório sucinto.* Uma dessas questões pode vir a ser uma preliminar de mérito,[83] como a ilegitimidade de parte que deverá ser decidida de plano. Rejeitada aquela, seguirá o juiz com o julgamento do mérito. Pela lei, aquela primeira decisão, havida fora da sentença, como fato relevante ocorrido em audiência, deverá ser referida resumidamente na sentença. Como então admitir-se inexistir o relatório na preliminar, senão como um mero relato, sem qualquer interferência na discussão da causa. Natacha Nascimento Gomes Tostes e Márcia Cunha Silva Araújo de Carvalho[84] registram que "A sentença nos processos de juizado segue

---

81 *Art. 38.*
82 *Art. 13, § 3º.*
83 A defesa é a mais ampla possível, impedida apenas na arguição de suspeição ou impedimento do juiz, que ocorrerá apartado, bem como qualquer forma de intervenção de terceiro, salvo o litisconsórcio (*arts. 30 e 10*).
84 *Juizado Especial Cível – Estudo doutrinário e interpretativo da* Lei nº 9.099/95 *e seus reflexos processuais práticos.* Editora Renovar, pp. 139-141.

o caráter de informalidade dos atos processuais, dispensando, assim, o relatório, e permitindo fundamentação sucinta". Mas, adiante concluem, porém, que "Deverão ser examinadas na sentença todas as questões deduzidas no feito que ainda não foram alvo de pronunciamento judicial, sendo certo que o olvidamento quanto a qualquer pedido autorizará à parte ingressar com embargos de declaração para ser sanada a omissão". Mas, como vimos, o relatório, no juizado cível, é imperioso, sempre que houver a oralidade do processo. Ricardo Cunha Chimenti,[85] um pouco mais flexível na interpretação da Lei nº 9.095, admite a necessidade da inserção do relatório na sentença do juizado cível: "Contudo, conforme destacam os professores José Maria de Melo e Mário Parente Teófilo Neto,[86] 'Apesar do relatório ser dispensável, é preciso que a sentença identifique, pelo menos, a ação em que foi proferida e também a quais partes ela se destina'. O que a *Lei nº 9.099/95* pretende afastar são os relatórios extensos, muitas vezes elaborados como verdadeiros índices dos processos, sem prejuízo de o juiz consignar na sentença, de forma resumida, os fatos relevantes ocorridos em audiência (os quais normalmente também ficam registrados em fitas de áudio, cf. art. 13.3)".

Por óbvio, não andou bem o legislador ao dispor sobre a dispensa do relatório, determinando, em contrapartida, o "breve resumo dos fatos relevantes ocorridos em audiência". Nem se diga que o espírito da lei foi o de determinar o registro de fatos relevantes ocorridos em audiência, que tenham ou possam ter valor para a fundamentação da sentença, dispensando-se a importância de seu registro como relatório, pelo *art. 38*, mas determinando o registro de todos os atos considerados essências e, ainda de se determinar sejam decididos fora da sentença, de plano, todos os incidentes que possam interferir no regular prosseguimento da audiência. Sim, porque a sentença no juizado especial sempre deverá ser líquida e certa, ainda que genérico o pedido,[87] que poderá ser executada provisoriamente,[88] ante a aplicação supletiva das disposições do *Código de Processo Civil*. E em assim sendo, impedido o registro, na sentença, o relatório de uma ocorrência relevante como a arguição e a rejeição de uma preliminar, que poderá ser conhecida mesmo sem invocação pela

---

85 *Teoria e prática dos juizados especiais cíveis*. Editora Saraiva, 1999, p. 145.
86 *Lei dos juizados especiais*. Editora Juruá, 1997, p. 65.
87 Art. 38, parágrafo único.
88 Art. 52.

parte recorrente, pela turma recursal, nos termos do *art. 485, n° VI e § 3°, CPC,* ter-se-á submetido a exame pela *turma recursal* uma sentença meramente de mérito, suprido o duplo grau de apreciação das questões relevantes. E pela boa técnica, o que é mero relato deve permanecer parte do relatório, não aglutinado com a fundamentação.

É claro que, com a liberdade estabelecida pelos arts. 5° e 6°, possibilitando ao juiz a condenação do processo com observância às regras de experiência comum ou técnica, inclusive as suas, limitando a produção de provas, embora possam ser obtidas por todo e qualquer meio moralmente legítimos,[89] assomando-se com os princípios gerais incidentes, o relatório da sentença no juizado especial estará longe de se equiparar àquele da sentença do processo comum. Mas sua existência, contudo, é imperiosa. Como o é o registro da prova oral produzida, em que pese o *art. 36* expressamente determinar de forma diversa. A um, porque sua inexistência ferirá o princípio da ampla defesa e do contraditório, na medida em que, pela finalidade publicista do processo, seja de que espécie ou procedimento for, remete a lei com exclusividade, ao juiz, a declaração, no quer for essencial, sobre os depoimentos. Ora, inicialmente, é de registrar que o *Código de Processo Civil* tem *aplicação subsidiária* à lei do juizado especial cível, seja pelas lacunas existentes, que obrigam ao juiz o julgamento por analogia, seja por prever a não aplicação de institutos próprios do processo civil, como a ação rescisória,[90] ou ainda por prever genericamente a aplicação do litisconsórcio, regrado, por óbvio, ante o silêncio da lei especial, pelo *Código de Processo Civil.* Mas, hipoteticamente, o juiz prolator da sentença no juizado especial, que sofreu embargos declaratórios, foi aposentado. Restará, então, ao seu sucessor, a apreciação dos embargos declaratórios. E, então, como será possível a esse novo juiz verificar a possível contradição, ou obscuridade, ou omissão, se os dados levados a registro, quanto à prova oral, são apenas e tão-somente aqueles que, subjetivamente, entendeu devessem integrar sua sentença, o juiz a que ele prolatou, hoje aposentado? Como estabelece, já na sentença, meras referencias essências dos informes trazidos nos depoimentos, que com certeza sofrerão anotações pelo juiz, isentas então de qualquer ingerência pelo juiz, máxime quanto a que se tornar como "referencias essências" trazidas pelas testemunhas? É claro

---
89 Art. 32.
90 Art. 59.

que, no juizado, tendo o poder de livre apreciação e condução, não se exige, como no processo comum, sejam enfrentadas todas as alegações das partes, desde que encontrados os motivos fundamentam a decisão, por um ou outro motivo alegado pelas partes. Mesmo assim, a fim de que a turma recursal possa apreciar o recurso, ou o novo juiz apreciar os embargos declaratórios, máxime se de matéria sobre o mérito, buscada principalmente com depoimentos, outra solução não há senão o *registro dos depoimentos*, ainda que sucinto ou gravado, tal como previu a mesma lei, para o juizado especial criminal, sem seus *arts. 65 e 81 § 2º, ambos c.c. art. 82, § 3º*. Isto é, no processo especial criminal, "serão objeto de registro escrito exclusivamente os atos havidos por essenciais", devendo "de todo o ocorrido na audiência" ser "lavrado termo", podendo a parte recorrente, "requerer a transcrição da gravação da fita magnética a que alude o *§ 3º, do art. 65*". E é dessa forma que se deverá proceder no Juizado Especial, sob pena de afrontarem-se os princípios do contraditório e da ampla defesa.

É evidente o *erro do legislador* pátrio, na busca louvável da simplificação dos processos de competência do juizado especial cível, ao dispensar o relatório. E isso porque é no relatório que se buscarão os elementos da fundamentação e será daquele (ou do termo de audiência) que se terão estabelecidos os limites da coisa julgada, em conjunto com o dispositivo. Na verdade, a sentença (ou decisão interlocutória) cobra de seu prolator uma estrutura mínima para poder ser compreendida. Imaginar-se possível uma sentença sem relatório seria o mesmo que ver a "mula sem cabeça", isto é, faltaria um elemento essencial à sua existência, como texto de concatenação de inferências e suas conclusões decorrentes, pelo juiz.

Seria algo assim (*sentença inexistente*): "Vistos etc. Pelas provas carreadas aos autos, colhidas nesta oportunidade, restou suficientemente comprovado o direito invocado pelo autor, pelo que julgo procedente o pedido inicial e condeno o demandado ao pagamento de R$ 200,00 (duzentos reais), devidamente corrigidos desde o ajuizamento, acrescido de juros moratórios incidentes a partir do trânsito em julgado desta. Dou esta por publicada e as partes por intimadas".

Ora, em sendo a sentença uma peça autônoma, quer por si só faz lei entre as partes, exigindo o respeito de todos, seria agora correto, em nome de uma simplificação exagerada, exigir-se que a sentença, no Juizado Especial Cível, seja acompanhada da reclamação (inicial) e do termo de audiência, para poder ser compreendida? A resposta, por óbvio, é negativa. Nenhuma sentença pode ser dependente ou vinculada intrinsecamente a certas peças processuais para a sua compreensão. Pode, sem dúvida, remeter o leitor à verificação do conteúdo geral, *v.g.*, do depoimento, do mapa, do croqui, desta ou daquela ocorrência referida na sentença. Mas em hipótese alguma, pode ser inteiramente dependente das demais peças dos autos, como verdadeiros complementos de seus requisitos essenciais, para que possa ser clara, persuasiva e compreendida. Por isso, no exemplo dado, para que aquela decisão possa ser compreendida, é necessário que se busque na inicial qual o pleito do reclamante, além das provas que corroboraram a sua pretensão. Mas então contestarão: o mesmo *art. 38*, que dispensa o relatório, determina que "a sentença mencionara os elementos de convicção do juiz, *com breve resumo dos fatos relevantes ocorridos em audiência*", não podendo a sentença ser tão singela como o exemplo dado. Vejamos então: Pode, se acaso o juiz der uma interpretação literal ao citado artigo, "dispensando o relatório" e expressando o seu livre convencimento.

Ademais, o "breve resumo dos fatos relevantes ocorridos em audiência" (entenda-se instrução) nada mais é do que um "breve relatório das principais ocorrências havidas no processo" (*art. 489, nº I, CPC*), ou seja, o próprio relatório. Mas, quando o processo for oral, gravado, aí sim será dispensado o relatório, posto que tudo estará registrado oralmente, na audiência.

Aliás, qualquer decisão, para ser bem compreendida, ainda que meramente interlocutória, necessita de uma resenha que registre o núcleo da discussão, justamente para manter-se os seus limites, quer para o julgador, quer para as partes, quer para terceiros. E a boa técnica recomenda, na construção de qualquer texto, a clara divisão entre início, meio e fim. E nada há de correto em mesclar-se com a fundamentação (os elementos de convicção do juiz) o breve resumo dos fatos relevantes ocorridos em audiência (a conciliação, a defesa, a instrução etc.), criando-se dificuldade de se saber o que é mero registro (portanto isento da inferência subjetiva do juiz) e o que é a fundamentação (elementos de convicção, obtidos através do processo intelectual com apreciação subjetiva). O art. 38, da lei 9.099/95, em seu art.38, estabelece que "A sentença mencionará os elementos de convicção do juiz, com breve resumo dos fatos relevantes ocorridos em audiência, dispensado o relatório". Por isso, mesmo no juizado especial, a sentença deve obedecer aos mesmos critérios daquela prolatada no juízo comum. Por certo, eximida de complexidade, até pela própria natureza das ações abraçadas pelo juizado especial, ou mesmo em obediência aos *princípios de simplicidade e informalidade*, bem como pela segunda parte do art. 38 da lei especial, que impõe breve resumo dos fatos, havidos na audiência, mesmo dizendo que o relatório é dispensado, deve haver, por força do citado art. 38, um breve resumo da audiência. E a sentença hipotética (*correta*) assim se apresentaria: "Vistos etc. Pretende o autor o recebimento de R$ 200,00 (duzentos reais), pela compra de um televisor do demandado. Este, em sua defesa, alegou que o aparelho, trinta dias após, apresentou defeito. É o relato sucinto. Operada a concretização da compra e venda da coisa móvel com a tradição, acompanham-lhe seus defeitos, pelo uso da coisa. Se por ocasião da transação, o aparelho estava em condições de funcionamento, dispensando maiores exames, vindo a apresentar defeito somente trinta dias após, não pode o réu ser responsabilizado. Julgo improcedente o pedido dou esta por publicada e as partes por intimadas. Data e assinatura"

Veja-se que, agora, a sentença se tornou, mesmo com simplicidade (e as causas do juizado são de menor complexidade), absolutamente compreendida, sem que isso fosse necessário buscar-se nos autos outros elementos que a completassem.

Dessa forma, a sentença do Juizado Especial Cível, embora muito mais sintética e singela, seguirá os moldes da estrutura de uma sentença cível do processo comum, como já visto.

Ronaldo Frigini,[91] com propriedade, registrou *ementas de turmas recursais*, que dão apoiamento às nossas afirmações:

Sentença. Falta de apreciação de matéria prejudicial de mérito.

Decadência. Vício insanável. Recurso provido para anular a decisão.

Sendo a decadência de suma relevância como pré-requisito para o exame do mérito, anula-se a sentença que aprecia o mérito, desprezan-

---

91 *Juizados Especiais Cíveis – Ementário de Jurisprudência dos Colegiados Recursais.* Editora LED, 2ª ed., 1997, pp. 333/334.

do a alegação precedente. Impossibilidade de conhecimento em sede recursal ante a ocorrência de supressão de um grau de jurisdição (rec. 10/95 – Limeira-SP, Colégio Recursal de Limeira – SP, j. 26.9.1995, v.u., rel. Juiz Aciones Diniz).

Sentença, falta de apreciação de matéria preliminar. Recurso interposto para discussão do mérito. Análise pelo colégio recursal. Impossibilidade. Decisão anulada.

Não tendo a sentença monocrática decidido questão preliminar, não pode o Colégio Recursal analisa-la sob pena de suprimir

um grau de jurisdição (rec. 31/96 – Leme-SP. Colégio Recursal de Pirassununga-SP, j. em 8.10.1996, v.u., rel. Juiz Gilberto Luiz Carvalho Franceschini).

Sentença. Falta de apreciação de matéria relevante. Sentença ilíquida. Ofensa ao dispositivo no art. 38 da Lei nº 9.099/95. Nulidade decretada. Recurso provido.

Não pode subsistir sentença que, decidindo a questão debatida, deixe de apreciar matéria relevante, ditando verdadeira decisão ilíquida, a despeito de vedação legal contida no *art. 38* da lei específica (rec. 956/96-81 – São José dos Campos-SP, j. 13.12.1996, v.u., rel. Theodureto de Almeida Camargo Neto).

4. A fundamentação

Finalmente, chega-se à fundamentação ou motivação. Guarda no juizado cível, o mesmo raciocínio lógico, trazendo à lume, meras informações, que poderão ser até mesmo gravadas. Não se exige do julgador a mesma prática que se tem na justiça comum. Aqui, a fundamentação pode ser resumida em poucas linhas, despiciendo de divagações ou mesmo o uso do vernáculo. É ato singelamente simples.

5 . O Dispositivo

A sentença cível no juizado especial, pode ser meramente homologatória, em havendo composição entre as partes ou, meritória, sendo a demanda de somenos, até 40 salários mínimos e, como o resto da sentença, clara, certa e exata, quanto à sua execução.

6. Esquema: Composição da sentença cível no Juizado Especial

PREÂMBULO
- Vistos, etc. (em sendo a sentença proferida em audiências). Vistos e examinados estes autos de reclamação, registrados neste Juizado Especial Cível sob nº __, em que é o autor __ e demandado __, já qualificado nos autos.

RELATÓRIO
- Breve resumo dos fatos relevantes, se escrito o processo, ocorridos no processo; mas, quando os atos forem orais, o relatório não será exigido.

FUNDAMENTAÇÃO
- Guardando consonância como relatório, expressar, de forma clara, concisa e precisa, o conhecimento obtido através das provas de experiências comuns ou técnicas.

DISPOSITIVO
- Conclusão decorrente da fundamentação, sempre com valor certo, limitado até 40 salários mínimos se for ação diversa da prescrita pelo art. 275, II, CPC.

EFEITOS DIRETOS
- Sucumbência.
- Expedição de mandados, cartaz, etc.
- Determinações gerais decorrentes da decisão.

EPÍLOGO
- Dou esta por publicada e as partes intimadas. Registra-se Local e data e assinatura digital(caso seja prolatada). Encerramento normal do termo, com assinatura.

Capítulo XVII

DA FEITURA DA SENTENÇA COM BASE EM UM PROCESSO COMPLETO

Neste capitulo buscamos transcrever uma ação de reparação de dano, no rito sumário, em sua íntegra, inclusive com carimbos e certidões de toda sorte, exatamente como numa ação normal. Vale registrar, por oportuno, que esta ação segue o rito do Novo CPC, porém, físico, não eletrônico, tendo em vista que este último é em PDF, não possibilitando alterações, ainda que exemplificativa. Mas, o processo ficto, mesmo assim, é uma grande arma para o desenvolvimento intelectual do leitor, posto que possui a mesma estrutura do processo eletrônico. Com isso, daremos a oportunidade àqueles que nunca tiveram contato com um processo, de tê-lo, e mais, com anotações gerais e específicas, na mesma linha que até agora vimos neste livro. Assim, a cada página iremos registrar o ocorrido, seu significado e importância, principalmente para a confecção da sentença final, que é nosso maior objetivo. Os fatos adiante registrados efetivamente ocorreram, mas, com certeza, nomes e outras circunstâncias foram tornadas hipotéticas. Mesmo assim, veremos que, por vezes, um "carimbo do cartório" – uma certidão tem importância fundamental para o deslinde da ação, ou que o discurso das partes, embora de várias laudas, possa ser traduzido e analisado em poucas linhas. Verificamos, porém, que por menor que possa ser a motivação da argumentação da parte, deverá ela ser enfrentada na sentença, ainda que para se patentear a sua completa desconexão com o caso em julgamento. Enfim, as anotações lançadas buscarão mostrar ao leitor inexperiente como verificar e retirar do processo os elementos para a sentença. É interessante registrar que, quando profissionais experientes compulsam os autos, o fazem de trás para a frente, isto é, iniciam a leitura pela última página, crendo que os atos anteriores já foram vencidos e corretamente realizados. Mas, para o inexperiente, tal prática não é aconselhável, pois poderá incorrer em erro e, o que é pior, não irá se familiarizar com o processo, rito e fases.

Assim, igualmente foi dito por ocasião da feitura da sentença a partir de enunciados, aqui também fica a orientação para que pratique, com processos já arquivados, a feitura de sua sentença, de acordo com as linhas mestras por nós já traçadas. Afinal, somente com a pratica se poderá chegar a um nível, no mínimo, satisfatório e, convenhamos, cada um possui a sua capacidade e modo próprio para redigir e se expressar. Por isso, nossa obra não se destina a apontar modelos de sentenças buscando impor estilo, mas, isso sim, apontar os caminhos a serem seguidos por seus próprios passos. Oferecemos a vara e ensinamos a pescar. Pegar o peixe, bem, isso é com cada pescador.

Antes de darmos início às análises, esclarecemos que os textos entre aspas e em itálico formarão, na somatória, a sentença final.

Os comentários sobre as páginas do processo estão registrados em destaque.

Página 01

VOLUME
Nº 16/01 2019 FLS. 01

REPÚBLICA FEDERATIVA DO BRASIL

JUÍZO DE DIREITO DA COMARCA DE POLONI – SP – CARTÓRIO CÍVEL E ANEXOS

ESCRIVÃO – ALDO REIS

PROCESSO – INDENIZAÇÃO

PROCEDIMENTO: COMUM

AUTORA: CLARA DOS SANTOS

ADVOGADO: DR. OSCAR CANIZA

RÉ: ÁGUIA LTDA.

ADVOGADO: DR. OSMAR PRATA

Autuação

Aos SETE dias do mês de FEVEREIRO DE DOIS MIL E DEZENOVE nesta cidade de Poloni-SP, em meu cartório, autuo A PETIÇÃO E DOCUMENTOS que adiante seguem; do que para constar fiz esta autuação. Eu, _____, escrivão, o escrevi.

ALDO REIS

Comentário sobre a Página 01

A capa do processo

A capa do processo, que sempre será numerada como primeira página dos autos, tem sua importância na medida em que, com rapidez, apresenta dados necessários e importantes para a sentença. Assim, tem-se o número da ação, o juízo, o tipo de ação e seu rito, além dos nomes das partes e seus procuradores. Alguns cartórios, de conformidade com orientações, ou da Corregedoria Geral da Justiça ou, do Juiz da Vara, ou ainda, por iniciativa do próprio escrivão, lançam outros elementos também importantes na ação já na capa Assim, por exemplo, fazem, em espaço especial, anotações quanto à intervenção do Ministério Público, a oferta da defesa, a impugnação, a intervenção de terceiros, a emenda à inicial, a oposição de agravo, a concessão de assistência judiciária, a reconvenção, a reunião de processos, o apensamento de incidentes, a proibição de retirada dos autos, a substituição de partes e procuradores, o litisconsórcio, a assistência, a desistência ou extinção, a relação de testemunhas de cada uma das partes, a perícia, dentre outros, sempre apontando o número de movimento em que o fato ocorreu. Como um verdadeiro relatório sucinto do processo. Com isso, durante o tramitar da ação, tais anotações permitirão maior facilidade ao juiz e às partes, tanto para a localização das peças quanto para se evitar o cometimento de nulidades. Mas é obvio que, para a feitura de sentença, jamais poderá se fiar o julgador apenas nos elementos constantes na capa, por mais completa que possa ser a informação.

No nosso exemplo, tiraremos da capa o número do processo, os nomes das partes e de seus procuradores, além do nome da ação.

Página 02

EXCELENTÍSSIMO SENHOR DOUTOR JUIZ DE DIREITO DA VARA CÍVEL DA COMARCA DE POLO-SP.

RECEBIMENTO
Em 07/02/19 Recebi
estes autos em
Cartório

escrivão

Registro no Livro n° 09
as fls. 167 sob n° 016
POLONI 07/02/19

DISTRIBUIDOR

CLARA DOS ANJOS, brasileira, casada, do lar, residente e domiciliada à Rua Andradina, n° 816, Poloni-SP, Comarca de Poloni-SP, por seu procurador e advogado infra-assinado – OAB/PR N° 99.999, com escritório profissional à Rua Rochedo, n° 113, fone (02143) 123-1000 – Poloni-SP "ut" instrumento de mandato junto (doc. 01), vem, respeitosamente à presença de Vossa Excelência para propor contra:

ÁGUIA LTDA.,

Com sede à Av. Paraná, N° 1.115, CGC 1001/10, em POLONI-SP.

a presente AÇÃO DE REPARAÇÃO DE DANOS POR ACIDENTE DE TRÂNSITO.

Com base no art. 31 e 319, ambos do CPC e 186 e 927, do Código Civil.

Comentário sobre a Página 02

A inicial

A inicial traz, como principal elemento, o pedido, que é o que vai ser julgado procedente ou não. De conformidade com o pedido, caberá ao juiz analisar se estão preenchidas as condições gerais da ação (interesse processual, legitimidade e possibilidade jurídica – art. 485, nos *IV e VI e § 3º*), bem como os requisitos formais da petição inicial (art.319 c.c. art. 321). Vencidas essas preliminares (que podem vir a ser objeto de análise até mesmo na sentença, ou em qualquer grau de jurisdição *(art. 485)*, o que não se apresenta de todo correto pois se possibilitará a tramitação inútil de uma ação que, desde o início, já deveria estar extinta), deverá o juiz verificar sobre os fatos e o direito invocados, inclusive para a realização de eventual instrução. Note-se que, em se tratando de direitos indisponíveis, inexistem os efeitos da confissão, na revelia. Assim, nessa primeira página, temos as qualificações das partes, o tipo de ação e a data de seu recebimento em cartório – do cível e do distribuidor (necessária para a eventual ocorrência de prescrição ou decadência). Aproveitaremos, então, dessa página, os nomes das partes, suas qualificações e o nome da ação (por vezes incorretamente o advogado lança um nome erroneamente, o que não irá desnaturar a petição, podendo o juiz determinar a sua correção, e não mera emenda, pois o nome errado em nada irá prejudicar a parte adversa em sua defesa, aplicando-se o princípio do aproveitamento dos atos, desde que os demais elementos da inicial estejam corretos). E a introdução do nosso relatório seria:

"Vistos e examinados estes autos de REPARAÇÃO DE DANOS, registrados neste juízo sob nº 16/19, em que é autora CLARA DOS ANJOS, brasileira, casada, do lar, residente e domiciliada à Rua Andradina, 816, em Poloni-SP, e ré, ÁGUIA Ltda., com sede à Av. Paraná, nº 1.115, em Poloni-SP, CGC nº 1.001/10."

Página 03

I – DOS FATOS

No dia 11 de julho/2018, por volta das 18:30 h, na altura do Km 129+500 m da BR 36, em pleno perímetro urbano – Centro – de Poloni-SP, o pai da autora, Sr. Paulo dos Anjos, viúvo, aposentado do Funrural, brasileiro, aguardava junto ao meio-fio da referida Avenida (rodovia), que, lamentavelmente, naquele trecho é desprovida totalmente de acostamento, a passagem dos veículos a fim de que pudesse atravessar a via, momento em que foi violentamente atingido pela lateral direita do ônibus marca Scania, modelo III, cor branca, placa JB.p02p, conduzido por Mário Leite, de propriedade da ré, adquirido de Arquimedes Tadeu, residente em Chapecó/SC, conforme fls. 02 do Boletim de Ocorrência da Polícia Rodoviária nº 585/2018 (doc. 02).

Ao ser atingido pelo veículo da ré, a vítima foi atirada ao solo, vindo a sofrer ferimentos graves, tais como: traumatismo craniano, perda da visão do lado direito e 70% da visão do lado esquerdo, fratura no antebraço direito e ferimentos generalizados nas pernas (doc. 03).

Ato contínuo o condutor do ônibus, de acordo com o depoimento da testemunha ocular, Cristiano Alves, ouvida pela Autoridade Policial, Sr. Romeu Xaves, diminuiu um pouco de velocidade de seu conduzido que no momento era excessiva para o perímetro urbano da cidade, porém, não parou seu conduzido, fugindo covardemente, sem socorrer a vítima, deixando-a a triste sorte, que (...)

Comentário sobre a Página 03

Aqui, a autora apresentou os fundamentos leais de sua pretensão e discorreu sobre os fatos. Tanto um como outro serão de todo importantes para a sentença, mas deverá o juiz resumi-los (os fatos), sob pena de repetir em sua sentença toda a narrativa da inicial. Assim, seria suficiente registrar na sentença o que consta nessa página que:

"No dia 11 de julho de 1998, por volta das 18:30 horas, Paulo dos Anjos aguardava para transpor a rodovia BR-36, no perímetro urbano, em local apropriado para tanto, quando foi colhido pelo ônibus conduzido por Mário Leite, empregado da ré, vindo a sofrer vários ferimentos, tendo sido socorrido por terceiros, eis que o condutor do ônibus dali se evadiu. O motorista imprimia velocidade excessiva para o local".

Note-se que, sintetizada a narrativa da inicial, esta ainda permanece completamente inteligível.

Página 04

(...) não veio a óbito no momento porque fora socorrida pelas testemunhas, encaminhando-a ao hospital mais próximo. Após isso o motorista da ré foi interceptado pelos policiais rodoviários de São José do Rio Preto-SP, que o obrigaram a retornar ao local do acidente para a elaboração do B.O., bem como a fim de ser colocado à disposição da Autoridade Civil, para as providências.

A pobre vítima foi encaminhada, inicialmente, ao Hospital São Camilo de Poloni para os primeiros socorros e posteriormente para o Hospital Santa Casa de São José do Rio Preto em virtude dos ferimentos graves sofridos, onde ficou internado por aproximadamente 30 dias, sendo que após alta temporária, dado seu estado físico de imobilização, teve que ser internado em uma Casa de Repouso para Idosos em São José do Rio Preto, onde, concomitantemente, recebia tratamentos médicos do Hospital Santa Casa daquela cidade, entretanto, não suportando os ferimentos sofridos, bem como em razão de seu estado debilitado, veio a óbito em 20/08/2018 (doc. 06).

II – do boletim de ocorrência

Na elaboração do Boletim de Acidente, o Policial Rodoviário equivocou-se na descrição do fato ao não detectar a área de impacto, senão vejamos na parte final de seu relato:

"... Não foi possível detectar a área de impacto, visto não haver vestígios no local, *somente uma pequena mancha de sangue*" (Grifamos).

Ora, Excelência, a mancha de sangue detectada pelo policial era, exatamente, a da vítima e demonstrava (...)

Comentário sobre a Página 04

Segue a inicial dizendo sobre a detenção do condutor do ônibus, bem como sobre o encaminhamento da vítima a vários nosocômios, até que veio a falecer, em decorrência dos ferimentos recebidos. Aponta erro no Boletim de Ocorrência quanto a não localização do provável ponto de impacto.

Quanto à detenção do motorista, ou mesmo sua fuga, em nada interfere no deslinde desta ação, sendo apenas um relato primoroso do caso.

Já quanto às internações da vítima, têm as mesmas suas importâncias na medida em que a pretensão é a de receber pelas despesas havidas, além da perda e sofrimento decorrentes da morte causada pelo empregado da ré.

Sobre o equívoco apontado no boletim de ocorrência, veremos que o mesmo não terá relevância no caso, ante a prova que será produzida. Ademais, o boletim não afirmou sobre o local; portanto, não produziu sequer indício de prova quanto ao local em que foi colhida a vítima. Caso o boletim apontasse com segurança o local do impacto e isso fosse confirmado pelas testemunhas, aí sim seria ele um elemento a ser explorado no julgamento, em conjunto com as demais provas orais.

Registraríamos, pois, dessa página, na sentença:

"A vítima recebeu tratamentos médicos hospitalares, inclusive em casa de repouso, vindo a falecer em 20 de agosto de 2019, em decorrência dos ferimentos havidos por ocasião do acidente".

Página 05

(...) com clareza o local em que se encontrava a mesma ao ser atingida pelo ônibus (doc. 02).

Tal assertiva está devidamente corroborada pelo depoimento da testemunha ocular, retro, no Inquérito Policial, ao afirmar que "... a vítima ia andando e que o ônibus *vinha comendo o meio-fio*". Quando a vítima saía de um canteiro ali existente e foi atingida pela parte lateral direita do ônibus; que o ônibus fez menção de parar mas continuou em direção de São José do Rio Preto; que o ônibus mantinha uma velocidade de 80 Km/h (Grifamos).

Como alegado no recurso que deu entrada na JARI – Junta Administrativa de Recurso e Infração (doc. 04), para retificação do Boletim de Acidente, não se pode em hipótese alguma, admitir que a vítima estava muito próxima à Rodovia e que por isso fora apanhada pelo ônibus, visto que, a referida rodovia naquele local, trata-se de uma avenida principal daquela cidade; não existe acostamento no local, semáforo, ou sequer lombada, mas sim sinais de advertência aos motoristas, tais como: faixas 60 Km/h – Pedestres e, por conseguinte, não existe outro lugar para os transeuntes ficarem a não ser onde se encontrava a vítima, ou seja, próximo da avenida (rodovia).

III – DOS DANOS

A vítima, embora pessoa idosa, possuía boa saúde, era sóbria e responsável, residia com sua filha, ora autora e (...)

Comentário sobre a Página 05

Nessa página, a autora, por seu procurador, repete a forma da ocorrência, invocando testemunhos. Isso, os testemunhos, será objeto de análise na fundamentação, de conformidade com as provas produzidas em juízo. Mas, para o relatório, não terão qualquer significado. No mesmo sentido temos quanto à alegação da existência de recurso administrativo ao JARI, posto que, como já dito, a conclusão da comissão de análise não possui significância para o deslinde da ação. O croqui, se confirmado (ou admitido pelas partes) pelas testemunhas, terá muita interferência no julgamento, na medida em que irá retratar as circunstâncias dos fatos.

No item III, da inicial a autora retrata sobre as consequências sofridas pela vítima, em decorrência do acidente. Mas, já foi registrado anteriormente sobre as despesas com as internações e sobre a morte da vítima. Portanto, referir-se sobre tal assunto novamente será desnecessário.

Desta página, assim, nada haverá de se registrar no relatório.

Página 06

(...) cuidava da casa e das crianças na sua ausência. No acidente, ao ser atingido pelo ônibus, além dos ferimentos mencionados, perdeu totalmente a capacidade motora, ficando impossibilitado de caminhar ou de qualquer movimento com os braços, necessitando de ajuda diuturna de enfermaria e cadeira de rodas, vindo a óbito, por fim.

A autora teve que colocá-lo em uma Casa de Repouso, arcando com três salários mínimos mensais, por um período de dois meses, além de medicamentos e internamentos periódicos no hospital (doc. 07).

JOSÉ DE AGUIAR DIAS "in" Arbitrariedade Nem Sempre Fica Impune – Assevera:

"A indenização do dano moral tem por finalidade ministrar uma sanção para violação de um direito que não tem denominados econômicos. Não é possível a sua rigorosa avaliação em dinheiro, pois não há equivalência entre o prejuízo e o ressarcimento. Quando se condena o responsável a reparar o dano moral visa-se de um processo imperfeito, mas é o único razoável para que o ofendido não fique sem uma satisfação pelo preço de sua dor profunda. No caso de dano moral, o dinheiro aparece como que indiretamente com objetivo único de propiciar ao lesado, com sua ajuda e por meio dele, algo que possa amenizar a sua angústia e os seus sofrimentos morais".

Comentário sobre a Página 06

Nessa página, prossegue a autora dizendo sobre as despesas havidas com a internação da vítima, ao custo mensal de três salários mínimos, conforme documento nº 07.

Aqui tem-se relevância para o relatório no sentido de se fazer constar o valor das despesas, que é parte do objeto do pedido.

Traz a autora ensinamento doutrinário, registrando sua pretensão em receber, também, pelos danos morais. Embora tal pretensão esteja deslocada do pedido final, é um pedido e como tal deve ser encarado e, por isso, deverá constar do relatório, não como ensinamento doutrinário, mas, sim, como pretensão da autora. Entretanto, como tal pretensão está também registrada no item "f", adiante, é desnecessário seu registro agora.

Assim, teríamos no relatório quanto a essa página:

"Em decorrência nos ferimentos a autora dispendeu valores para o tratamento da vítima, no total de R$ 6.000,00 (seis mil reais), conforme documentos de fls. 08".

Página 07

IV – DOS FUNDAMENTOS JURÍDICOS

Inegavelmente, MM. Julgador, é obrigatório a todo condutor de veículo, em especial quando transitando em perímetro urbano, todos os cuidados relativos aos pedestres, sobretudo às crianças e aos idosos, isto em cidades com condições normais de trânsito; no caso em tela, com as condições apresentadas no local do acidente, os cuidados dos motoristas devem ser redobrados, fato que não ocorreu com o motorista empregado da ré, que, trafegando com excesso de velocidade para o local e sem cuidados essências à segurança de trânsito, ignorou a infeliz vítima andando às margens do meio-fio da Rodovia (Avenida Principal da Cidade), aguardando o momento para atravessá-la, vindo a atingi-la com a lateral direita do ônibus, evadindo-se em seguida sem prestar nenhum socorro à mesma.

Como já frisado, a Rodovia BR 36 corta todo o perímetro urbano da cidade de Poloni-SP, sem qualquer desvio, e isso por si só já é um fato lamentável, não obstante, todo esse trecho é totalmente desprovido do acostamento.

O motorista do ônibus passa diariamente pelo local transportando operários de Poloni para São José do Rio Preto-SP, e sequer teve o cuidado de reduzir a marcha de seu conduzido, ou observar a vítima que fazia menção de cruzar a via a fim de chegar até a sua residência, aguardando a passagem dos veículos. Observa-se, de acordo com o relatório da testemunha, que o choque do ônibus com a vítima não foi frontal, mas sim a lateral direita do ônibus que a atingiu.

Comentário sobre a Página 07

No item IV inicia a autora dizendo sobre a responsabilidade condutor do veículo, por sua imprudência, o que é relevante, pois foi com base na imprudência apontada que a autora invocou seu direito.

Continua a autora a impugnar a culpa ao condutor do ônibus, que atropelou a vítima com a lateral do ônibus, quando a mesma aguardava para transpor a pista. Inicia a invocação dos dispositivos legais que embasam seu direito.

Aqui, embora aparentemente tenha relevância o registro, o mesmo é desnecessário eis que já o fora feito na análise da página anterior.

E assim, prosseguiria o relatório:

"Imputou ao condutor do veículo da ré a culpa pelo ocorrido, ante a imprudência do condutor, que não tomou as cautelas necessárias, quando trafegava pelo local dos fatos, de bastante tráfego, inclusive de pedestres".

Página 08

A responsabilidade da ré está devidamente caracterizada pelos artigos:

186 do CCv... "Aquele que, por ação ou omissão voluntária, negligência ou imprudência, violar direito e causar dano a outrem, ainda que exclusivamente moral, comete ato ilícito."

949 do CCv... "No caso de ferimento ou outra ofensa à saúde, o ofensor indenizará o ofendido das despesas de tratamento e dos lucros cessantes até o fim da convalescência, além de algum outro prejuízo que o ofendido prove haver sofrido".

948 CCv "No caso de homicídio, a indenização consiste, sem excluir outras reparações: I- no pagamento das despesas com o tratamento da vítima, seu funeral e o luto da família;

É interessante frisar que a vítima embora não tivesse empregada e apesar da idade avançada, dispunha de boa saúde e disposição física e ajudava a Requerente a cuidar da casa.

Art. 932, inciso III do Código Civil: São também responsáveis pela reparação civil::

"III O empregador ou comitente, por seus empregados, serviçais e preposto, no exercício do trabalho que lhes competir, ou em razão dele".

Art. 37 inciso XXI, parágrafo 6º da Constituição Federal:

"... As pessoas jurídicas de direito público e as de direito privado *prestadoras de serviço público* responderão pelos danos que seus Agentes nessa qualidade, causarem a terceiros contra o responsável nos casos de dolo ou culpa" (Grifamos).

Comentário sobre a Página 08

Prossegue a autora com os dispositivos embasadores de sua pretensão.

Nessa página é relevante registrar, para o relatório, os dispositivos invocados, sem, contudo, transcrevê-los, apenas mencionando-os.

E o relatório prosseguiria assim:

"Embasou a autora sua pretensão nos art. 186, 948, 949, e 932, Nº III, todos do Código Civil e, ainda, no art. 37, inc. XXI § 6º, da Constituição Federal".

Página 09

– DO PEDIDO

Demonstrada de fato e de direito a procedência do pedido, requer-se digne Vossa Excelência julgar o presente feito condenando a ré nos itens abaixo com objetivo único da reparação dos danos sofridos pela Requerente:

a) Indenização de maneira objetiva da importância de R$ 5.041,00 (cinco mil quarenta e um reais), acrescida de juros e correção monetária a contar da data do acidente referente ao SEGURO OBRIGATÓRIO DO ÔNIBUS – DPVAT, que por negligência da ré encontrava-se vencido, impossibilitando a autora de receber a quantia *supra* da Cia. de Seguros. Tal pedido dispensa maiores considerações a respeito tendo vista que, sendo o Seguro Obrigatório, como o próprio nome diz, independe de culpa e visa amparar em parte a vítima em caso de atropelamento ou qualquer outro acidente, sendo de inteira responsabilidade do proprietário do veículo quando não é feito o recolhimento do mesmo (doc. 02).

b) Indenização de seis mil reais (seis mil reais), pagos pela autora, para internamento da vítima na Casa de Repouso, período de 11/07/2.018 a 20/08/2018 (doc. 07).

c) Indenização de R$ 1.031.28, pelo funeral da vítima (Conf. Nota Fiscal nº 111 – cópia anexa) (doc. 08).

Comentário sobre a Página 09

Nessa página a autora apresenta pedidos, item V, que serão objeto final de apreciação, com a sua procedência ou não. Portanto, todo e qualquer pedido registrado deve ser lançado no relatório. Caso ocorra um longo discurso, para a apresentação do pedido, é mister resumi-lo ao seu núcleo central. Assim, no item "a", diz sobre o recebimento do seguro obrigatório, porque o do ônibus estava vencido. As demais argumentações, quanto a ser ou não obrigado a tal pagamento, deverão ser analisadas na fundamentação. No item "b", pretende receber as despesas com o falecimento em casa de repouso, no total de seis mil reais (R$6.000,00), e com a funerária em R$ 1.031.28.

Assim, dessa página, restaria para o registro no relatório:

"Pretende o recebimento de R$ 5.041,00 (cinco mil e quarenta e um reais), referente ao valor do seguro obrigatório – DPVAT, que não fora recolhido pela ré, bem como o recebimento de seis mil reais (R$6.000,00), pelo internamento em casa de repouso, conforme documento de fls. 20, bem como de R$ 1.031.28, pelas despesas com o funeral".

Página 10

    d) Indenização de danos pessoais pela morte da vítima, convertida na importância de 1 (um) salário mínimo mensal no período de 7,09 anos de sobrevida média residual R$7.000,00(sete mil reais, conforme dados estatísticos, tornando-se por base a idade da vítima quando de sua morte, obtidos do livro *Ressarcimento de danos*, 4ª edição, página 382 de ANTÔNIO C. MONTEMOR do Tribunal de Alçada do Rio de Janeiro (doc. 05).

    e) Indenização de DANOS MORAIS a serem arbitrados por este r. Juízo;

    f) Honorários advocatícios à base de 20% sobre a condenação final.

    Requer ainda Vossa Excelência que seja oficializado o Hospital Santa Casa de São José do Rio Preto, à Rua Bananal, nº 523 – CEP 86010-450 – São José do Rio Preto-SP, na pessoa de seu representante legal, a fim de que forneça a este Juízo cópias autenticadas no prontuário da vítima durante a sua permanência naquele hospital, bem como laudos dos médicos que a atenderam, conf. doc. 03, junto;

    Para confirmação do alegado requer a produção de provas testemunhal, rol abaixo, bem como pela juntada de novos documentos e qualquer outro meio de prova em juízo admitida.

Comentário sobre a Página 10

Aqui, prossegue a autora com seus pedidos, inclusive de requisição de documentos, de produção de provas, inclusive orais, além da condenação à base de um salário mínimo por 7,09 anos pelos danos pessoais.

Como já dito, todos os pedidos devem ser registrados no relatório. Quanto à produção de provas, basta a mera menção, sem especificação, principalmente sobre os requisitados, uma vez que, as provas serão objetos de apreciação, quanto ao seu deferimento, oportunamente.

E então essa página seria assim registrada no relatório:

"Pleiteia, ainda, a autora, pelo prazo de 7,09 anos, além da condenação nos danos morais, bem como na sucumbência. Arrolou testemunhas, em número de quatro, com comparecimento espontâneo protestando por todos os meios de provas admitidos, juntamente com documentos".

Página 11

Rol das testemunhas que deverão ser ouvidas:

– CRISTIANO ALVES, bras., cas., do comércio, residente à Rua João Silva, nº 779, fundos, Poloni-SP (obs: testemunha a ser intimada por residir na Comarca).

– JOÃO MANOEL, bras., casado, mecânico, residente à Rua Benjamim Giavarina, nº 1.370, Poloni-SP (*idem* à anterior).

– FUJIRO TANAKA, bras., casado, auxiliar de enfermeiro, residente à Rua Pe. Vitoriano Valente, Poloni-SP, que comparecerá independentemente de intimação;

– APARECIDO NATAL, policial militar que deverá ser requisitado à autoridade superior na 2ª CIA de Trânsito – Batalhão da Polícia Rodoviária de São José do Rio Preto-SP.

VI. Dá se à presente, como valor de R$ 12.000,00 (catorze mil reais).

VII. A autora atravessa no momento difícil situação financeira, teve grandes dispêndios com o tratamento e funeral do pai, e não tendo condições de arcar com as causas judiciais do processo requer que lhe sejam concedidos os benefícios da ASSISTÊNCIA JUDICIÁRIA GRATUITA, nos termos da Lei 4.215/63, art. 90 *usque* 95, declarando, para todos os efeitos, ser pobre, para os fins da citada lei, assinando conjuntamente com esse subscritor.

VIII. Finalmente requer se digne Vossa Excelência mandar citar a ré, no endereço retro, na pessoa de seu representa legal, via correio, nos termos do Art. 246, I, do Código de Processo Civil, e Art. 247, do mesmo diploma legal, para que, querendo, contestar a presente, sob pena de revelia, para comparecer em audiência a ser designada por Vossa Excelência, com as advertências do Art. 250, II, 334 e 247 todos do CPC e ao final julgar a presente condenando a ré no pagamento de todos os danos sofridos pela autora, acrescidos de juros, correção monetária, honorários advocatícios e demais cominações legais.

Página 12

Termos em que,
P. Deferimento.
Poloni-SP, em 20 de fevereiro de 2.019

      OSCAR CANIZA
         advogado

CLARA DOS ANJOS

Comentário sobre as Páginas 11 e 12

Nessa página a autora suas testemunhas, que já foram mencionadas anteriormente, deu o valor à causa, requereu os benefícios da assistência judiciária e pediu a citação e a condenação nas verbas pleiteadas, acrescidas de juros e correção monetária.

No relatório teríamos o seguinte registro:

"Dando o valor à causa de R$ 14.000,00 catorze mil reais), requereu os benefícios da Assistência Judiciária, nos termos da Lei nº 1.060/50, o que foi deferido, pedindo a citação e a final condenação da ré, nas verbas pleiteadas, com os acréscimos legais da correção monetária e juros".

Página 13

REGISTRO
Registrei os presentes autos
Sob nº 16/01 fls. 154 do auto
Proposto Nº 08
    Em 28/02/2019
       Escrivão
DEPÓSITO DE CUSTAS
R$ ..... ISENTO .... igual
A .... % de .... VRC
   POLONI, 28/02/19

....
       ESCRIVÃO

Comentário sobre a Página 13

Lançou-se nessa página as certidões de registro e de depósito de custas, que restou sem preenchimento em face do pedido de assistência judiciária.

Nessa página nada há de relevante para se registrar no relatório.

Página 14

DOC. 01

CARTÓRIO PEDROSA OFÍCIO DE NOTAS E PROTESTOS
Av. Borbas Faves, 231 – Fone 258-4422 – POLONI-SP

ESTER PEDROSA
TITULAR

CÉLIO GAMA   ABRAÃO DA CRUZ
Oficial Maior   Empregado Juramentado

LIVRO Liv-135-P   FLS. fls-188

PROCURAÇÃO BASTANTE QUE FAZ: – CLARA DOS ANJOS, COMO ADIANTE DECLARA

SAIBAM quantos este público instrumento de procuração bastante virem que no ano do Nascimento de Nosso Senhor Jesus de dois mil e dezenove, aos vinte e oit0 (28) dias do mês de janeiro (01) do dito ano, nesta cidade e comarca de Poloni, Estado de São Paulo, em Cartório, perante mim, Tabeliã, compareceu como outorgante: – CLARA DOS ANJOS, brasileira, casada, do lar, residente em Poloni-SP, nascida em Poloni-SP aos 30-01-43, filha de Paulo dos Anjos e Celma dos Anjos, Ident. RG nº O.PPP.222/PR, reconhecida como a própria de que trato de mim e pela mesma me foi dito que por este público instrumento e nos termos de direito nomeavam e constituíram seu bastante procurador: – OSCAR CANIZA, brasileiro, casado, advogado, residente em Poloni-SP, com escritório profissional na cidade e comarca de Poloni, à Rua Anita nº 11, inscrito na OAB/PR sob nº 99.999 e CPF/MF KKK.444.000-88, a quem confere os mais amplos e especiais poderes (...)

Comentário sobre a Página 14

Foi juntada nessa página a procuração outorgada pela autora ao seu procurador.

Para o relatório, estando a parte devidamente representada, nenhuma relevância terá o registro da existência da procuração regular. Mas, caso inexistisse a procuração ou, se existente, com erros (por exemplo, o autor era um menor púbere e não houve a assistência por seu responsável – *art. 71 e 104, ambos CPC*), deveria ser determinada sua regularização, pena de extinção e, se essa ocorre-se, sem sombra de dúvidas que tal circunstância deverá constar do relatório. Mas, no nosso caso, é absolutamente desnecessária qualquer menção sobre a procuração que, embora necessária, acha-se perfeita e regular.

Página 15

(...) para o foro em geral, e os constantes da cláusula *Ad-Judicia*, podendo no desempenho do presente mandado propor e acompanhar ações, em qualquer juízo, instância ou tribunal, interpor todos os recursos legais, e cabíveis, reconvir, confessar, transigir, reconhecer a procedência do pedido, desistir, renunciar sobre o direito que se funda a ação, receber e dar quitação, nos autos e fora deles, celebrar acordos, transacionar, firmar compromisso, e substabelecer no todo ou em partes, como ou sem reserva de poderes, tudo com o fim especial de defender os direitos interesses dos outorgantes.

Assim o disseram do que dou fé e me pediram este instrumento que lhe li, aceitam e assinam dispensado as testemunhas instrumentárias de acordo com o provimento 88/93 da Corregedoria Geral da Justiça do Estado de São Paulo. Eu(a), (Ester Pedrosa), Tabeliã, a escrevi, subscrevo, e de tudo dou fé. D. 250,00 VRC. (aa.) CLARA DOS ANJOS. Nada mais. Transladada em seguida. Dou fé. Eu, _____, Tabeliã, a conferi, achei conforme, subscrevo, dato e assino em público e raso.

Em test. _____ da verdade.

TABELIONATO PEDROSA

Ester Pedrosa

TITULAR VITALÍCIA

CIC okl.111.000-99

POLONI – SÃO PAULO

Capítulo XVII – Da feitura da sentença com base em um processo completo   175

Comentário sobre a Página 15

É continuação da anterior, não merecendo qualquer registro.

Página 16

DOC. 04

ILMO. SR. COMANDANTE DA 2ª CIA. – SEÇÃO DE ACIDENTES BPRV – POLÍCIA RODOVIÁRIA DE SÃO JOSÉ DO RIO PRETO – SP.

PAULO DOS ANJOS, brasileiro, viúvo, aposentado FUNRURAL, residente à Rua Pe. Vitoriano Valente, nº 863 – fundos, Poloni-SP, por seu procurador "in fine" assinado (doc. 01), vem com fundamento no Art. 115 do RCNT, apresentar RECURSO contra a decisão da Comissão de Análise de Acidentes, no dia 21/07/2019, B.O. nº 585/98, expedido em 21/07/00, por essa Cia. de Trânsito, na JARI – Junta Administrativa de Recursos de Infrações, requerendo dessa digna autoridade a remessa do presente aquele órgão julgador para apreciação e julgamento do efeito.

Em termos assim,

A. Deferimento.

Poloni p/

São José do Rio Preto, em 19 de agosto de 2019

OSCAR CANIZA
P.P PAULO DOS ANJOS

Carlos Stoco
ASSIST. ADM. A. CR/DER
RG p.ooo.mmm-9 SP

Comentário sobre a Página 16

Aqui, a autora anexou com a inicial o comprovante de seu recurso administrativo para a Junta Administrativa de Recurso de Infrações. Ora, se a própria conclusão da comissão, no boletim de ocorrência, como já visto, não tem qualquer reflexo no deslinde da ação, menos ainda a existência de um recurso administrativo contra aquela decisão primária.

Portanto, também não merece qualquer registro.

Página 17

DER: 3º CR
N. do Protocolo: 122
DATA: 22/08/98 ICRA: 08:00
PEDRO MARTELOSO
NOME DO FUNCIONÁRIO
_____
ASSINATURA

1º Ofício de Notas de Poloni – SP
TABELIONATO PEDROSA

A presente fotocópia confere com o seu original.
Dou fé.
Poloni, 28/07/2019.

Em test. .... de verdade
....

Patrícia Rocha
Esc. Juramentada

Capítulo XVII – Da feitura da sentença com base em um processo completo

Comentário sobre a Página 17

Igualmente à página anterior, nenhum realce possui o recebimento protocolar do recurso administrativo, nem mesmo a autenticação da cópia anexada.

Página 18

Tábua de Sobrevivência do Município de São Paulo, conforme a mortalidade de 1969 a 1998

Homens e Mulheres

Idade Anos Completos	Probabilidade de Morte por 1.0000 Habitantes	Sobreviventes de 100.000 nascidos vivos	Óbitos teóricos	Vida média Resídua
66	37,2882	55.700	2.077	12,567
67	40,8959	53.623	2.193	12,035
68	43,8036	51.430	2.253	11,527
69	46,9180	49.177	2.307	11,032
70	50,2539	46.870	2.355	10,550
71	53,8269	44.515	2.396	10,082
72	57,6583	42.119	2.429	9,627
73	62,9601	39.690	2.499	9,186
74	68,7493	37.191	2.557	8,769
75	75,0707	34.634	2.600	8,380
76	81,9735	32.034	2.626	8,019
77	89,5153	29.408	2.632	7,691
78	91,4551	26.776	2.449	7,398
79	93,4369	24.327	2.273	7,092
80	95,4617	22.054	2.105	6,771
81	97,5303	19.949	1.946	6,433
82	99,6462	18.003	1.794	6,074
83	110,0293	16.209	1.783	5,691
84	121,4944	14.426	1.753	5,333
85	134,1541	12.673	1.700	5,002
86	148,1329	10.973	1.625	4,699
87	163,5717	9.348	1.529	4,429

Comentário sobre a Página 18

Aqui a autora juntou uma tabela sobre previsão de tempo de sobrevida, de conformidade com a idade da pessoa, de forma estimativa, apenas para realçar sua afirmação de que o falecido teria, ainda, 7,09 anos de sobrevida. Porém, tal matéria será objeto de discussão na fundamentação, sendo de todo desnecessário o registro de tal tabela, no relatório.

Página 19

1º Ofício de Notas de Poloni – SP
TABELIONATO PEDROSA

A presente fotocópia confere com o seu original.

Dou fé.

Poloni, 20/01/ 2.019.

Em test. .... de verdade

....

Patrícia Rocha

Esc. Juramentada

Comentário sobre a Página 19

Igualmente se diga quanto à autenticação do documento (tabela) juntado.

Página 20

DOC. 07

DECLARAÇÃO

Declaramos para os devidos fins e a quem possa interessar que recebi da SRA. CLARA DOS ANJOS, bras., casada, do lar, residente em Poloni-SP, a quantia de R$ – R$ 6.000,00 (seis mil reais), provenientes do pagamento, amplo, total e irreversível pela hospedagem do SR. PAULO DOS ANJOS, vítima de atropelamento, para tratamento e convalescência do mesmo, no período de 11/7 a 20/09/18, quando o mesmo veio a falecer.

Declaramos que foram ministrados no paciente diversos tratamentos e aplicações de medicamentos conforme orientação medica; sendo que a vítima estava totalmente imobilizada, necessitando de uma pessoa exclusiva a seu lado para ajudá-lo em qualquer movimento.

No referido pagamento estão incluídas as despesas de medicamentos.

São José do Rio Preto, 25 de 01 de 2.019.

CASA DE REPOUSO PARA IDOSOS

Rua da Pedra, 863

São José do Rio Preto-SP

OMAR RACHID (Prop.)

Coren nº 26.488

Comentário sobre a Página 20

Nesta página juntou a autora o comprovante das despesas com o internamento do falecido, na casa de repouso. É claro que tal documento terá importância fundamental para a apreciação do mérito, se lá se chegar. Porém, como documento juntado com a inicial, genericamente já referido, não há razão para ser novamente mencionado, ainda que especificamente, no relatório.

Página 21

```
Página 21 BO-595/00 – pág. 01
              ESTADO DE SÃO PAULO
           SECRETARIA DOS TRANSPORTES
       DEPARTAMENTO DE ESTRADAS E RODAGEM
        PMSP – BATALHÃO DE POLÍCIA RODOVIÁRIA

                                B.O. N°595/00
    DISTRITO RODOVIÁRIO           ENTREGUE
    BOLETIM DE OCORRÊNCIA          14/08/00
         N° 595/00            Funcionário responsável

RODOVIA BR 36        KM 129 + 500   DATA 11/07/00        DIA DA SEMANA Segunda feira
TRECHO Poloni – S.J. Rio Preto   MUNICÍPIO Poloni - SP
HORA DO ACIDENTE  18:30 hs.      HORA DO COMUNICADO 18:40   CHEGADA DO POLICIAL 18:50
COMUNICAÇÃO A DELEGACIA DE POLÍCIA DE Poloni

                        1 2 3                    1 2 3                    1 2 3
    CAMINHÃO          □□□      ÔNIBUS          □□□      MOTOCICLETA    □□
    CAMINHÃO - TRATOR □□□      MICRO - ÔNIBUS  □□□      MOTONETA       □□□
    TRICICLO          □□□      AMBULÂNCIA      □□□      BICICLETA      □□□
    VEÍCULO C/ BÓIA FRIAS □□□  CAMIONETA       □□□      TRATOR         □□□
    VEÍCULO ARTICULADO □□□     AUTOMÓVEL       □□□      TREM           □□□
    VEÍCULO CONJUGADO □□□      JEEP            □□□      HIPOMÓVEL      □□□
    PEDESTRE          □□□      ANIMAL          □□□      OUTRO          □□□

TOMBAMENTO □  CAPOTAMENTO □    INCÊNDIO □   IMERSÃO □   DESLIZAMENTO □
DERRAMAMENTO DE CARGA □   OUTRO □

  COLISÃO        AL/ARROAMENTO                    CHOQUE
  FRONTAL □ LONGITUDINAL □                        PONTE       □
  TRASEIRA □ TRANSVERSAL □                        BARRANCO    □
                                                  VEÍCULO PARADO □
  ATROPELAMENTO                                   CASA        □
       PARADO     □     NO ACOSTAMENTO      □     POSTE       □
  VÍTIMA ANDANDO  ■    SOBRE A PISTA DE ROLAMENTO □   ÁRVORE  □
       CORRENDO   □    CRUZANDO A PISTA       ■   OUTRO       □

  PAVIMENTO              CONDIÇÕES DA PISTA
                         FUMAÇA      □   ACOSTAMENTO INEXISTENTE ■
  ASFALTO       ■        SECA        ■   ACOSTAMENTO IMPRATICÁVEL □
  CASCALHO      □        MOLHADA     □   ACOSTAMENTO ASFALTADO   □
  TERRA         □        LAMACENTA   □   OBJETO NA PISTA         □
  AREIA         □        OLEOSA      □   BURACO NA PISTA         □
                         VIA EM CONST. OU REPAROS □  VARIANTES □  RAMPAS ■

  PISTA                  CONDIÇÕES TÉCNICAS          PERFIL
  SIMPLES    □           VIA ESTREITA □  TANGENTE ■  NÍVEL      □
  DUPLA      ■           PONTE        □  CURVA ABERTA □ DEPRESSÃO □
  TREVO      □           VIADUTO      □  CURVA FECHADA □ LOMBADA  □
                                                       RAMPA     □

  CONTROLE DE TRÂNSITO
  SINALIZAÇÃO VERTICAL □    SINALIZAÇÃO HORIZONTAL ■    SEMÁFORO □
       (placas)  (marcas e faixas)

  DADOS DO LOCAL DO EVENTO                TEMPO          LUZ
                                                         DIA       □
                                                         NOITE     ■
  LARGURA ÚTIL DA PISTA    07,00 metros                  LUAR      □
  LARGURA DO ACOSTAMENTO  inexistente      BOM     □     CREPÚSCULO □
  N° DE FAIXAS DE ROLAMENTO duas por sentido CHUVOSO ■   VIA ILUMINADA □
  AS FAIXAS SÃO MARCADAS   sim             NUBLADO □     VIA SEM
  AS PISTAS SÃO SEPARADAS  sim             NEBLINA □     ILUMINAÇÃO ■
  PELO QUE        faixas e catadióptros    OUTRO   □     OUTRA     □
  TIPO LOCALIDADE   comércio urbano
```

Página 22

```
Página 22                          BO 585 / 00  FLS. 02
NOME  PAULO DOS ANJOS                    SEXO  M           IDADE 78    COM FERIMENTOS
ANOS
ESTADO CIVIL  viuvo     NACIONALIDADE           PROFISSÃO
ENDEREÇO   Av. Caetano Munhoz da Rocha  n° 1000                         MÉDIOS
CONDUZIDA PARA  Hospital São Camilo   DE  Poloni
DADOS FORNECIDOS POR  Plantonista do Hospital
CONDUTOR  DO VEÍCULO  N°        PASSAGEIRO DO VEÍCULO N°     PEDESTRE   COM MORTE
```

```
NOME                                    SEXO         IDADE        COM FERIMENTOS
ESTADO CIVIL     NACIONALIDADE          PROFISSÃO
ENDEREÇO                                                           MÉDIOS
CONDUZIDA PARA                  DE
DADOS FORNECIDOS POR                                               COM MORTE
CONDUTOR  DO VEÍCULO  N°   PASSAGEIRO DO VEÍCULO N°   PEDESTRE
```

(repetição de campos de vítimas V, Í, T, I, M, A, S)

```
T  NOME CRISTIANO ALVES          IDADE 44      PROFISSÃO do comércio    ENDEREÇO
E  R. João Silva, 779, fundos    BAIRRO Total  CIDADE Poloni      ESTADO SP
S  ONDE SE ENCONTRAVA NA OCASIÃO DO EVENTO E O QUE FAZIA?
T  Auto Posto Novos Amigos – Próximo ao local dos fatos
E
M
U  NOME JOÃO MANOEL              IDADE 52      PROFISSÃO MECÂNICO       ENDEREÇO
N  r. Benjamin Giavarina, 1370   BAIRRO centro CIDADE Poloni       ESTADO SP
H  ONDE SE ENCONTRAVA NA OCASIÃO DO EVENTO E O QUE FAZIA?
A  Auto Posto Novos Amigos – Próximo ao local dos fatos
S
```

```
I  FORAM TIRADAS FOTOGRAFIAS NO LOCAL:   SIM            NÃO       POR QUEM
N  POLÍCIA TÉCNICA ESTEVE NO LOCAL:      SIM            NÃO       IML – SIM       NÃO
F  NOTIFICAÇÃO DO ACIDENTE  : V-1       V-2                       V-3
O  A R C      EXPEDIDOS     : V-1       V-2                       V-3
R           1 – CONDUTOR
M  DOC. RETIDOS 2 - VEÍCULO : V-1    1    2    V-2   1    2    V-3 1    1    2
E  GUINCHAMENTO             : V-1            V-2                  V-3
S  EMPRESA :                                          LOCAL:
```

```
A  NOME :APARECIDO DONIZETE                       RG 1.999.999 - SP
T  POSTO / GRADUAÇÃO: SD – QPM – 1 - 0    FUNÇÃO Policial Militar Rodoviário
.  LOCAL / DATA: POLONI – SP, 11 – 07 - 00                         ASS.
```

Página 23

```
┌─────────────────────────────────────────────────────────────┐
│   VEÍCULO  [LADO E]    VEÍCULO  [LADO E]   VEÍCULO [LADO E] │
│   Nº 1     [LADO D]    Nº       [LADO D]   Nº      [LADO D] │
├─────────────────────────────────────────────────────────────┤
│         INDICAR COM SETAS OS PONTOS DE AVARIAS E SOMBREAR   │
│                    1 2 3            1 2 3            1 2 3  │
│   FRENTE           □□□  ATRÁS       □□□  NADA SOFREU  □□□   │
│   FRENTE À DIREITA □□□  ATRÁS À DIREITA □□□ PEQUENA MONTA □□□│
│   FRENTE À ESQUERDA□□□  ATRÁS À ESQUERDA □□□ REGULAR MONTA □□□│
│   LADO DIREITO     □□□  LADO ESQUERDO □□□ GRANDE MONTA □□□  │
├─────────────────────────────────────────────────────────────┤
│                    CONDIÇÕES DOS VEÍCULOS                   │
│   DEFICIÊNCIA DE FREIOS    □□□  LUZ DEFICIENTE        □□□   │
│   DEFEITO NA DIREÇÃO       □□□  LUZES TRASEIRAS APAGADAS □□□│
│   PNEU(S) LISO(S)          □□□  SEM ESPELHO RETROVISOR □□□  │
│   PARABRISA OBSCURECIDO    □□□  VISÃO PREJUDICADA POR CARGA □□□│
│   SEM LIMPADOR DE PARABRISA □□□ OUTRA                 □□□   │
├─────────────────────────────────────────────────────────────┤
│   CONDIÇÕES DOS MOTORISTAS      EXAME ALCÓOLICO E           │
│   DEFEITO FÍSICO      □□□         TOXICOLÓGICO              │
│   SOB EFEITO DE TÓXICO □□□   V- RELATÓRIO Nº / EFETUADO POR │
│   EMBRIAGUEZ APARENTE □□□                       TEOR        │
│   HORAS ININTERRUPTAS DE VIAGEM □□□ V- RELATÓRIO Nº / EFETUADO POR│
│   V-1      V-2      V-3                         TEOR        │
├─────────────────────────────────────────────────────────────┤
│   VEÍCULO Nº 01                                             │
│   TIPO ÔNIBUS   MARCA SCÂNIA    MODELO III   ANO 90  COR BRANCA│
│   PLACA JB-P02P CIDADE BLUMENAU ESTADO SANTA CATARINA CATEGORIA│
│   MOTIVO VIAGEM TRANSP. PASSAGEIROS IPVA/ANO 2000 DPVAT Nº OK VALIDO ATÉ│
│   PROPRIETÁRIO ÁGUIA LTDA.              CPF/CGC 1.001/10    │
│   ENDEREÇO Av. Paraná, 1115             TELEFONE            │
│   CIDADE Poloni        ESTADO SP    SEGURO DA CARGA         │
│                        APÓLICE      NATUREZA DA CARGA       │
│                              DANOS = PARCIAL X    TOTAL     │
│   CONDUTOR MÁRIO LEITE    ENDEREÇO Rua Cândido Poloni, 10   │
│   BAIRRO           CIDADE Poloni ESTADO SP IDADE 55 SEXO M ESTADO CIVIL│
│   Casado  RG 7.778.887-9    UF SP  PGU Nº 03221393 CATEGORIA xDx│
│   LOCAL DA EXPEDIÇÃO Poloni-SP DATA 27-06-95 CARTEIRA NACIONA DE│
│   HABILITAÇÃO VÁLIDA ATÉ 17-06-2005                         │
│                                                             │
│   VEÍCULO Nº                                                │
│   TIPO         MARCA         MODELO        ANO    COR       │
│   PLACA        CIDADE        ESTADO        CATEGORIA        │
│   MOTIVO VIAGEM         IPVA/ANO  DPVAT Nº  VALIDO ATÉ      │
│   PROPRIETÁRIO               CPF/CGC                        │
│   ENDEREÇO                   TELEFONE                       │
│   CIDADE          ESTADO         SEGURO DA CARGA            │
│                   APÓLICE        NATUREZA DA CARGA          │
│                           DANOS = PARCIAL       TOTAL       │
│   CONDUTOR                       ENDEREÇO                   │
│               BAIRRO        CIDADE           ESTADO         │
│        IDADE  SEXO  ESTADO CIVIL   RG                UF     │
│   PGU Nº         CATEGORIA   LOCAL DA EXPEDIÇÃO             │
│   DATA           CARTEIRA NACIONA DE HABILITAÇÃO VÁLIDA ATÉ │
│                                                             │
│   VEÍCULO Nº                                                │
│   TIPO         MARCA         MODELO        ANO    COR       │
│   PLACA        CIDADE        ESTADO        CATEGORIA        │
│   MOTIVO VIAGEM         IPVA/ANO  DPVAT Nº  VALIDO ATÉ      │
│   PROPRIETÁRIO               CPF/CGC                        │
│   ENDEREÇO                   TELEFONE                       │
│   CIDADE          ESTADO         SEGURO DA CARGA            │
│                   APÓLICE        NATUREZA DA CARGA          │
│                           DANOS = PARCIAL       TOTAL       │
│   CONDUTOR                       ENDEREÇO                   │
│               BAIRRO        CIDADE           ESTADO         │
│        IDADE  SEXO  ESTADO CIVIL   RG                UF     │
│   PGU Nº         CATEGORIA   LOCAL DA EXPEDIÇÃO             │
│   DATA           CARTEIRA NACIONA DE HABILITAÇÃO VÁLIDA ATÉ │
└─────────────────────────────────────────────────────────────┘
            VEÍCULO E CONDUTORES
```

Página 24

B. O.   Nº 585/00   FLS Nº 04

DESCRIÇÃO DO FATO

Trafegava o veículo no sentido Poloni - S. J. Rio Preto, ao atingir km 129=500 da Br 36, atropelou o pedestre que na ocasião tentava cruzar a pista da direita para a esquerda.

O Croqui abaixo ilustra o local do evento, deixando de figurar o veículo, devido o seu condutor não ter percebido o atropelamento, sendo abordado no Posto Policial Rodoviário de Poloni.

Sinalização no local = Faixas e placa 60 /KM e pedestres.

Os primeiros socorros foram efetuados no Hospital São Camilo de Poloni e posteriormente encaminhado a S. J. Rio Preto.

Não foi possível detectar área de impacto, visto não haver vestígios no local, somente uma pequena mancha de sangue.

Não foram encontrados vestígios no ônibus.

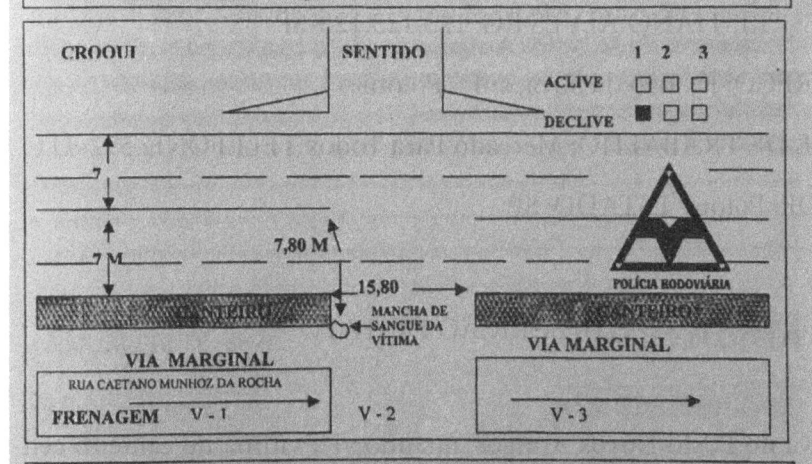

CROQUI   SENTIDO   1 2 3
                    ACLIVE ☐ ☐ ☐
                    DECLIVE ■ ☐ ☐

7 M   7,80 M
          15,80
          MANCHA DE SANGUE DA VÍTIMA
                                    POLÍCIA RODOVIÁRIA
VIA MARGINAL   VIA MARGINAL
RUA CAETANO MUNHOZ DA ROCHA
FRENAGEM   V - 1   V - 2   V - 3

Após analisar o presente acidente, a Comissão de Analise de Acidentes Fundamentada nos dispositivos do Regulamento do Código Nacional de trânsito chegou a seguinte conclusão :

Considerar o Condutor do veículo, isento de infração, motivado pela imprudência do pedestre.

Poloni-SP, 11 de julho de 2000.

Joaquim Castanheira
Presidente da comissão de Análise
De acidentes CR 2ºCIA. BPVR/SP
Poloni.000.KD1-9D9/SP

Claudionor Bianco
SOTO. QPM + 2JJ9-393 -SP
2ª CIA / POLONI

Página 25

ESTADO DE SÃO PAULO

DEPARTAMENTO DE ESTRADAS DE RODAGEM

BATALHÃO DE POLÍCIA RODOVIÁRIA

DECLARAÇÃO DE TESTEMUNHA

NOME: CRISTIANO ALVES RG: 123.123.123-SP

ENDEREÇO: R. João da Silva, s/n – Poloni

LOCAL DE TRABALHO: Mercado Para Todos TELEFONE: 592-1111

CIDADE: Poloni ESTADO: SP

DESCRIÇÃO DO FATO

... Estava no Posto Novos Amigos, quando vi a vítima no canteiro central para atravessar a rodovia, quando o ônibus atropelou, seguindo viagem. Auxiliei a socorrer a vítima ....

....

....

....

....

POSTO POLICIAL   ASS. TESTEMUNHA

Página 26

ESTADO DE SÃO PAULO
DEPARTAMENTO DE ESTRADAS DE RODAGEM
BATALHÃO DE POLÍCIA RODOVIÁRIA
DECLARAÇÃO DE TESTEMUNHA

NOME: JOÃO MANOEL RG: 321.321.321-SP

ENDEREÇO: Rua Clara Pereira, 789

LOCAL DE TRABALHO: Oficina Mecânica Dois Irmãos

TELEFONE: 592.222 CIDADE: Poloni ESTADO: SP

DESCRIÇÃO DO FATO

... Estava no Posto Novos Amigos, quando vi a vítima ali estava vendendo bilhetes de loteria, saindo para atravessar a rodovia. Quando a vítima estava junto ao canteiro central, ouvi um barulho e um grito, vendo a vítima caindo sobre a sarjeta, tendo o ônibus seguido viagem. Ajudei a socorrer a vítima ....

....
....
....
....

_____   _____
POSTO POLICIAL   ASS. TESTEMUNHA

Página 27

ESTADO DE SÃO PAULO
DEPARTAMENTO DE ESTRADAS DE RODAGEM
BATALHÃO DE POLÍCIA RODOVIÁRIA
DECLARAÇÃO DE TESTEMUNHA

NOME: MARCO AURÉLIO RG: 876.543.321-SP
ENDEREÇO: R. Papagaio, 44 – Poloni
LOCAL DE TRABALHO: Empresa de Transportes A Jato – Poloni-SP

DESCRIÇÃO DO FATO

... Estava no Posto Novos Amigos, abastecendo meu caminhão, quando percebi uma correria de pessoas, quando soube que a vítima havia sido atropelada por um ônibus, seguindo viagem ....
....
....
....
....

POSTO POLICIAL   ASS. TESTEMUNHA

Página 28

ESTADO DE SÃO PAULO
DEPARTAMENTO DE ESTRADAS DE RODAGEM
BATALHÃO DE POLÍCIA RODOVIÁRIA
DECLARAÇÃO DE TESTEMUNHA

NOME: ROSA MARIA RG: 567.345.123-SP

ENDEREÇO: Rua das Camélias, 44 – Poloni

LOCAL DE TRABALHO: Consultório Dentário Popular

TELEFONE: 592-444 CIDADE: Poloni ESTADO: SP

DESCRIÇÃO DO FATO

... Seguia viagem no ônibus e, quando chegamos ao Posto Rodoviário de São José do Rio Preto, fomos parados pela policial, que disse que o motorista do ônibus havia atropelado um idoso em Poloni..
....
....
....
....

_____   _____

POSTO POLICIAL   ASS. TESTEMUNHA

Página 29

ESTADO DE SÃO PAULO

DEPARTAMENTO DE ESTRADAS DE RODAGEM

BATALHÃO DE POLÍCIA RODOVIÁRIA

DECLARAÇÃO DE TESTEMUNHA

NOME: MÁRIO LEITE RG: 123.456.012-SP
VEÍCULO MARCA: Scania PLACA: JB p02p UF:SC
LOCAL DE TRABALHO: ÁGUIA – Ltda.
TELEFONE: 135.9999 CIDADE: Poloni ESTADO: SP

DESCRIÇÃO DO FATO

... Seguia no sentido Poloni a São José do Rio Preto quando, ao chegar no Posto Rodoviária de São José do Rio Preto, fui parado por um policial que disse que eu havia atropelado um senhor de idade, em Poloni. Quando passava por Poloni, conduzia o veículo a baixa velocidade, com atenção, tendo ouvido um pequeno barulho na traseira do ônibus, mas não notei nada de diferente, pois pensei que fossem os passageiros ......
....
....
....
....

_____   _____
VISTO POLICIAL   ASS. DO CONDUTOR

Comentário sobre as Página 21 a 29

Juntou a autora o Boletim de Ocorrência, com as declarações colhidas pelos policiais. Terão, é óbvio, sua relevância no julgamento da causa. Mas, como registro do relatório, igualmente antes referido, entram eles na afirmação genérica de que a autora juntou os documentos.

Página 30

DOC. 03

ISCAL

IRMANDADE DE SANTA CASA

RECEITA MÉDICA

RELATÓRIO

O Sr. Paulo dos Anjos foi atendido em 21/07/19 em coma GIII: traumatismo craniano, perda da visão do lado direito e 70% do lado esquerdo, fratura do antebraço e ferimentos generalizados nas pernas.

Regular alta em 14/09/19.

Dr. Joaquim Salvador

CRM. 99999 – CIC 11345678-90

Comentário sobre a Página 30

Aqui também se tem mais um documento, que foi incluído de forma genérica, anteriormente.

Página 31

DOC. 06

OFICIAL *VITALÍCIO* DE REGISTRO CIVIL
ÓBITO N° 100/00

   CERTIFICO que, às fls. 197v° .... do livro n° 02/c .... de Registro de Óbitos, foi lavrado .... hoje o assento de PAULO DOS ANJOS, falecido a 20 de 08 de 2018, às 22:47 horas, em domicílio à rua da Saudade n° 863, nesta cidade, sexo masculino, profissão – aposentado, natural de Poloni – SP, residente e domiciliado nesta cidade com 78 anos de idade, estado civil viúvo, filho de – ignorado, profissão ...., natural de ...., residente ...., e Dona – ignorado, profissão ...., natural de .... residente em .. ..

   Foi declarante Pedro Falabella, brasileiro, residente em .... nesta cidade, sendo o atestado de óbito firmado pelo Dr. Edson Beltrão, CRM 21.649, brasileiro, que deu como causa morte Parada Cardiorrespiratória e Senilidade, e o sepultamento feito no cemitério de Poloni, neste Estado ....

   Observações: O falecido era viúvo da Dona Maria dos Anjos, falecida em Poloni – SP deste Estado, deixou a filha: Clara dos Anjos, 45 anos. Não era eleitor, não deixa bens a inventar. Benefício n° 975.310. Nascidos aos 20.04.1922.

   O referido é verdade e dou fé.

   20 de setembro de 2019.

   Oficial

Comentário sobre a Página 31

Juntou nessa página, a autora, a certidão de óbito de seu pai que, como documento, também já foi referido genericamente, anteriormente.

Página 32

Página 32		doc. 08
	Organização Social e Luto	
	FUNERÁRIA SÃO FRANCISCO	
	MAURO SABIN	

Prestação de Serviços Sociais Urnas, Coroas Paramentação, Transladação Documentação, Carneiras Túmulos, Jazigos, Fotos Placas e revestimento em Geral.
PRAÇA FREI JARDEL, 635 - FONE: 123-4567 POLONI - SP

NOTA FISCAL V. CONSUMIDOR E MÃO DE OBRA

ICM **66666660-X** ---- CGC **77776548/0003-99**
3ª VIA SERIE D Nº**999**
POLONI, 30 de 09 de 2000

Ilma. Srª. **CLARA DOS ANJOS**
Rua : **Andradina** Nº 816 Cidade: **POLONI**
Estado: **SP**

Quan.	Unid.	Mercadoria Tributada	P. Unit.	TOTAL
.01...	....	..URNA FUNERÁRIA...............	....	1000.00
.12...	....	...VELAS................................	....	....30.00
.01...	....	....FITA..................................	....	1,28
....	....			
		SUB TOTAL		1031,28

Quan.	Unid.	Mercadoria Isenta	P. Unit.	TOTAL
....	....			
....	....			
....	....			
....	....			
		SUB TOTAL		....

Quan.	Unid.	MÃO DE OBRA	P. Unit.	TOTAL
....	....			
....	....			
....	....			
....	....			

	TOTAL GERAL	R$1.031,28...

Comentário sobre a Página 32

Aqui também se tem o comprovante das despesas funerárias, que também terá sua importância na fundamentação; porém, para o relatório, basta a sua referência genérica com a expressão *"juntou documentos"*.

Página 33

Citação. 275 CONCLUSÃO: –

Ao MM. Juiz Dr.

Ismair Roberto Poloni

Em 12/10/2019

Escrivão

AUTOS Nº 16/01 FLS. 33

Audiência de CONCILIAÇÃO para o dia 20/11/2019, às 14:00 horas, à qual deverão estar presentes as partes, para possível conciliação (art. 334 CPC).

Cite-se, na forma requerida, com as advertências sobre o disposto no art. 344, do CPC.

Defiro a Assistência Judiciária, nos termos da Lei 1060/50.

Depreque-se;

Intime-se.

Poloni, 12 de outubro de 2019.

ISMAIR ROBERTO POLONI
Juiz de Direito

RECEBIIMENTO: – Recebi os presentes autos em cartório nesta data.

ESCRIVÃO

Comentário sobre a Página 33

Tem-se nessa página a conclusão ao juiz e ao despacho inicial, que designou a audiência de conciliação, determinou a citação da ré e concedeu os benefícios da assistência judiciária.

A princípio, poderiam ser levadas a registro, no relatório, tais determinações. Mas, até então, não se sabe se houve ou não a citação, ou se houve não a conciliação. Por isso, essa parte do relatório ocorrerá após a citação regular da ré e após a realização da audiência de conciliação, para não se repetir desnecessariamente que foi determinada a citação e a ré foi citada às fls., ou foi designada a audiência de conciliação e, realizada aquela, às fls., resultou infrutífera.

Página 34

CERTIFICO: – Certifico e dou fé que expedi o mandado.
Poloni, 16/10/2019. EU
  Escrivão

CERTIDÃO DE PUBLICAÇÃO E PRAZO

Certifico que efetuei a INTIMAÇÃO do respeitável pronunciamento judicial de fls. *supra*, mediante publicação no DIÁRIO DA JUSTIÇA Nº 121212 DE 15/11/19, PÁG. 111.

Poloni, 16 de 10 de 2019.

ESCRIVÃO

Comentário sobre a Página 34

Tem-se o registro da certidão de intimação do despacho e da expedição do mandado, os quais não possuem relevância para o relatório, exceto se houve alguma irregularidade, o que deverá ser sanado.

Página 35

Juízo de Direito da Comarca de Poloni – Estado de São Paulo
Avenida Cândido Poloni, 100 – Edifício do Fórum – fone 234-1555 – CEP 21.280-000 – POLONI – SP – ESCRIVÃO

OFÍCIO N° 99/01 AUTOS N° 000016/01

PROCESSO DE INDENIZAÇÃO POR ACIDENTE

REQUERENTE: – CLARA DOS ANJOS

REQUERIDO: – ÁGUIA LTDA.

FINALIDADE: – CITAÇÃO ÁGUIA LTDA.

PELO PRESENTE, FICA V. SENHORIA CITADA, POR TODO O CONTEÚDO DA CÓPIA DA PETIÇÃO INICIAL ANEXA E DESPACHO PROFERIDO ÀS FLS. 24 DOS AUTOS SEGUINTES:

"Audiência de conciliação para o dia 20/11/19, às 14:00 h, à qual deverão estar presentes as partes, para possível conciliação (art. 277 do CPC). Cite-se, como requerido, com as advertências sobre o disposto no artigo 278, do CPC. Defiro a Assistência Judiciária, nos termos da Lei 1.060/50. Intime-se. Poloni, 15/02/19. a) Dr. Ismair Roberto Poloni, Juiz de Direito".

FICA AINDA V. SENHORIA ADVERTIDO DE QUE NÃO SENDO CONSTESTADA A AÇÃO NO PRAZO LEGAL, PRESUMIR-SE-ÃO ACEITOS COMO VERDADEIROS OS FATOS ARTICULADOS PELO REQUERENTE, DEVENDO COMPARECER À AUDIÊNCIA NA DATA SUPRADESGNADA, ACOMPANHADO DE ADVOGADO. POLONI, 20 DE DE 2.019.

ESCRIVÃO

DESTINATÁRIO CITANDO: ÁGUIA LTDA. AV. BRASIL, 1445 – POLONI – SP.

Comentário sobre a Página 35

Tem-se aqui a cópia da citação, enviada pelo correio, da ré, que nenhuma relevância possui, mas veremos seus reflexos na p. 39.

Página 36

CERTIDÃO: CERTIFICO QUE INTIMEI EM CARTÓRIO A AUTORA.

POLONI – SP, 15 DE OUTUBRO DE 2.019

ESCRIVÃO

JUNTADA

Em 15 de outubro de 2.019 junto aos presentes autos o expediente adiante.

_____   _____
     Escrivão   e/ou Func. Juramentado

Comentário sobre a Página 36

Meras certidões de intimação da autora e da juntada do comprovante de recebimento da citação pelo correio, sem necessidade de registro.

Página 37

```
ECT                AVISO DE RECEBIMENTO -    AVIS C5 (OBJETOS DESTINADOS AO EXTERIOR)
                   AR   OBJETO DE SERVIÇO
13/99 BRÉSIL            SERVICE DES POSTES       DE RECEBIMENTO     DE PAGAMENTO
                                                 DE RECEPCION       DE PAIEMENT

AGÊNCIA DE POSTAGEM / BUREAU DE DÉPÔT    Nº DO OBJETO/ Nº    DATA DA POSTAGEM / DATE DE DÉPÔT
POLONI - SP                              84935/00            15-fevereiro-00
```

NOME OU RAZÃO SOCIAL DO DESTINATÁRIO / NOM OU RAISON SOCIALE DU DESTINATAIRE
ÁGUIA LTDA

ENDEREÇO / ADRESSE
Av. Paraná, 1115

CEP / CODE POSTAL — 01010101-000
CIDADE E UF / LOCALITÉ ET PAYS — POLONI - SP

NOME OU RAZÃO SOCIAL DO REMETENTE / NOM OU RAISON SOCIALE DE L'EXPÉDITUR
CARTÓRIO DO CÍVEL E ANEXOS

ENDEREÇO PARA DEVOLUÇÃO / ADRESSE
Avenida CÂNDIDO POLONI, 123

CEP / CODSE POSTAL — 86.254-000
CIDADE / LOCALITÉ — POLONI
UF — SP
BRASIL

ASSINATURA DO RECEBEDOR / SIGNATURE OU DESTINATAIRE
ASSINAT. DO FUNCIONÁRIO / SIGNATURE DE L'AGENT

ASSINATURA DO REPRESENTANTE LEGAL DA FIRMA

**JUNTADA
EM 01/03/2001, JUNTO AOS PRESENTES
AUTOS O EXPEDIENTE ADIANTE, DIGO SUPRA**

Escrivão

Comentário sobre a Página 37

Aqui foi juntado o comprovante de recebimento da citação, pelo correio, da ré. Sua relevância vem na certeza de que, endereçada corretamente, foi válida a citação, o que, por ora, não será necessário registrar-se no relatório posto que, mais adiante, ao afirmarmos que a ré foi citada regularmente, estaremos vencendo todas essas etapas anteriores.

Página 38

Exmo. Sr. Dr. Juiz de Direito da Vara Cível da Comarca de Poloni – Estado de São Paulo.

RECEBIMENTO

EM 28/10/19, Recebi

estes Autos em Cartório

Processo nº 16/01

ÁGUIA LTDA., pessoa jurídica de direito privado, estabelecida à Av. Peru, nº 1.445, em Poloni, nos autos de ação de reparação de dano que lhe promove CLARA DOS ANJOS, por seu advogado, ut mandato incluso, na forma do § 2º do art. 278 do Código de Processo Civil, mui respeitosamente, à presença de V. Exa. vem requerer lhe seja deferida a realização da prova testemunhal, oferecendo o rol abaixo, que comparecerão independentemente de intimação, na forma da lei:

1) Marco Aurélio, brasileiro, casado, motorista, residente e domiciliado à Rua Tucanos, nº 434, Jardim Santo Amaro, em Poloni-SP;

2) Rosa Maria, brasileira, solteira, maior, secretária, residente e domiciliada à Avenida Carlos Pontes, 695, Parque Residencial Manella, em Poloni-SP;

3) Bores Trancoso, brasileiro, casado, borracheiro, residente e domiciliado à rua Andradina, 630 (Posto Senna), em Poloni-SP.

Página 39

4) Juvenal dos Reis, brasileiro, casado, encarregado de funilaria, residente e domiciliado à Avenida Arara, 1.249, em Poloni-SP.

J. aos autos, p. deferimento-

Poloni, 18 de outubro de 2019.

OSMAR PRATA – OAB-SP PE40

Comentário sobre as Páginas 38 e 39

Aqui, a ré juntou petição arrolando suas testemunhas, o que é relevante, inclusive para facilitar a localização de seu rol e, mais, com o seu comparecimento espontâneo nos autos, qualquer nulidade quanto à citação terá sido extirpada. Mas não será agora que iremos registrar o rol de testemunhas da ré posto que, se assim o fizermos, ficará um tanto deslocado pois antes de dizermos que a ré foi citada e que não houve conciliação, já estaremos dizendo que a ré apresentou a relação de suas testemunhas.

Página 40

PROCURAÇÃO

OUTORGANTE(S)

ÁGUIA LTDA., pessoa jurídica de direito, estabelecida à Av. Paraná, 1115, em Poloni – SP, inscrita N° CGC/MF N° 001010101/001 – e Inscrição Estadual, n° 23232323-567 – R

OUTORGADO(S)

DR. OSMAR PRATA, *brasileiro, casado, advogado, inscrito na OAB-SP, sobre n°* PE40, com escritório à R. Otto Gaerthner, n° 65, em Poloni – CPF n° 486.923.586-29

PODERES:

Os mais amplos e ilimitados contidos na cláusula "AD JUDICIA", para o foro em geral, podendo, onde com esta se apresentar(em), agindo em conjunto ou isoladamente, representar e defender os interesses e direitos do(s) outorgante(s) perante quaisquer Foros ou Tribunais; intentar ações cíveis ou criminais, acompanhá-las em todo os atos e termos; requerer quaisquer procedimentos, contenciosos ou não; requerer e processar medidas cautelares em geral; requerer execuções, falências e concordatas; requerer e acompanhar inventários, partilhas e sobrepartilhas, preferindo a forma do Arrolamento; concordar, discordar, transigir, receber, dar quitação; confessar; desistir; firmar acordos; recorrer de quaisquer decisões ou sentenças; representar e acompanhar seus interesses em repartições públicas ou instituições financeiras, públicas ou privadas; e específicos para promover a contestação de ação de ressarcimento de danos proposta por Clara dos Anjos, na comarca de Poloni – SP, inclusive substabelecer.

Poloni, 20 de outubro de 2019.

Comentário sobre a Página 40

Como no caso da procuração da autora, a da ré, se regular também não merecerá qualquer registro no relatório.

Página 41

TERMO DE AUDIÊNCIA DE CONCILIAÇÃO Nº 12/01
Autos nº 0000016/01 DE INDENIZAÇÃO POR ACIDENTE
Autora: CLARA DOS ANJOS – presente
Advogado: OSMAR CANIZA – presente
Ré: ÁGUIA LTDA. Presente
Procurador: OSMAR PRATA
Data: 20/11/2019, às 14:00 h.
Juiz: DR. ISMAIR ROBERTO POLONI

    CONCILIAÇÃO: NÃO HOUVE. Pela ré foi informada nesta oportunidade sua contestação e documentos, manifestando-se a autora sobre as preliminares e documentos, nos seguintes termos: MM. JUIZ, Incabível a suspensão do curdo da ação civil, até o julgamento da ação penal ante a independência entre as mesmas. Embora não tenha a empresa ré lançado na sua alegação da carência de ação, pela falta de interesse de agir no início, verifica-se no capítulo "Da Indenização Pretendida", assim ter alegado. Porém, melhor sorte não lhe resta, posto que a autora dependia dos auxílios financeiros do falecido, o que se provará. Os documentos apresentados não repelem a pretensão da autora. A seguir, pelo MM. Juiz foi designada audiência de Instrução e julgamento para 20/12/2.019. Sobre as preliminares, manifestou-se a autora: MM. Juiz, improcede a pretendida suspensão do curso da ação civil, ante a existência da ação criminal. A culpa civil, que admite, inclusive, concorrência, não depende da apuração da culpa criminal, que não admite concorrência. Ademais, nada há nos autos a comprovar exista ação criminal sobre o fato. Rejeito, pois, referida preliminar. Igualmente improcede a alegada inépcia, por não terem sido expostos minutenmente os fatos e os fundamentos jurídicos, para se pleitear a constituição de capital. A inicial está deveras clara em sua exposição e pretensão. Referentemente à alegada carência, por falta de interesse de agir, verifica-se que a sua contestação é dependente da produção de provas, pelo que, oportunamente, será apreciada. Discutidos os pontos controvertidos, estabeleceram-se os mesmos como (...)

Página 42

(...) sendo: 1º, de quem teria sido a culpa para o malsinado evento; 2º se a autora era ou não dependente, economicamente, do falecido, sendo que as demais questões independem de provas orais para a sua apreciação. Dispensaram as partes as requisições dos prontuários de atendimento da vítima, nos hospitais de Poloni e São José do Rio Preto, pois são impertinentes, uma vez que não se pleiteiam verbas dispendidas naqueles nosocômios. Quanto à requisição feita à casa de repouso, também a dispensou a ré, ante o documento juntado às fls. Designo o dia 28 de janeiro de 2.020, às 14:00 horas, para audiência de instrução e julgamento, determinando o comparecimento das partes, para depoimento pessoal, pena de confissão, trazendo as partes as testemunhas, independentemente de intimação, como requerido, ficando desde já intimadas as partes. – Nada mais. Eu, escrivão, digitei e subscrevi.

ISMAIR ROBERTO POLONI
Juiz de Direito

pp. OSMAR CANIZA　　　　　CLARA DOS ANJOS
Advogado Autora　　　　　　Autora

RÉ – preposto　　　　　　　OSMAR PRATA
　　　　　　　　　　　　　　Advogado Ré

Comentário sobre as Páginas 41 e 42

Temos aqui o Termo de Audiência de Conciliação, a qual resultou negativa e, apresentada a defesa, falou sobre a mesma a autora e, na sequência, apreciou o juiz sobre as preliminares, sobre as provas e sobre os pontos controvertidos. E aqui, então, faríamos o registro sobre o despacho inicial, nestes termos:

"Regularmente citada, compareceu a ré à audiência de conciliação que resultou infrutífera, apresentando sua defesa, arguindo preliminares sobre a suspensão do processo, até julgamento da ação penal; a inépcia da inicial pela falta dos fatos e fundamentos, as quais foram rejeitadas. Quanto à pretendida carência da ação, a mesma, por ser dependente de prova, será apreciada oportunamente. Juntou documentos, sobre os quais manifestou-se a autora, naquela mesma oportunidade"

Note-se que, pela ordem, inicialmente é proposta a conciliação entre as partes. Se esta não é possível, deve ser apresentada a defesa, com oportunidade de manifestação pela autora. Como houve preliminares, devem ser as mesmas apreciadas pelo juiz, na mesma audiência, desde que a matéria seja exclusivamente de direito, antes mesmo de se registrar o teor da defesa meritória do réu. Se, por outro lado, a matéria alegada em sede de preliminar estiver ligada às provas a serem produzidas, somente poderá ser apreciada por ocasião do julgamento final.

Página 43

Exmo. Sr. Dr. Juiz de Direito da Vara Cível da Comarca da Poloni – Estado de São Paulo

RECEBIMENTO

EM 20/11/19, Recebi

estes autos em Cartório

Processo nº 16/01

ÁGUIA LTDA., pessoa jurídica de direito privado, estabelecida à Av. Peru, nº 1.445, em Poloni, por seu advogado, inscrito na OAB_Pr. sob nº PE40, atendendo profissionalmente à rua Cândido Poloni, nº 65, em Poloni, onde recebe intimações, nos autos de ação de reparação de danos que lhe promove CLARA DOS ANJOS, mui respeitosamente, à presença de V. Exa. vem apresentar sua CONTESTAÇÃO, para tanto expondo e requerendo o seguinte:

1. Preliminarmente

SUSPENSÃO DO PROCESSO CÍVEL ENQUANTO NÃO DECIDA A AÇÃO PENAL.

Página 44

A autora atribui a culpabilidade pelo acidente à ré, daí a ação contra esta. Mas não comprovou, de maneira eficaz e convincente, tivesse ela concorrido para o infausto acontecimento.

Com efeito, o veículo da ré seguia sua mão de direção, sobre a pista de rolamento, mas a conduta da vítima, invadindo o leito carroçável, criou situação de inevitável atropelamento.

Não fosse isso, tratava-se de pessoa idosa e débil, não podendo sair desacompanhada, mormente na travessia daquela artéria de trânsito rápido.

Como se vê, a autora inverteu a culpa, atribuindo responsabilidade à ré.

A responsabilidade civil é independente da criminal quando não está questionada a existência de fato e sua autoria. É o que se depreende da parte final do artigo 935, do Código Civil Brasileiro.

Mas não é o caso dos autos, em que o ponto central da demanda é apurar quem deu causa ao acidente.

Logo, urge seja sustado o processo cível até que se sobrevenha julgamento em definitivo em Juízo Criminal.

E, na verdade, assim deve ser porque, se em processo criminal instaurado contra o condutor não for declarada sua culpabilidade, não há como prosperar a ação cível da autora, nos termos em que foi postulada.

Comentário sobre as Páginas 43 e 44

Aqui, a ré apresenta sua contestação, arguindo, preliminarmente, a suspensão do processo cível, enquanto não decidida a ação penal. Inicialmente é de se observar que a contestação foi tempestiva, posto que ofertada na própria audiência de conciliação. Quanto à referida preliminar (processual dilatória), deve ser registrada, sinteticamente, no relatório, como já realizado nos comentários às pp. 41 e 42.

Página 45

2. Mérito

IMPROCEDÊNCIA DO PEDIDO

Para justificar a procedência da ação, argumentou a autora que houve culpa do preposto da ré, daí a obrigação de indenizar.

Mas, quando se pede indenização, deve-se ter em mente que:

"O fundamento do direito não é o simples fato do réu, mas o fato culposo ilícito. Logo, cabe ao autor provocar culpa e não ao réu ausência de culpa" (Giuseppe Chiovenda, in *Instituições de Direito Processual Civil*, vol. II, p. 385, nº 278, 3ª ed., Saraiva, 1969).

O renomado civilista WASHINGTON DE BARROS MONTEIRO ensina que:

"Nosso código manteve-se fiel à teoria subjetiva. Em princípio, para que haja responsabilidade, é preciso que haja culpa; sem prova desta, inexiste obrigação de reparar o dano" (*Curso de Direito Civil*. "Direito das Obrigações", 2ª parte, Saraiva, 1985, p. 398).

Página 46

Igualmente, a jurisprudência é remansosa e abundante, no sentido de que:

"Sem prova de culpa atribuída ao réu, relacionada como o fato danoso, improcedente é o pedido" (Ac. un. Da 5ª Câm. Cível de 27.11.62. T.J. do Rio de Janeiro, ex. GB., in *Revista de Jurisprudência* 6/295).

E mais:

"Um dos pressupostos do dever de indenizar é a culpa do causador do dano" (Ac. do 1º TA do Rio de Janeiro, in *Boletim de Jurisprudência* nº 51492/1977).

Assim, para que a autora faça jus à indenização pretendida, deverá, primeiro, comprovar a culpa da ré.

Realmente, o causador de um ilícito tem sempre o dever de compor o prejuízo causado. A prática de um ato lesivo gera, como consequência, a obrigação de reparar o dano. Mas o ofendido somente pode pleitear a reparação se comprovar que a tal lesão sofrida se deu por ação culposa do agente.

"O deferimento da reparação, de acordo com os princípios legais que disciplinam a responsabilidade civil, depende de que o fato gerador seja normalmente imputável ao seu autor, isto é, que se origine de sua vontade determinada, ou de sua atividade consciente. Por isso, completa WASHINGTON DE BARROS MONTEIRO:

Página 47

"Na ausência de culpa, não se presume, improcederá o pedido de composição do dano formulado pela vítima" (*Revista dos Tribunais*, 538/72).

In casu, a autora tenta inverter as posições, atribuindo a culpa pelo acidente à ré, mas se esquece de que contra sus argumentos existem conclusivos informes probatórios da verdadeira ocorrência, consubstanciados no levantamento efetuado pela Polícia Rodoviária, cujo B.O. foi trazido com a inicial.

Comentário sobre as Páginas 45 a 47

Inicia a ré defesa de mérito, às fls. 46 a 48, dizendo que compete à autora a prova da culpa imputada ao empregado da ré, que não pode ser presumida. Tal fato é relevante e deve constar, resumidamente no relatório:

"No mérito, disse a ré não ter havido culpa, cabendo à autora a prova da imputação, que não se presume".

Página 48

3. HISTÓRICO DOS FATOS

No dia 11.07.19, seguia o veículo da ré pela BR-36, Km 129, imprimindo velocidade compatível com a segurança do local, quando o condutor vislumbrou a vítima cerda de 20 ou 30 metros, posicionando-se ela antes do canteiro lateral, que existe à margem da rodovia. Pela sua experiência de motorista profissional de longos anos, julgou que a mesma fosse aguardar a passagem do ônibus, eis que ainda não tinha alcançado o canteiro. Entretanto, por sofrer das faculdades mentais, a vítima sequer se apercebeu do coletivo, continuando seu trajeto, com intuito de atravessar a rodovia, chocando-se com a lateral direita do veículo, caindo para trás, batendo com a cabeça no meio-fio.

O ônibus se locomovia sobre a pista do rolamento, não sendo verdade que transitava sobre o meio-fio. A vítima é que, inopinadamente, ingressou no leito carroçável, dando causa ao atropelamento.

A própria autora, em sua inicial, é confusa, dando três versões a respeito. Vejamos:

a) historiando os fatos, diz que a vítima "aguardava junto ao meio-fio...";

b) ao se referir sobre o depoimento testemunhal prestado no Inquérito Policial informa que "... a vítima ia andando...";

Comentário sobre a Página 48

Aqui a ré faz seu histórico sobre os fatos, no sentido de que a vítima, debilitada mentalmente, não aguardava a passagem do ônibus e acaba por chocar-se contra o mesmo, sendo assim, sua exclusiva culpa. E no relatório teríamos:

"Disse ainda ter sido a culpa exclusiva da vítima, que não aguardou a passagem do ônibus, vindo a se chocar contra o mesmo"

Página 549

c) a seguir, registra: "... quando a vítima saía de um canteiro ali existente e fora atingida pela parte lateral direita do ônibus..."

Como se vê, a peça exordial não traz informes conclusivos a respeito da verdadeira posição da vítima, chegando ao absurdo de afirmar que está fora atingida pela parte lateral do coletivo, como se este se locomovesse lateralmente, como o caranguejo!

A Polícia Rodoviária esteve no local, logo em seguida, procedendo o levantamento para a confecção do Boletim de Ocorrência, em cuja decisão concluiu pela culpabilidade do pedestre (doc. anexo).

Não há dúvidas quanto à validade dessa peça administrativa, que levantou, com precisão, todos os dados sobre o evento, mormente quanto a ausência de frenadas e, portanto, à baixa velocidade do coletivo, gráfico do local, relação de testemunhas e, sobretudo, o registro de que, na verdade, a vítima precipitou-se na lateral do veículo quando este passava pelo local.

Por isso, é de vaidade incontestável o bem elaborado Boletim de Ocorrência, impondo sua integral aceitação como verdade formal dos fatos e prova suficiente para determinar o convencimento do Magistrado quanto à culpa exclusiva do pedestre.

"RESPONSABILIDADE CIVIL – Acidente de Trânsito – Decisão Administrativa – valor probante". Goza a decisão administrativa do trânsito de presunção de verdade dos atos jurídicos em geral. Não sendo, pois, ilidida por antiprova cumprida, prevalecendo o efeito de determinar a responsabilidade civil em acidente de veículos" (TAPR, ap. 156/77 – 1ª Câm., ap. Eberhard Fischer e outros, apelados Giannina Corso e outra – j. em 13.04.77, rel. Juiz Nunes do Nascimento – un., RT 505/233).

Comentário sobre a Página 49

Prossegue a ré em sua versão, dizendo ser sustentada pelo laudo da Polícia Rodoviária. O que já vimos não ter qualquer interferência na apuração dos fatos, máxime por não estabelecer o provável ponto de impacto. Sem necessidade, pois, de registro no relatório.

Página 50

4. Realmente, a vítima era pessoa idosa, debilitada mentalmente e carecia de cuidados especiais dos seus familiares. Sofria das faculdades mentais, acometido de constantes delírios, durante os quais ficava possesso e em absoluta exacerbação pelo mínimo motivo; outras vezes clamava, em alto brados, pelo nome de "Armando", um dos seus filhos que se encontrava no Japão. Nesse estado de absoluta patologia, procedia de forma brutal, animalesca não somente contra as outras pessoas, mas também contra si próprio, lançando-se à travessia da rodovia, sem o menor cuidado com o trânsito, obrigando os motoristas a perigosas manobras para evitar seu atropelamento.

"Verificando-se o atropelamento e a morte de pura obra de fatalidade, com a vítima adentrando, inadvertidamente, à pista de rolamento, nenhuma culpa pode ser atribuída ao acusado, posto que não poderia antever ou evitar o desastre" (Manoel Messias Barbosa, in *Delitos do automóvel*, 2ª ed., Livraria e Editora Universitária de Direito Ltda., 1985, p. 53).

A conduta da vítima levaria, em mais ou menos tempo, a esse infausto resultado, já que, para os motoristas, especialmente para o preposto da ré, era impossível prever sua reação, evitando o acontecimento, dada a imprudência com que se ouve a vítima, fato que assumiu os contornos de verdadeiro caso fortuito.

"Em recurso, a que deu provimento, por maioria, decidiu o tribunal: era impossível ao motorista o fato necessário do atropelamento, nas circunstâncias mencionadas. A grave imprudência do pedestre assumiu, em relação ao motorista, os contornos de verdadeiro caso fortuito, para excluir sua obrigação ..." (TJSP, Young da Costa Manso, rel. Rev. de Jurisprudência do TJSP, vol. 50, pp. 163-5, in *Anuário de jurisprudência incola* 1978, p. 103).

Página 51

Em conclusão, não se pode imputar ao preposto da ré a menor imprudência ou imperícia ao volante do coletivo, uma vez que a culpa pelo evento deve-se, exclusivamente, à irresponsabilidade da vítima, decorrente de sua insanidade, em lançar-se à travessia da artéria sem aguardar a passagem do volumoso veículo, chocando-se em sua lateral.

Por isso, a ré não deve qualquer reparação à autora. Aliás, aplica-se aqui o antigo princípio romano: *Quod quis ex sua culpa dannum sentit, non intellegitur dannun sentire* – "É princípio da razão que o dano que um sente por própria culpa não é ressarcível" – RT 674/106.

Comentário sobre as Páginas 50 e 51

A ré, para fundamentar sua tese, ataca a condição pessoal da vítima, para justiçar a inversão daquela sobre a pista de rolamento. E tal fato tem relevância pois é da defesa da ré a arguição de culpa exclusiva da vítima. E se restar provado que a vítima era debilitada e que, por sua própria ação, adentrou na pista de rolamento, é claro que haverá a isenção de culpa ainda que em parte, da ré (há a possibilidade de culpa concorrente se, por exemplo, o ônibus seguia à velocidade excessiva para o local). E assim seria registrado:

"Afirmou a ré que a vítima, possuidora de debilidade mental, não aguardou a passagem do ônibus, entrando no leito carroçável, havendo a colisão por culpa exclusiva"

Página 52

5. DA IDONEIDADE DO PREPOSTO DA RÉ. MOTORISTA EXPERIENTE

O preposto da ré é motorista experiente, dirigindo coletivos durante muitos anos.

No dia dos fatos, imprimia velocidade moderada em seu conduzido, mormente por seu veículo de passageiros e por transitar em perímetro urbano, tanto assim, que nem ao menos houve sinais de frenagem. Não obstante, a pista, na qual ocorreu o acidente, trata-se de artéria federal, denominada "Rodovia Peixoto – BR-36", de intenso tráfego e trânsito rápido. E, nessas condições, ainda que o evento pudesse ter sido evitado, se o veículo transitasse em menor velocidade, a ré não poderia ser responsabilizada, pois ao de *de cujus* cabia tomar as cautelas no sentido de atravessar a via com segurança.

"Nas sentenças permanece a presunção de que os motoristas estão imprimindo aos seus veículos o máximo de velocidade permitida, pelo que cabe às vítimas do atropelamento, além da máxima cautela para transpor a rodovia, o ônus de provar a culpa exclusiva ou concorrente de seu atropelador" (MANOEL MESSIAS BARBOSA, in obra citada, p. 49).

"RESPONSABILIDADE CIVIL – Acidente de Trânsito".

"Atropelamento em rodovia de intenso movimento – Culpa do motorista não demonstrada. Presunção de falta de cuidado da vítima – Ação de indenização improcedente" (RT 597/211).

Comentário sobre a Página 52

Nessa página a ré isenta de responsabilidade seu empregado dizendo, inclusive, ser profissional bastante experiente, sendo que a preferência de tráfego, na rodovia, é do veículo e não do pedestre. E o relatório assim seria:

"Disse também que, com toda a experiência do condutor do ônibus, caberia à vítima aguardar o momento oportuno para transpor a pista asfáltica"

Página 53

6. DA INDENIZAÇÃO PRETENDIDA

A autora não tem direito à indenização requerida (letras "d" e "f" da inicial), eis que trata-se de pessoa com atividade e economia próprias, casada há muitos anos e, desde então, não mais vivendo sob a dependência do *de cujus*. O direito à pensão resulta do estado de dependência econômica, não se podendo deferi-la àqueles com recursos ou com renda própria independente. É com base nesses fundamentos que nossos cortes limitam a pensão, no caso do menor, por exemplo, até os 25 anos, quando então presumivelmente se casaria e passaria a receber remuneração própria, fruto de seu trabalho. No caso dos autos era o contrário, a vítima é quem vivia às expensas da autora.

A inicial não cogitada da dependência econômica, tampouco faz prova da aposentadoria rural da vítima como contribuição para a manutenção da autora, o que se conclui pela independência econômica desta, que está estabelecida comercialmente em Poloni e não dependia materialmente do falecido.

Pressuposto para o ressarcimento é o dano. Se não havia dependência econômica, *in casu*, não há dano material suscetível de ressarcimento, falecendo a autora de interesse econômico processual.

Não fosse isso, a autora falseia a verdade, afirmando que a vítima era aposentada do Funrural, contradizendo-se depois ao dizer que a mesma estava desempregada!

É sabido que:

"O que se procura na indenização é manter o *status quo* anterior ao evento danoso" (Revista Forense, vol. 195/75).

Comentário sobre a Página 53

Nessa página a ré ataca a indenização pretendida, pois a autora não vivia na dependência econômica de seu falecido pai, eis que estabelecida economicamente em Poloni e nem provou fosse o mesmo aposentado. Aqui também temos a pertinência quanto à tese da defesa, devendo sofrer o necessário registro no relatório:

"A autora não dependia economicamente do falecido, não tendo qualquer direito à indenização pretendida"

Página 54

E ainda mais:

"É certo que o infortúnio não pode transformar-se em fonte de enriquecimento..." (Revista Forense, vol. 174/218).

Há necessidade, pois, para que seja reconhecido qualquer direito da autora, que ela demonstre, de forma clara e incontroversa, o *quantum* e com o de cujus contribuía para seu sustento, pois *ônus probandi incombit ei qui agit*.

Comentário sobre a Página 54

Prossegue a ré na tese da independência econômica da autora em relação ao falecido. E aqui vale um registro. Embora não tenha a ré arguido tal tese em sede de preliminar, é aquela, na verdade, uma preliminar processual peremptória. E isso porque, faltando o nexo de causalidade, isto é, não havendo a relação de dependência econômica entre a autora e seu falecido pai, carece a mesma do interesse de agir. Muito embora não tenha sido corretamente lançado na defesa, ao juiz caberá observar e apreciar a argumentação não como tese de defesa de mérito, mas sim como preliminar processual peremptória. Como não foi dito especificamente, pela ré, em sua defesa, tratar-se de uma preliminar, seu registro será de forma genérica.

"Arguiu a carência da ação, por inexistir nexo de causalidade entre a autora e o falecido, quanto à dependência econômica daquela em relação ao falecido pai".

Página 55

8. DO TEMPO DE VIDA

Mesmo que devida fosse qualquer indenização (o que se contesta e rejeita com todas as letras), não seria pelo tempo de vida proposto pela autora.

A "Tábua Biométrica" de Hunter, que admite tempo médio de vida de 65 anos, se baseia pela média de vida do Reino Unido, Suíça, Estados Unidos e outros países do "Primeiro Mundo", onde a longevidade é bem maior que a média paranaense, que não chega a esse número.

Dessa forma, a indenização é indevida, seja porque a autora limitou a idade do *de cujus* em 85, 09 anos a mais do que a idade da vítima, quando a média brasileira não chega a 65, seja porque ao falecer a vítima contava com 78 (setenta e oito) anos e não gozava de boa saúde. Era debilitado e demente, conforme se provará fartamente. Aliás, o próprio atestado de óbito dá como uma das *causa mortis* a senilidade (fls. 21).

9. DANO PATRIMONIAL E MORAL. CUMULAÇÃO INCABÍVEL

Pretende a autora, ainda, reparação de dano moral, que é indevida por já ter pleiteado a de dano patrimonial.

A orientação do STF permanece fiel à tese de que, no que se refere à indenização pela perda da vida humana, aplica-se o dispositivo no artigo 948 do Código Civil, no qual não se contempla o dano moral. De sorte que, ocorrendo condenação em pensão alimentar a título de lucros cessantes, absolutamente repelida é a conjugação de dano moral.

Comentário sobre a Página 55

Aqui, se a ré acata o tempo de sobrevida que poderia ter o falecido, dizendo que a tabela juntada diz respeito às pessoas do "Primeiro Mundo", além de o falecido, na ocasião dos fatos, contar com 78 anos e não gozar de boa saúde, tanto que o óbito atestou como causa morte e senilidade.

Sem dúvida que tal matéria é de relevância para a defesa e deve ser levada a registro:

"Disse ser impossível indenizar-se a autora pelo tempo pretendido, posto que o falecido já contava com 78 anos de idade e não gozava de boa saúde, sendo que foi dada como causa morte a senilidade".

Disse ainda, na mesma página, ser impossível cumular-se a indenização pelo dano patrimonial com a do dano moral, o que também tem relevância:

"Afirmou serem inacumuláveis os danos morais com os patrimoniais".

Página 56

"A jurisprudência do STF já se firmou no sentido de que não se indeniza cumulativamente danos patrimoniais e danos morais, pois a indenização daqueles absorve a destes" (RT 573/295, 575/302).

Acresce o fato de inexistir dano moral, pois a autora, casada, com família (marido e filhos), com sua ocupação no comércio, suas amizades na sociedade, fez diminuir a ligação com o *de cujus,* com ele pouco convivendo e dele não dependendo economicamente. Na verdade, o falecido se encontrava idoso (78 anos), sem rendas, desempregado e doente, jogado à própria sorte, tanto que, nas suas crises de debilidade mental, chamava por seu filho Armando, que se encontrava no Japão, razão pela qual a alegação de dano moral é despropositada, descabida, não passando de uma forma escamoteada de se aproveitar financeiramente do acontecimento às custas da ré, em procedimento torpe que revela iludível intuito de enriquecimento indébito, até porque não há prova de qualquer dano moral.

Não se nega a responsabilidade pelo dano moral. Mas não é o simples laço familiar que autoriza o reconhecimento desse direito, mas sim a prova cabal de sua verificação, pressuposto o objetivo inafastável. No caso *sub examen,* não há prova alguma do dano e pela narrativa da exordial pode-se concluir que o mesmo inexistiu, em face do afastamento do falecido em relação a seus filhos e, sobretudo, em relação à autora, esta casada e independente financeiramente, não podendo agora locupletar-se à causa de sua morte. Não se sustenta a irreparabilidade do dano moral, em face da separação da vítima daqueles que se dizem moralmente abalados. Não é isso, mas sim que a vítima, idosa e demente, não mais participava do convívio social da autora, não podendo este pleitear dano moral pela sua falta,

Comentário sobre a Página 56

Nessa página prossegue a ré com sua tese de incomunicabilidade dos danos morais com os patrimoniais.

Página 57

11. CONCLUSÃO. IMPROCEDÊNCIA

EM FACE DO EXPOSTO, requer à Vossa Excelência o acolhimento da preliminar, determinando a suspensão do processo, até que sobrevenha decisão definitiva da ação penal, requerida pela Justiça Pública contra o preposto da ré, ou no mérito julgue improcedente o pedido inicial, pelos motivos de fato e de direito arguidos e comprovados, inclusive, pela incompatibilidade do pedido do item "a" da peça preambular com o rito escolhido, condenando a autora nas custas do processo e nos honorários advocatícios, na forma da lei.

Protesta provar o alegado por todos os meios de provas em direito admitidos, especialmente pela oitava das testemunhas já arroladas, depoimento pessoal da autora, requisição à Santa Casa de São José do Rio Preto, Hospital Santa e Casa de Repouso para Idosos, ambos em Poloni, para que forneçam cópias dos prontuários da vítima, informando, ainda, todos os tipos de tratamentos recebidos nesses estabelecimentos e outras provas que se fizeram necessárias.

J. aos autos, p. deferimento.

Poloni, 20 de novembro de 2019.

OSMAR PRATA – Advogado

Capítulo XVII – Da feitura da sentença com base em um processo completo   245

Comentário sobre a Página 57

Aqui, encerra a ré sua defesa, requerendo a produção de provas e requisição de documentos. Tal vimos na p. 10, o mesmo vale para a ré, isto é, a produção de provas e a requisição de documentos, como serão apreciadas na audiência de conciliação, bastará a mera referência genérica de seu pleito.

"Pediu a ré a improcedência do pleito inicial bem como a produção de todas as provas admitidas".

Página 58

ÁGUIA LTDA.
Poloni, 20 de novembro de 2019.

Exmo. Sr.
Dr. Juiz de Direito da Vara Cível da Comarca de Poloni
Poloni – SP
Meritíssimo Juiz:

Ref. Autos de nº 16/01 contra ÁGUIA Ltda.

Pela presente indico o Sr. Ricardo Ferreira, brasileiro, casado, funcionário da empresa, para funcionar como preposto nos autos em epígrafe, requerido por CLARA DOS ANJOS.

Na oportunidade, reitero a V. Exa. os protestos de estima e consideração.

Atenciosamente

ÁGUIA LTDA.

AVENIDA PERU, 1445 – TELEFONE: (043) 254-999p – CEP

86192-000 – POLONI – SÃO PAULO

C.G.C vv.ggg.000/ddd1-71 – I.C.M. 111.0j87j-R

Comentário sobre a Página 58

Nesta página a ré apresenta seu representante, preposto, para participar da audiência. Entretanto, embora tal fato tenha a sua importância no contexto geral, quanto à representação, por estar regular e não haver discussão a respeito, nenhum registro merece no relatório.

Página 59

ADIANTADOS LTDA.

CONTRATO SOCIAL

SERRANO GOMES, brasileiro, maior, solteiro, motorista, residente e domiciliado à Rua Caingues, nº 22222 – Jd. Tupy, nesta cidade de Poloni-SP, portador da Carteira de Identidade RG nº 4.PPP.9SI-7/SP e do CIC nº LLL.DDD.SSS-72 e GERMANO CARRERA GOMES, brasileiro, emancipado, motorista, residente e domiciliado à Rua Caingues, nº 22222 – Jd. Tupy, nesta cidade de Poloni-SP, portador da Carteira de Identidade RG nº 4.CCC.D98-34/SP e do CIC nº DF5.F98.53F-15, resolvem constituir uma sociedade por quotas de responsabilidade limitada, regida pelas cláusulas seguintes:

Cláusula Primeira: NOME COMERCIAL: ADIANTADOS LTDA. SEDE E FORO: Rua Caingues, nº 22222 – Jd. Tupy, em Poloni-SP PRAZO DE DURAÇÃO: indeterminado. INÍCIO DAS ATIVIDADES: 01.07.18. ATIVIDADE ECONÔMICA: transporte de passageiros, por via rodoviária.

Cláusula Segunda: CAPITAL SOCIAL R$ 150.000,00 (cento e cinquenta mil reais), dividido em 150.000 quotas de R$ 1,00 (hum real) cada uma, assim distribuído: SERRANO GOMES R$ 148.500,00 e GERMANO CARRERA GOMES, R$ 1.500,00; integralizado em dinheiro no presente ato. A responsabilidade dos sócios é limitada à importância do capital social.

Cláusula Terceira: GERENTE: SERRANO GOMES. USO DA FIRMA: individualmente. PRÓ-LABORE: Aos sócios e outros que prestarem serviços à sociedade, fixado de comum acordo.

OBRIGAÇÕES: Proibidos aval, endosso, finanças e caução de favor, CAUÇÃO DE GERÊNCIA: Dispensados.

Página 60

Cláusula Quarta: BALANÇO GERAL: anualmente em 31 de dezembro. RESULTADOS: Atribuídos proporcionalmente aos sócios com quotas integralizadas ou mantidos em reserva na sociedade.

Cláusula Quinta: DESIMPEDIMENTO: Os sócios declaram que não estão incursos em nenhum crime previsto em lei, que os impeça de exercer atividades mercantis.

Página 61

ADIANTADOS LTDA.

CONTRATO SOCIAL

Cláusula Sexta: DELIBERAÇÕES SOCIAIS: Por maioria absoluta de votos, inclusive a de transformação de tipo jurídico cabendo um voto a cada quota de capital.

Cláusula Sétima: TRANSFERÊNCIA DE QUOTAS: Por consentimento demais sócios e decurso do prazo de direito de preferência de sessenta dias, mediante notificação prévia.

Lavrado em três vias de igual teor e forma.

Poloni, 22 de junho de 2.018

Serrano Gomes Germano Carrera Gomes

Testemunhas:

João FeijóFelício José

Página 62

Estado de São Paulo

JUNTA COMERCIAL

Certificamos nos termos do art. 45 § 2º, do

Decreto Nº 57.651, de 16.01.66, que a presente

certidão é cópia fiel do original arquivado sob nº

41202051181 em sessão

de 13 de 07 de 88

Curitiba, 13 de setembro de 2.018.

Confere: Laura Verti

Chefe de Serviço de Certidões

VISTO

José Geraldo

Secretário-Geral

Página 63

ÁGUIA LTDA.

C. G. C. M. F. vv.ggg.000/ddd1-71

NONA ALTERAÇÃO DE CONTRATO SOCIAL

SERRANO GOMES, brasileiro, maior, solteiro, empresário, residente e domiciliado à Av. Peru, n° 1.445, na cidade de Poloni-SP, portador da Carteira de Identidade RG n° 4.PPP.TTT-JJ/SP e CPF n° D89.7DJ4.F32-D2, e FELIX ARROUCA, brasileiro, maior, solteiro, contador, residente e domiciliado à Rua Portugal, n° 499, na cidade de Poloni-SP, portador da Carteira de Identidade n° 4.FFF.FFF-1/SP, e do CPF n° 58D.7D4.1D9-68, sócios componentes da sociedade mercantil que fira sob denominação social de ÁGUIA LTDA., com contrato social arquivado na Junta Comercial do Paraná sob n° 412, 0DDDFKL1 por despacho em sessão de 13.07.88 e oitava alteração de contrato social arquivada sob n° 55DD1,4 por despacho em sessão de 16.09.93, inscrita no CGC-MF sob n° vv.ggg.000/ddd1-71, resolve por este instrumento particular de alteração de contrato social alterar seu contrato primitivo e subsequentes alterações de acordo com as cláusulas seguintes:

CLÁUSULA PRIMEIRA: Fica extinto o estabelecimento filial da sociedade que se localiza à Avenida Peru, n° 2.730, Jd. Esmeralda, na cidade de Ribeirão Preto, Estado de São Paulo.

CLÁUSULA SEGUNDA: A atividade econômica da sociedade que era "transporte rodoviário de passageiros" passa a ser "transporte rodoviário de passageiros e serviços de transporte turísticos de superfície".

CLÁUSULA TERCEIRA: Permanecem inalteradas as demais disposições vigentes que não colidirem com as do presente instrumento.

Página 64

E, por assim terem justos e contratados, lavram e assinam o presente instrumento, em três vias de igual teor e forma, e se obrigam por si e seus herdeiros a cumpri-los em todos os seus termos.

Poloni, 10 de dezembro de 2.018

SERRANO GOMES

FELIZ ARROUCA

Testemunhas:

Celene Trajano   Mário Fontes

Página 65

Estado de São Paulo
JUNTA COMERCIAL
Certificamos nos termos do art. 45 § 2º, do
Decreto Nº 57.651, de 16.01.66, que a presente
certidão é cópia fiel do original arquivado sob nº
41202051181 em sessão de 13 de 07 de 88
Curitiba, 13 de setembro de 2.019
Confere: Laura Verti
Chefe de Serviço de Certidões

VISTO   José Geraldo
Secretário-Geral

Comentário sobre as Páginas 61 a 65

Da p. 61 à p. 67, juntou a ré as cópias de seu contrato social, comprovando não só sua existência jurídica regular, como a legitimidade de sua representação. Como tal matéria não foi objeto de nenhuma espécie de discussão, não merece qualquer registro no relatório.

Página 66

REPÚBLICA FEDERATIVA DO BRASIL
CONSELHO NACIONAL DE TRÂNSITO
DEPARTAMENTO NACIONAL DE TRÂNSITO
DEPARTAMENTO DE TRÂNSITO - SP   Nº 03221393
CARTEIRA NACIONAL DE HABILITAÇÃO

NOME
MÁRIO LEITE

CATEGORIA
.x. D .x..

Nº REGISTRO
99.372.BBB-8

ASSINATURA DO EXPEDIDOR

VÁLIDA EM TODO TERRITÓRIO NACIONAL

DATA DE NASCIMENTO   DAT. 1ª HABILIT.   DAT. EXPED
17/06/1945   25/06/1973   27/06/1985

EXAME DE SAÚDE VÁLIDO ATÉ   17/06/05

OBSERVAÇÕES

Comentário sobre a Página 66

Juntou aqui, a ré, cópia da Carteira Nacional de Habilitação de seu empregado, que conduzia o ônibus, por ocasião de atropelamento. Contudo, a autora não imputou a culpa pela imperícia (pela falta de habilitação do condutor do ônibus) e, por isso, absolutamente impertinente a prova de sua regular habilitação. Em razão disso, não merece qualquer registro no relatório.

Página 67

ASSENTADA

Aos vinte de dezembro de dois mil e dezenove, nesta cidade e comarca de Poloni – SP, na sala de audiências desta Juízo Cível, presente o Meritíssimo Doutor Juiz de Direito, Ismair Roberto Poloni, comigo escrivão de seu cargo, no final declarado, bem como os Doutores Oscar Caniza e Osmar Prata, respectivamente Advogados da autora e da ré, Clara dos Anjos e Águia Ltda., infrutífera a conciliação, também presentes as testemunhas da autora: Cristiano Alves e João Manoel e da ré, Marco Aurélio e Rosa Maria, que foram mantidas em salas separadas, de modo que um não ouvisse o depoimento da outra, como adiante se vê. Eu, Aldo Reis, Escrivão, digitei e subscrevi.

Depoimento da primeira testemunha da autora:

CRISTIANO ALVES, brasileiro, casado, do comércio, portador do RG nº 123.123.123 – SP, filho de Célio Souza Alves e Maria Souza Alves, residente e domiciliado à Rua João da Silva, s/n, em Poloni, a qual, após devidamente advertida, assumiu o compromisso legal de dizer a verdade do que lhe fosse perguntado, dizendo: que no dia dos fatos o depoente encontrava-se defronte ao posto de combustível Novos Amigos, próximo ao local dos fatos, quando observou que a vítima buscava transpor a rodovia, que é uma via que corta a cidade, permanecendo junto ao canteiro central; que, na continuidade, viu o ônibus da empresa ré trafegando no sentido Poloni-São José do Rio Preto, em velocidade aproximada de 70 km/h, quando, ao efetuar uma curva existente na pista, veio a abalroar a vítima, que ainda estava sobre o canteiro central, prostrando-a ao solo; que, com a queda, a vítima bateu a cabeça na sarjeta, causando grande perda de sangue: que o motorista do ônibus prosseguiu normalmente seu trajeto, tendo então o depoente e João Manoel prestado socorro à vítima, levando-a até o hospital local; que soube, posteriormente, que a vítima foi encaminhada para outro hospital, em Londrina, pela gravidade das lesões; que soube que a vítima chegou a ficar vários dias internada em casa de repouso, em São José do Rio Preto, vindo a falecer em decorrência dos ferimentos sofridos no acidente; que a vítima era pessoa idosa, porém, lúcida e, embora aposentada, fazia "seus bicos" para ajudar na manutenção da família da autora, que possui filhos e é separada, sendo certo, ainda, que a vítima vivia na mesma casa com sua família e netos.

Página 68

Reperguntas do Doutor Procurador da Autora: que tem noção da velocidade imprimida pelo ônibus pois "é motorista há mais de 25 anos"; que não existe passarela especial para os pedestres transporem a rodovia, sendo aquela a única forma; que a vítima não estava embriagada, pois a conhecia e sabia que a mesma, por sua religião, não ingeria bebida alcóolica. Reperguntas do Doutor Procurador da ré: que não é verdade sofresse a vítima de suas faculdades mentais; que a vítima permaneceu sobre o canteiro central até o momento em que foi atingida pelo ônibus; que a vítima recebia aposentadoria e vendia bilhetes de loteria, "como bico"; que, mostrado o croqui de fls., afirma o depoente ter sido o local do impacto junto ao canteiro central e que o sangue ficou junto à sarjeta porque foi ali que acabou caindo a vítima. Nada mais disse nem lhe foi perguntado, mandando, assim, o Meritíssimo Doutor juiz encerrar este depoimento que, depois de lido e achado conforme, vai devidamente assinado. Eu, Aldo Reis, Escrivão, o digitei e subscrevi.

| Ismair Roberto Poloni | Osmar Prata | Cristiano Alves |
| Juiz de Direito | Adv. Ré | |

| Oscar Caniza | Autora | Ré |
| Adv. Autora | | |

Página 69

Segunda testemunha da autora

João Manoel, brasileiro, casado, mecânico, portador do RG nº 321.321.321 – SP, filho de Oscar Manoel e Ana Manoel, residente e domiciliado à Rua Santa Clara, 789, em Poloni-SP, após ser devidamente advertido, assumiu o compromisso legal de dizer a verdade sobre o que souber e lhe for perguntado, dizendo que: o depoente estava trabalhando em sua oficina, situada junto ao posto de combustível Novos Amigos, de onde havia saído a vítima, que ali estava vendendo bilhetes de loteria; que em dado momento viu a vítima sobre o canteiro central da rodovia, para seguir até o centro da cidade e, no repente, ouviu um barulho e um grito, quando viu a vítima caindo sobre a sarjeta e o ônibus da empresa ré seguir seu trajeto; que o depoente e Cristiano Alves prestaram socorro à vítima, levando-a até o hospital local, tendo sido encaminhada até São José do Rio Preto; que a vítima esteve por aproximadamente trinta dias internada em casa de tratamento naquela cidade, quando veio a falecer, em decorrência dos ferimentos recebidos quando ao acidente; que a vítima vivia com sua filha e netos menores, e auxiliava-os com seus poucos recursos financeiros, pois "a família toda é muito pobre". Dada a palavra ao Doutor Procurador da Autora: que não sabe por que razão o motorista do ônibus não parou; que o local é bastante movimentado, inclusive por pedestres, que não possuem outro local especial para realizar a travessia da pista; que a vítima, embora bastante idosa, estava em suas perfeitas condições físicas e psíquicas, para a idade, tanto que "vendia bilhetes de loteria por toda a cidade e em Poloni a pé". Dada a palavra ao Doutor Procurador da ré: que não sabe com quanto a vítima colaborava para a manutenção da família, mas afirma que sem os auxílios da vítima, sua filha e netos "passariam fome". Nada mais disse nem lhe foi perguntado, mandando, assim, o Meritíssimo Doutor Juiz encerrar este depoimento que, depois de lido e achado conforme, vai devidamente assinado. Eu, Aldo Reis, Escrivão, o digitei e subscrevi.

Ismair Roberto Poloni	Osmar Prata	João Manoel
Juiz de Direito	Adv. Ré	Ré
Oscar Caniza	Autora	
Adv. Autora		

Página 70

Primeira testemunha da ré

Marco Aurélio, brasileiro, casado, motorista, residente e domiciliado à Rua Papagaio, 44, em Poloni-SP portador do RG nº 876.543.321 – SP filho de Aristeu Aurélio e Ursula Lino Aurélio, após ser devidamente advertida, prestou o compromisso legal de dizer a verdade sobre o que souber e lhe for perguntado: que no dia dos fatos o depoente estava abastecendo seu veículo no posto de combustível Novos Amigos, quando percebeu "uma correria" por parte das pessoas que ali se encontravam, verificando ter havido um acidente com uma pessoa idosa; que, ao se aproximar do local onde estava a vítima, notou que a mesma ainda estava com vida e fora socorrida por dois homens que ali se encontravam; que a vítima estava caída sobre a pista de rolamento e havia bastante sangue pela pista, no local onde estava caída a vítima; que não viu no momento do impacto mas soube ter sido provocado por um ônibus que por ali trafegava; que comentaram que o ônibus abalroou a vítima, mas não se sabe se no momento a mesma estava sobre a pista de rolamento ou sobre o canteiro central; que o local é bastante tráfego, sendo bastante utilizado por pedestres, inclusive por aqueles que trabalham nas olarias, frigoríficos e outros estabelecimentos que ficam do outro lado da pista; que conhece a vítima, que era aposentado e vendia bilhetes de loteria. Dada a palavra ao Doutor Procurador da ré: que não sabe se a vítima ajudava com as despesas da casa de sua filha, ora autora; que não sabe qual a velocidade desenvolvida pelo ônibus. Dada a palavra ao Doutor Procurador da Autora, não houve reperguntas. Nada mais disse nem lhe foi perguntado, mandando, assim, o Meritíssimo Doutor Juiz encerrar este depoimento que, depois de lido e achado conforme, vai devidamente assinado. Eu, Aldo Reis, Escrivão, o digitei e subscrevi.

Ismair Roberto Poloni	Osmar Prata	Marco Aurélio
Juiz de Direito	Adv. Ré	
Oscar Caniza	Autora	Ré
Adv. Autora		

Página 71

Segunda testemunha da ré

Rosa Maria, brasileira, solteira, secretária, portadora do RG n° 567.345.123 – SP, filha de Sérvio de Jesus e Carmelita de Jesus, residente e domiciliado à Rua das Camélias, 44, em Poloni, após devidamente advertida, prestou o compromisso legal de dizer a verdade sobre o que souber e lhe for perguntado: que no dia dos fatos a depoente seguia no ônibus envolvido nos fatos, quando, ao chegarem em São José do Rio Preto, no Posto Rodoviário, foram interceptados sob a alegação de que o motorista havia atropelado um homem, em que a depoente se recorda de, enquanto passavam por Poloni, ter ouvido um barulho na traseira do ônibus; que não conhecia a vítima, nada podendo esclarecer; que sabe que, no local dos fatos, não existe passarela para pedestres e, assim, é comum o trânsito de pedestres no local. Dada a palavra ao Doutor Procurador da ré: que não chegou a ver a vítima nem antes nem depois do impacto.; que não soube, nem por comentário, se a vítima estava sobre o leito carroçável, por ocasião do atropelamento. Dada a palavra ao Doutor Procurador da Autora: que soube que a vítima vendia bilhetes de loteria, inclusive em São José do Rio Preto. Nada mais disse nem lhe foi perguntado, mandando, assim, o Meritíssimo Doutor Juiz encerrar este depoimento que, depois de lido e achado conforme, vai devidamente assinado. Eu, Aldo Reis, Escrivão, o digitei e subscrevi.

Ismair Roberto Poloni	Osmar Frata	Rosa Maria
Juiz de Direito	Adv. Ré	
Oscar Caniza	Autora	Ré
Adv. Autora		

Comentário sobre as Páginas 67 a 71

Nessa página tem-se a assentada da audiência de instrução e julgamento que é, sem dúvida, de extrema importância. Porém, não se faz necessária a transcrição de seus termos, bastando a referência de que foi realizada regularmente, às fls., a audiência de conciliação, instrução e julgamento. Da p. 69 até a p. 73, temos os depoimentos colhidos, bastando o registro da tomada dos mesmos, indicando quantas testemunhas foram inquiridas da autora e quantas da ré. E o relatório prosseguiria dessa forma:

"Às fls. 68-72 foi realizada regularmente a audiência de conciliação, infrutífera, seguiu-se a instrução e julgamento, ouvindo-se duas testemunhas da autora e outras duas da ré"

Página 72

TERMO DE AUDIÊNCIA DE INSTRUÇÃO E JULGAMENTO Nº 50/01 AUTOS Nº 00016/01 – INDENIZAÇÃO POR ACIDENTE DE VEÍCULO

Autora: CLARA DOS ANJOS – Presente Procurador: Dr. Oscar Caniza – Presente

Ré: ÁGUIA LTDA. – Presente Procurador: Dr. Osmar Prata – Presente

Data: 28 de dezembro de 2019, às 14:00 horas Juiz: Dr. Ismair Roberto Poloni

Aos vinte de dezembro do ano de dois mil e dezenove, na sala de audiência deste Fórum, desta comarca de Poloni-SP, sob a presidência do juiz de direito Doutor Ismair Roberto Poloni, comigo escrivão de seu cargo, no final declarado, realizou-se a audiência de Instrução e Julgamento para hoje designada, nos autos supramencionados. Aberta a audiência, tentada a conciliação, a mesmo restou infrutífera, na forma da lei, o senhor Meirinho apregoou as partes e as testemunhas, dando fé de suas presenças, presentes as partes e seus procuradores, pela ordem dos trabalhos, pelas partes, foi requerida a dispensa do depoimento pessoal das partes, o que foi deferido pelo MM. Juiz. A seguir passou-se a ouvir as testemunhas da autora, em número de 03, requerendo a dispensa das testemunhas Fujiro Tanaka e Aparecido Natal, com o que concordou a ré, sendo deferido pelo MM. Juiz. Tomou-se, ainda, o depoimento das testemunhas da ré, em número de 02, pleiteando a dispensa das testemunhas ausentes, Juvenal dos Reis e Bores Trancoso, com o que acordou a autora, sendo deferido pelo MM. Juiz. Encerrada a instrução, seguiram-se os debates, dizendo o Doutor Procurador da autora o quanto segue: MM. Doutor Juiz. Consoante prova carreada aos autos, tanto a documental, como a oral, nesta oportunidade produzida, tem-se por certa a culpa indigitada à ré, através de seu preposto. Sem sombra de dúvidas, a vítima foi colhida quando ainda estava sobre a passarela, aguardando oportunidade para transpor a pista, como sempre fazia, ela

Página 73

e todas as demais pessoas que por ali necessitassem passar de um lado ao outro, da pista. Provando também restou, Nobre Julgador, que o condutor do ônibus da ré não agiu com a prudência necessária, posto que o local é comumente utilizado por pedestres que trabalham no outro lado da pista, sendo uma via que corta a cidade de Poloni e, assim, situada em área urbana. Também restou provado que a vítima auxiliava sua filha e seus netos menores, economicamente, pois se assim não fosse, "morreriam de fome", o que deixa bastante claro o interesse de agir da autora, devendo, definitivamente, ser repelida a preliminar. No tocante aos valores reclamados, nenhuma prova contrária produziu a ré, devendo ter-se por certo os apresentados, inclusive por documentos, pela autora, pedindo-se Justiça. Na mesma oportunidade foi concedida a palavra ao Doutor Procurador da ré que assim se manifestou: Ínclito Magistrado, em que pesem as razões finais do Doutor Procurador da autora, não merece guarida a sua pretensão exordial. E isso porque não provou, como lhe competia, ter sido a culpa pelo fato exclusiva do preposto da ré, motorista bastante experiente, que nunca se envolveu em qualquer espécie de acidente. Na verdade, não se sabe ao certo se a vítima estava ou não sobre o leito carroçável ou sobre o canteiro. E a culpa não pode ser presumida. Não bastasse a falta de provas nesse sentido, temos ainda que o simples fato de a vítima conviver com sua filha, ora autora, não implica a dependência econômica desta relação ao seu falecido pai. Nem tampouco o fato de o mesmo vender bilhetes de loteria. Por isso, é carecedora da ação a autora, por falta de interesse de agir. A seguir, pelo Meritíssimo Doutor Juiz de Direito foi proferida a seguinte sentença:

Comentário Páginas 72 e 73

Aqui, temos como principal ocorrência a dispensa dos depoimentos pessoais de duas testemunhas da autora e a dispensa de outras duas da ré. Tem-se ainda, de realce, as razões finais das partes, inicialmente as da autora, seguidas pelas da ré, durante os debates. Estes, tal qual as razões lançadas na inicial e na defesa, também têm sua importância na medida em que, desta feita, as partes, sem mudarem suas teses, apresentam-nas com os reforços produzidos pelas provas. Daí a necessidade de se registrar o resumo das mesmas. E o relatório terminaria assim:

"Na mesma oportunidade, negativa a conciliação, as partes requereram as dispensas dos depoimentos pessoais, o que foi deferido pelo Meritíssimo Juiz, bem como das testemunhas Fujiro Tanaka e Aparecido Natal, pela autora, e Juvenal dos Reis e Bores Trancoso, pela ré, o que foi deferido. A seguir manifestou-se o Doutor Procurador da autora, durante os debates, dizendo ter restado comprovada a culpa indigitada à ré, por seu empregado, ao colher a vítima quando esta aguarda junto ao canteiro central. Disse ainda ter restado provada a dependência econômica da autora e seus filhos em relação ao falecido, tendo a ré não impugnado os valores apresentados. Pelo Doutor Procurador da ré foi dito que a autora não provou a culpa indigitada, nem a dependência econômica da autora em relação ao falecido, pois o simples fato de residirem juntos não implica dependência econômica".

Com isso, terminamos nosso relatório, passando à sentença, devendo antes, porém, lançar a expressão:

"Sendo este o breve relatório, DECIDO".

Ou outra expressão similar, com o objetivo de deixar claro e suficientemente perceptível onde realmente começa a fundamentação, da mesma forma que deixamos claro o início da sentença.

Assim, com apenas três páginas, resumimos todo um processo de 75 páginas, o que é bastante razoável.

Página 74

"Vistos e examinados estes autos de REPARAÇÃO DE DANOS, registrados neste juízo sob nº 16/01, em que é autora CLARA DOS ANJOS, brasileira, casada, do lar, residente e domiciliada à Rua Andradina, 816, em Poloni-SP, e ré, ÁGUIA Ltda., com sede à Av. Paraná, nº 1.115, em Poloni-SP, CGC nº 1.001/10".

"No dia 11 de julho de 2.019 por volta das 18:30 horas, Paulo dos Anjos aguardava para transpor a rodovia BR-36, no perímetro urbano, sem local apropriado para tanto, quando foi colhido pelo ônibus conduzido por Mário Leite, empregado da ré, vindo a sofrer vários ferimentos, tendo sido socorrido por terceiros, eis que o condutor do ônibus dali se evadiu. O motorista imprimia velocidade excessiva para o local".

"A vítima recebeu tratamentos médicos hospitalares, inclusive em casa de repouso, vindo a falecer em 20 de agosto de 2019 em decorrência dos ferimentos havidos por ocasião do acidente". "A autora dispendeu valores para o tratamento da vítima, total de R$ 6.000,00(seis mil reais), conforme documento de fls. 08."

Página 75

"*Imputou ao condutor do veículo da ré a culpa pelo ocorrido, ante a imprudência do condutor, que não tomou as cautelas necessárias, quando trafegava pelo local dos fatos, de bastante tráfego, inclusive de pedestres*"

"*Embasou a autora sua pretensão nos arts.186, 948, 949 e 932, III, todos do Código Civil e, ainda, no art. 37, inc. XXI, da Constituição Federal*"

"*Pretende o recebimento de R$ 5.041,00 (cinco mil e quarenta de um reais), referente ao valor do seguro obrigatório – DPVAT, que não fora recolhido pela ré, bem como o recebimento de seis salários mínimos, pelo internamento em casa de repouso, conforme documento de fls. 20, bem como de R$ 1.031,28, pelas despesas com o funeral.*

Pretende, ainda, indenização, pelo prazo de 7,09 anos, que a vítima teria de sobrevida, além da condenação nos danos morais, bem como na sucumbência. Arrolou testemunhas, em número de quatro, com comparecimento espontâneo, protestando por todos os meios de provas admitidos, juntando documentos"

"*Dando o valor à causa de R$ 12.000.00 (doze mil reais), requereu os benefícios da Assistência judiciária*

Página 76

nos termos da Lei nº 1.060/50, pedindo a citação e a final condenação da ré, nas verbas pleiteadas, com os acréscimos legais da correção monetária e juros."

"Regularmente citada, compareceu a ré à audiência de conciliação, que resultou infrutífera, apresentando sua defesa, arguindo preliminares sobre a suspensão do processo, até julgamento da ação pena; a inépcia da inicial pela falta dos fatos e fundamentos, as quais foram rejeitadas, posto que a culpa civil é independente da criminal, enquanto esta não estiver delimitada. Assim, não se sobrestá a ação civil, enquanto em andamento a criminal. Quanto à pretendida carência de ação, a mesma, por ser dependente de prova, será apreciada oportunidade. Juntou documentos, sobre os quais manifestou-se a autora, naquela mesma oportunidade"

"No mérito, disse a ré não ter havido com culpa, cabendo à autora a prova da imputação, que não se presume"

"Disse ainda, ter sido a culpa exclusiva da vítima, que não aguardou a passagem do ônibus, vindo a se chocar contra o mesmo"

"Afirmou a ré que a vítima, possuidora de debilidade mental, não aguardou a passagem do

Página 77

ônibus, entrando no leito carroçável, havendo a colisão, por sua culpa exclusiva"

"Disse também que, com toda a experiência do condutor do ônibus, caberia à vítima aguardar o momento oportuno para transpor a pista asfáltica"

"A autora não dependia economicamente do falecido, não tendo qualquer direito à indenização pretendida"

"Arguiu a carência de ação, por inexistir nexo de causalidade entre a autora e o falecido, quanto à dependência econômica daquela em relação ao falecido pai. Nega a ré a possibilidade de indenização com base no salário mínimo, ante a regra ex vi legis"

"Disse ser impossível indenizar-se a autora pelo tempo pretendido, posto que o falecido já contava com 78 anos de idade e não gozava de boa saúde, sendo que foi dada como causa morte e a senilidade"

"Afirmou serem inacumuláveis os danos morais com os patrimoniais"

"Pediu a ré a improcedência do pedido inicial bem como a produção de todas as provas admitidas"

"Às fls. 69-73, foi realizada regularmente a audiência de instrução e julgamento, ouvindo-se duas testemunhas da autora e outras duas da ré". "Na mesma oportunidade as partes requereram as dispensas dos depoimentos pessoais, o que foi

Página 78

deferido pelo Meritíssimo Juiz, bem como das testemunhas Fujiro Tanaka e Aparecido Natal, pela autora, e Juvenal dos Reis e Bores Trancoso, pela ré, o que foi deferido. A seguir manifestou-se o Doutor Procurador da autora, durante os debates, dizendo ter restado comprovada a culpa indigitada à ré, por seu empregado, ao colher a vítima quando esta aguarda junto ao canteiro central. Disse ainda ter restado provado a dependência econômica da autora e seus filhos em relação ao falecido, tendo a ré não impugnado os valores apresentados. Pelos Doutor Procurador da ré foi dito que a autora não provou a culpa indigitada, nem a dependência econômica da autora em relação ao falecido, pois o simples fato de residirem juntos não implica dependência econômica"

Ouvidas duas testemunhas da autora e outras duas da ré, nesta oportunidade, seguiram as partes com os debates, repisando, de per si, suas razões iniciais. Brevemente relatados, DECIDO"

Comentário sobre as Páginas 74 a 78

E a sentença, até o relatório, com base nas anotações em itálico, nos comentários sobre as páginas retro, ficaria como se vê às páginas 74 à 78.

Porém, é absolutamente possível um relatório mais conciso, mas completo, como o que se vê retro.

Página 79

DAS PRELIMINARES
DA SUSPENSÃO DA AÇÃO ATÉ JULGAMENTO DA AÇÃO CRIMINAL E DA INÉPCIA NO PEDIDO DE CONSTITUIÇAO DE CAPITAL

Referidas preliminares, por ocasião da audiência de conciliação, p. 41, foram devidamente repelidas por este juízo, restando sem recurso as decisões, não merecendo maiores considerações, nesta oportunidade.

DA CARÊNCIA DE AÇÃO

Invocou a ré ser a autora carecedora de ação pois como não dependia financeiramente do falecido pai, não tinha interesse de agir. Por ser a matéria relacionada com o mérito, então pendente de prova, não foi referida preliminar apreciada naquela oportunidade, o que se faz agora.

Como se verifica os depoimentos colhidos na instrução, pp. 69/73, o falecido era aposentado, morava com a autora e seus filhos e vendia bilhetes de loteria para ajudar na sobrevivência da família. Assim disseram Cristiano Alves, p. 69 e João Manoel, p. 71.

Tendo a autora produzido a prova que lhe competia, à ré cumpria destruí-la, o que não ocorreu. Assim, sendo a autora dependente, ainda que parcialmente, do falecido, para a sua sobrevivência, tem a mesma o legítimo interesse de agir contra a ré, a fim de pleitear a indenização e demais verbas, em face do acidente fatal.

Rejeito, pois, a preliminar mencionada.

Comentário sobre a Página 79

Aqui damos início à fundamentação, já enxertado o relatório construído do passo a passo, e destacando em tipo itálico.

Como vimos, o início da fundamentação deverá apreciar as questões preliminares, primeiro as processuais e, depois, as de mérito, para somente então adentrarmos no mérito propriamente dito. No caso apresentado, temos três preliminares: a primeira, que pleiteia a suspensão do processo civil até julgamento do criminal; a segunda, a carência de ação perante a ausência de dependência econômica da autora em relação ao falecido, o que lhe tiraria o interesse de agir, e finalmente a terceira, que diz ser inepta a inicial, por pedir a constituição de capital, sem fundamentação. Pela ordem, deveremos apreciar a carência de ação posto que, como preliminar processual peremptória, ser reconhecida, tornará desnecessária a apreciação da suspensão e da própria inépcia. Alguns juristas entendem que, mesmo reconhecida uma preliminar processual peremptória, deve o juiz prosseguir na análise das demais questões, inclusive as de mérito. Discordamos, como já dissemos, pois, a extinção pela carência possibilita a nova propositura de outra ação, ainda que por outra parte, mas pelos mesmos motivos e fundamentos. E então perguntaria, o que fazer com o julgamento formal? E então contestariam: como recorrer da decisão que reconhecer a preliminar processual peremptória? Apenas haverá a apreciação pelo tribunal daquela questão específica e, em sendo provido o recurso, o tribunal anulará a decisão, reconhecendo a inexistência da preliminar, determinando ao juiz que prossiga com o julgamento e, até, se necessário, com a instrução. Se se permite o contrário, ou seja, reconhecer o juiz a dita preliminar e reconhecer o direito do autor, teremos um julgamento absolutamente nulo, pois se a autora não poderia ser parte na ação, não poderia também ver reconhecido qualquer direito. Assim, inicialmente verificamos a carência de ação, para depois seguirmos à inépcia e, ao final, a suspensão. A inversão, pretendendo iniciar-se a apreciação pelo pedido de suspensão será de todo contraditório e desnecessário, caso ocorra o reconhecimento da carência ou inépcia. De que resolveria suspender o curso da ação (se assim fosse o entendimento do juiz), paralisando por vários anos a ação civil para então, retomando o curso normal, reconhecer a carência ou inépcia e extinguir a ação, sem, julgamento de mérito? É claro que a legislação não prevê tal obediência a essa ordem lógica e coerente; mas nem por isso pode o juiz subverter a ordem natural e objetiva do julgamento, em respeito, principalmente, ao princípio da finalidade publicista do processo.

Página 80

E a fundamentação seria assim:

"DE MERITIS", há que se considerar, ab ovo, que a conclusão da comissão de análise de acidentes de trânsito não se presta como prova por, a um, não ter sido emanada por órgão jurisdicional; a dois, por não terem sido observados os princípios gerais do direito. Trata-se, isso sim, de mera conclusão administrativa, com fins administrativos que, mesmo assim, ainda podem ser revistas pelo Poder Judiciário.

Capítulo XVII – Da feitura da sentença com base em um processo completo

Comentário sobre a Página 80

    Rejeitadas as preliminares, seguiremos à apreciação do mérito atendendo o que foi registrado no relatório, até mesmo para não se deixar de apreciar todas as questões apontadas pelas partes.

    Assim, o ponto central da controvérsia é a culpa indigitada ao motorista da ré que, segundo esta, foi aquela exclusiva da vítima. Além dos depoimentos colhidos, temos também o laudo da Comissão de Análise de Acidente. Ocorre que tal conclusão não tem o condão de se formar em que prova legítima e segura, até porque implica julgamento sobre os fatos, que é o que deverá ocorrer na sentença. Portanto, o primeiro passo é desnaturar a conclusão da dita comissão, como prova conclusiva. E a fundamentação seguiria assim:

Página 81

E a prova produzida nos autos, principalmente a oral, nesta oportunidade, assomada com o croqui de fls. 24, que não foi impugnado, revela a culpa exclusiva do condutor do veículo da ré. Assim é que, pelos depoimentos de Cristiano e João, já mencionados, a vítima estava sobre o canteiro intermediários das pistas, para transpô-las, como o fazem todas as pessoas que por ali necessitem caminhar, indo de um lado a outro da rodovia. O croqui de p. 24 revela o local em que a vítima perdeu seu sangue como sendo sobre a pista do rolamento. Contudo, isso não basta para se afirmar que a vítima, quando foi atropelada, estava sendo o leito carroçável, e não sobre o canteiro. Por certo que, com o impacto, com força suficiente para derrubar a vítima contra o chão, foi aquela deslocada do ponto em que estava no exato momento do impacto. E este é revelado pelas mencionadas testemunhas como sendo sobre o canteiro central. Ora, em sendo o local intenso tráfego, tanto de veículos como de pedestres, em zona urbana, próximo a várias indústrias e comércios, competia ao condutor do ônibus uma cautela maior ainda. E nem se diga que sua velocidade era compatível com o local por não ser superior à permitida. Velocidade compatível com o local não é aquela estabelecida como máxima para o local. Esta apenas permite uma velocidade máxima preestabelecida, se e quando possível imprimir-se até seu máximo. No entanto, mesmo que o local permitia uma velocidade máxima de 60 km/h, em notando o condutor do veículo a presença de várias pessoas, principalmente crianças ou idosos, é seu dever reduzir a velocidade a ponto que se torne compatível com a situação do local e não até o limite máximo permitido. Apenas como exemplo, se numa estrada a velocidade máxima é de 100 km/h, numa curva, com certeza não será essa velocidade compatível com aquele local, se estiver chovendo torrencialmente. Da mesma forma que, numa mesma rodovia com limite de 100 km/h, ao se aproximar o condutor de uma fiscalização, ou de um acidente, jamais a velocidade de 100 km/h será a compatível para o local, naquelas circunstâncias, muito embora, o limite máximo seja de 100 km/h. Portanto, a velocidade compatível com o local nada tem a ver com a velocidade máxima permitida para o local, mas, isso sim, com as circunstâncias que se apresentam naquele local e naquele momento. Assim, estando a vítima sobre o canteiro central. Aguardando oportunidade para transpor a pista, age com culpa o condutor que atropela, ainda sobre o canteiro central, demonstrando, senão a velocidade incompatível com o local, ao menos sua imprudência em trafegar tão próximo ao canteiro central, a ponto de atingir a vítima que ali estava.

Com esses argumentos, podemos seguir à conclusão da culpa indigitada, nesses termos:

"É a empresa ré culpada pelo malsinado evento, causado por seu preposto, nos termos do artigo 932, nº III, do Código Civil".

Comentário sobre as Páginas 81

Na sequência, passaríamos ao exame da culpa propriamente dita. Para tanto temos dois depoimentos que afirmam que a vítima estava sobre o canteiro, aguardando para transpor a pista. Observando-se ainda o croqui, que não foi impugnado, tem-se corroboradas as afirmações das testemunhas Cristiano Alves e João Manoel, posto que, se a vítima estivesse sobre a pista de rolamento, por certo a mancha de sangue não restaria justamente entre os espaços dos canteiros centrais. Note-se que não se trata de mera ilação, mas sim de uma observação que dá apoio aos depoimentos. Seria uma ilação caso fosse utilizada isoladamente para se chegar a tal conclusão, o que resultaria em reforma da sentença. Outrossim, invoca a ré que o condutor do veículo seguia a velocidade compatível com o local. Na verdade, o ato culposo do condutor, como apontado na inicial não foi a velocidade excessiva, mas sim a conduta incauta, em local de bastante trânsito de pedestres, quando a vítima estava aguardando a oportunidade no canteiro. Se houve ou não o excesso de velocidade, tal somente poderia reforçar a culpa do condutor do ônibus. Assim, nossa fundamentação, nesse aspecto, seguiria da seguinte forma:

Página 84

*"DAS VERBAS PLEITEADAS – DAS DESPESAS COM O TRA-
TAMENTO, FUNERAL E LUTO – Nos termos do artigo 1537, a indenização deve atingir as despesas havidas com o tratamento, funeral e
lutos decorrentes do ilícito. In casu, pelos documentos de p. 32 tem-se
comprovadas as despesas havidas com o tratamento e funeral da vítima, que não foram impugnadas, mas, ao contrário, quanto às despesas de internamento, foram também ratificadas pelos testigos. Assim,
procede a exigência do pagamento das despesas com o funeral, num
total de R$ 1.031,28, devidamente corrigidos desde 20.09/2.018 (Nota
Fiscal p. 32) e com a Casa de Repouso, R$ 6.000,00 (seis mil reais),
corrigidos desde 20 de setembro de 2018 (doc. p. 20), também não impugnados.*

Comentário sobre a Página 82

Concluída a culpa e, pois, o dever de indenizar, seguimos apreciando cada uma das verbas pleiteadas. A primeira delas é sobre as despesas com tratamento e o funeral. Note-se que a autora juntou comprovantes de tais despesas que não foram impugnadas pela ré. Daí a dispensa de requisições de documentos, pelas próprias partes. Repetir--se a feitura ou juntada de documento já anexado aos autos, sem que objetivamente tenha sido impugnado, afigura-se como ato meramente protelatório e, por isso, deve ser repelido pelo juiz. Mas como cada uma daquelas despesas houve em tempo pretérito, ainda que não tivesse sido pleiteada pela parte, a correção monetária deveria incidir, bem como os juros de mora, também devidos por lei (art. 1.544 Código Civil e Lei nº 5.670/71). E a fundamentação prosseguiria assim:

Página 83

"Outrossim, quanto à indenização pela inexistência do seguro obrigatório, diga-se, também não impugnada, resta certa a obrigação pretendida. Como seguro obrigatório, competia à ré seu recolhimento sob pena de, não o tendo feito, arcar com o valor correspondente a suas expensas, no valor de R$ 6.000,00 (seis mil reais), devidamente corrigido desde o falecimento e acrescido de juros de mora à base de 0,5% ao mês, desde o falecimento, também não impugnado"

Comentário sobre a Página 83

A verba seguinte é o seguro obrigatório não recolhido pela empresa. Se existente o recolhimento do seguro DPVAT, teria a autora total direito a seu recebimento. Como o seguro é obrigatório e a ré não o recolheu, deve ser compelida ao seu pagamento, nos valores que seriam devidos, caso existisse o seguro. Mas, no caso, como a autora apontou um valor certo, que não foi impugnado pela ré, é de se ter aquele como sendo o valor efetivamente devido. E assim seguiria a fundamentação:

Página 84

"Referentemente à indenização pelos danos pessoais, à base de um salário mínimo por 7,09 anos, é de se ter também como certa. O fato de se tomar como idade média de vida 65 anos, não representa que a autora, pela morte de seu genitor, não tivesse a expectativa de vida por outros anos mais. Tanto a tinha que a vítima já havia vencido a idade média de 65 anos. Daí o porquê ser razoável a tabela apresentada à p. 18, que prevê uma vida média residual, para quem chega aos 79 anos, de outros 7,09 anos. A fixação em salário mínimo, um por mês, desde o falecimento, não é ilegal, posto que a aplicação da Lei nº 6.205/75 não tem alcance sobre os alimentos indenizatórios, consoante já estabelecido pelas Súmulas 490 e 562, do STF. Além do que, esse era o parâmetro econômico que representava para a família e esse é o parâmetro legal para o sustento de uma família. É, na verdade, no mínimo dos mínimos".

Comentário sobre a Página 84

Prosseguimos, então, com a indenização pelos danos pessoais. Ora ser reconhecida a culpa exclusiva do condutor do ônibus, nos termos do art. 1.537, nº II, do Código Civil, é devida a indenização, a título de alimentos. E esses, pela própria lei, como mínimo necessário à sobrevivência, são estabelecidos em um salário mínimo, máxime ante as precárias condições econômicas da vítima e dos que dela dependiam (um aposentado e vendedor ambulante de bilhetes de loteria não pode ser um abastado economicamente). Igualmente não tem razão a ré ao atacar a afirmação de que a vítima teria como sobrevida 7,09 anos. E isso porque, a um, a autora demonstrou, com elementos técnicos, ser esse o tempo de vida restante; a dois, porque, se estava viva a vítima, por certo continuaria vivia por mais algum tempo, que não teria como estabelecido senão através da tabela invocada pela autora. E nem se diga que aquela tem aplicação somente no Primeiro Mundo, pois a vítima chegou até os 78 anos, bem acima da idade média de vida, inclusive nos ditos "países do Primeiro Mundo". A regra invocada pela ré, a Lei nº 6.205/75, não tem aplicação nos casos de alimentos indenizatórios, nos termos das Súmulas 490 e 562 do STF. E prosseguiríamos com a fundamentação:

Página 85

"Quanto à indenização pelos danos morais, é a mesma devida na medida em que reflete a dor, o sentimento pela perda de um ente querido, o que não se compara com a indenização pessoal. Assim, aliás, preconiza a Súmula 37, do STJ. Comprovando que o falecido vivia com a autora e a auxiliava economicamente, devia é a indenização pelo sofrimento decorrente da perda sofrida, a título de danos morais, que fixo em 300 salários mínimos, ante a condição econômica da ré e da autora, tendo em vista ter sido o ilícito causado por culpa".

Comentário sobre a Página 85

Seguimos apreciando a verba pelos danos morais. Essa, pacificada pela jurisprudência, é devida, nos termos da Súmula 37, do STJ. Como a autora não apontou o valor efetivamente pretendido, o que é possível, deveremos estabelecer o *quantum* entre 100 a 500 salários mínimos, como já pacificado pela jurisprudência e doutrina. Ante a condição econômica da ré e da autora, considerando-se que a perda de um ente querido provoca um enorme pesar, mas considerando-se que o fato houve por culpa e não por dolo, temos por razoável a fixação dos danos morais pela metade entre o máximo e o mínimo, ficando, então, em 300 salários mínimos. E a fundamentação assim seguiria:

Página 86

"Dessa arte, julgo procedentes in totum os pedidos, com base nos artigos 186, 948, 949 e 932, Nº III,, todos os Código Civil, e artigo 37, Nº XXI, §6º, da Constituição Federal, para condenar a ré ÁGUIA LTDA., já qualificada nos autos, ao pagamento de a) R$ 6.000,00,(- seis mil reais) acrescidos juros e correção monetária desde a data do acidente, eis que, como valor do seguro obrigatório, caso a ré tivesse recolhido o mesmo como lhe competia, desde então estaria dita verba à disposição da autora; b) indenização de R$ 6.000,00 (seis mil reais), corrigidos e acrescidos de juros à base de 0,5% ao mês, desde a data de 25 de setembro de 2000, pelas despesas com o internamento da vítima; c) R$ 1.031,28, corrigidos e acrescidos de juros à base de 0,5% ao mês, desde a data de 20 de setembro de 2000, pelas despesas com o funeral da vítima; d) um salário mínimo mensal, por 83 meses, a título de indenização pelos danos pessoais; e) indenização pelos danos morais em 300 salários mínimos. Condeno a ré, ainda, ao pagamento das despesas processuais e honorários advocatícios, à base de 20% sobre o valor total da condenação, tendo em vista o local da prestação dos serviços, a importância da causa e o zelo do Doutor Procurador da autora, nos termos do artigo 85, § 2º, do Código de Processo Civil. **Dou esta por publicada e as partes por intimadas. Registre-se.** *Sala de Audiência por fórum da comarca de Poloni-SP, aos 28 de abril de 2019. Eu, Aldo Reis, digitei e subscrevi.*

ISMAIR ROBERTO POLONI   OSCAR CANIZA   OSMAR PRATA
JUIZ DE DIREITO

Comentário sobre a Página 86

Finalmente, chegaríamos ao dispositivo, que guarda completa conexão com a fundamentação, incluindo-se aí não apenas as condenações pleiteadas, mas também os efeitos impostos pela lei (art. 20, § 5º – CPC).

Página 87

CERTIDÃO DE PUBLICAÇÃO E PRAZO

Certifico que efetuei a intimação do respeitável pronunciamento judicial de fls. (vide abaixo), mediante publicação no *Diário de Justiça* nº 5015, de 05 de maio de 2001, p. nº 175/175, certifico, ainda, que conforme V. Acórdão 5000, do Conselho de Magistratura, o prazo se inicia a partir do próximo dia 10 de maio (INCLUSIVE).
POLONI, 06 de maio de 2019.

Relação nº 042/01

1. INDENIZAÇÃO POR ACIDENTE – 13/01 – CLARA DO ANJOS X ÁGUIA LTDA – JULGOU PROCEDENTE OS PEDIDOS, COM BASE NOS ATIGOS 159, 1.538, 1.537 E 1.521, Nº III, TODOS DO CÓDIGO CIVIL – ADV. AUTORA OSCAR CANIZA E ADV. RÉ OSMAR PRATA.

CERTIFICO que a sentença *retro* transitou em julgado
Em, 26 de maio de 2019

ESCRIVÃO

ARQUIVADO
26/MAIO/2019.
ESCRIVÃO

Comentário sobre a Página 87

Com o proferimento da sentença, segue-se à sua publicação, em *Diário Oficial*, sendo dado início ao trânsito em julgado, cujo início houve na AUDIÊNCIA DE CONCILIAÇÃO, INSTRUÇÃO E JULGAMENTO. Que, *in casu*, houve e foi devidamente certificado, seguindo-se o arquivamento.

Conclusão

Embora tenha sido usado um processo de rito COMUM, apenas por uma questão de número de páginas, para não tornar o livro algo assustador, creio que, com base no processo analisado, foi possível ter-se uma noção de como deve ser visto o processo, pelo juiz, para a feitura de sua sentença. Propositalmente, o processo apresenta falhas, bastante corriqueiras num processo real, tal como na inicial, por não serem relacionadas todas as preliminares em seu início, mas encontrá-las também no corpo da exordial. Ou, ainda, ver o réu apresentar seu rol de testemunhas antes mesmo da audiência de conciliação. Tudo isso, que ocorre na realidade, deve ser observado pelo juiz e, sempre que o ato não cause qualquer prejuízo à parte adversa, deverá ela abster-se de declarar a sua nulidade ou a sua retirada dos autos (art. 282, § 1º). Deve, ainda, considerar o Princípio do Aproveitamento dos Atos. Verificamos, também, que um simples carimbo (certidão – o da distribuição e o do recebimento da petição do autor ou do réu) nos revela a sua tempestividade, quer quanto à prescrição, decadência, revelia ou preclusão. No caso apresentado, não tivemos a arguição dessas matérias. Porém, se diferente fosse, seriam naquelas certidões buscadas as soluções. Cabe aqui uma ressalva, cuja incidência é bastante comum: o juiz, ao contar o prazo, para a verificação de sua tempestividade, no processo civil, deixar de considerar que seu início se dá a partir do primeiro dia útil após a juntada (para a revelia e preclusão), incluindo o dia do vencimento que, se recair em dia não útil (sábado, domingo ou feriado, ainda que local), será prorrogado para o primeiro dia útil subsequente; vale registrar que os prazos de dias, contam-se dias úteis, não se incluindo sábado domingos e feriados. Com isso, pode ocorrer que, sendo o prazo de defesa, *v.g.*, de 15 dias, recaindo o dia final em um sábado, seguindo a segunda-feira como um feriado, prazo final total será de 18 dias (art. 224 e parágrafos). Por vezes, pequenos equívocos dessa ordem fazem o processo se movimentar desnecessariamente nos tribunais, delongando, ainda mais, a prestação da tutela jurisdicional.

Aprendemos, também, que existe o momento certo, para que o juiz, na sentença, aprecie esta ou aquela arguição das partes, mas sempre deverá apreciar todas, por mais absurda que possa ser, perante à ação ou pedido. E para tanto, a clareza, a precisão, a certeza e a retórica sempre deverão estar presentes na sentença, desenvolvendo cada julgador, com suas próprias palavras, a sua sentença, que sempre será um texto, antes de um ato jurídico, para o juiz que está a escrever. E assim, por mais erudito que seja o julgador, deverá ele lançar mão de linguagem simples, porém técnica, concisa, mas completa, clara, porém respeitosa, com retórica, mas, sem ser poética. Será a simplicidade da linguagem da sentença que a tornará compreensível para todos que a lerem. E esse é o ponto-chave da sentença: compor a lide, mas de forma compreensível, ainda que não concorde o vencido. Tratados e teses devem ser reservados para as obras jurídicas. Não cabem na sentença, exceto se a matéria, nova ou suficientemente não pacificada ou, ainda, inovadora quanto à sua interpretação, sob pena de se desvirtuar de sua real finalidade, que é a composição do litígio, que está a perturbar a ordem e a paz social. Afinal, um desajuste resultante de apenas uma relação de direito material acaba interferindo na conduta de outras pessoas, além das próprias partes, surgindo as diversas opiniões populares. É claro que estas surgirão, mesmo depois de definitivamente julgado o caso. Mas, pelo efeito *erga omnes*, decorrerá, naturalmente, uma acomodação sobre a questão. Afinal, o maior objetivo da sentença é fazer justiça.

Como registrei anteriormente, não existe uma fórmula mágica para se criar uma sentença, até porque cada caso é um caso; cada julgador tem sua formação pessoal que irá interferir no julgamento e na sua forma. Porém, o que buscamos aqui registrar são linhas mestras a serem observadas, a afim de tornar possível a construção da sentença mais técnica e correta possível, fazendo-se a justiça, dando a cada um o que lhe pertence ou mereça. Para aqueles que nunca tiveram contato com um processo integral, real, ou ainda para aqueles que sempre buscam, na sentença, o dispositivo, para saber se "ganharam ou perderam", oferecemos a oportunidade de terem uma visão diferente do processo e de sua sentença. Afinal a justiça (ou injustiça) não é feita exclusivamente pelo juiz, mas também pelos advogados e pelos agentes do Ministério Público. Afinal, a dinâmica do direito não permite uma verdade absoluta. E a única verdade absoluta que existe é a de que tudo é relativo.

Capítulo XVIII

A LUTA PELO DIREITO[92]

"O fim do Direito é a paz, o meio de atingi-lo, a luta. Enquanto o Direito tiver de contar com as agressões partidas dos arraiais da injustiça – e isso acontecerá enquanto o mundo for mundo – não poderá prescindir da luta. A vida do Direito é a luta – uma luta dos povos, dos governos, das classes sociais, dos indivíduos.

Todo o direito que existe no mundo foi alcançado através da luta; seus postulados mais importantes tiveram de ser conquistados num combate contra as cortes dos opositores; todo e qualquer direito, seja o direito dum povo, seja o direito do indivíduo, só se afirma através de uma disposição ininterrupta para a luta. O direito não é uma simples ideia, é uma força viva. Por isso, a justiça sustém numa das mãos a balança com que pesa o Direito, enquanto na outra segura a espada, por meio da qual o defende. A espada sem a balança é a força bruta, a balança sem a espada, a impotência do direito. Uma completa a outra, e o verdadeiro Estado de Direito só pode existir quando a justiça souber brandir a espada com a mesma habilidade com que manipula a balança.

O Direito representa um trabalho ininterrupto, não só do Poder Público, mas de toda a população. A vida do Direito nos oferece, num simples relance de olhos, o espetáculo dum labor e duma luta sem tréguas, idêntico ao com que nos deparamos no terreno da produção econômica e espiritual. Qualquer pessoa que se veja na contingência de ter de afirmar seu direito participa dessa tarefa de âmbito nacional, contribui para a realização da ideia do direito.

É verdade que nem todos os defrontam com o mesmo desafio. A vida de milhares e milhares de indivíduos desenvolve-se pelos caminhos regulares do Direito, sem qualquer ataque ou ofensa. Se disséssemos a estes indivíduos que o direito é a luta, não nos compreenderiam, pois só

---
92 Rudolf von Ihering. *A luta pelo direito*. Editora Rio, 1978, pp. 1/13.

veem nele um estado de paz e de ordem. E têm toda razão sob o ângulo da sua experiência pessoal, da mesma forma que a tem o rico herdeiro que, depois de colher sem o menor esforço os frutos do trabalho alheio, contesta a proposição de que a propriedade tem a sua origem no trabalho. A ilusão de ambos provém do fato de que tanto a propriedade como o direito encerram duas facetas que se podem desdobrar no plano subjetivo, de tal forma que uns caiba o gozo e a paz, a outros o trabalho e a luta.

A propriedade e o direito têm cabeça de Jano, com face dupla. A uns volta uma das faces, aos demais a outra.

Dali vem a imagem totalmente diversa das duas entidades que os homens concebem. Em relação ao direito essa diversidade de imagens ocorre não só com os indivíduos, mas também com as épocas da história. A vida de um homem é a guerra, a de outro a paz. E a diversidade da distribuição subjetiva das duas facetas do direito produz nos povos a mesma ilusão que nos indivíduos. Basta um longo período de paz para que floresça a crença na paz perpétua – até que o primeiro tiro de canhão espante o belo sonho. Então o lugar da geração que gozou a paz sem o menor esforço é o culpado por outra que há de reconquistá-la através das árduas labutas da guerra. É assim que tanto na propriedade como na paz repartem-se o trabalho e o gozo. Ocorre, todavia, que ao gozo e à paz desfrutada por um indivíduo correspondem o trabalho e a luta de outro. A paz sem luta e o gozo sem trabalho pertencem aos tempos do paraíso; na história esses benefícios só surgem como produto de um esforço persistente e exaustivo".

Adendo I
DA DESENVOLTURA DE UM TEXTO

Samir Meserani,[93] no introito de sua obra, em treze itens, com linguagem bastante simples, exorta o aprendiz a destemer o ato de escrever, de produzir um texto, mesmo não sendo ele dotado naturalmente de tal conhecimento. Mostra o professor que a criatividade pode ser desenvolvida, independentemente de a pessoa possuir ou não o dom para a criação de um texto. Aponta ser sua obra dirigida à criação de redação escolar e não para a criação de escritores, mas, desbloqueando a sua imaginação, com a técnica de redação, ainda que escolar, será possível

---
93 Samir Curi Meserani. *Redação Escolar – Criatividade*, Colégio 1, 5ª ed., 1974, pp. 4-7.

aplicar seus subsídios na criação de qualquer outro texto, inclusive na sentença. Desperta o autor o desbloqueio inibitório do ato de redigir, independentemente da capacidade de cada um, mas apenas mostrando um aprendizado especial, desenvolvendo sua criatividade. E essa, como qualquer outra obra, exige criação, que nasce de ato de inteligência. É claro que na sentença não será criada tal qual um texto de redação, criando-se ou imaginando-se, conforme a sua vontade, capacidade ou sentimento. Mas, como texto, na sentença a desenvoltura de sua criatividade irá balizar a retórica empregada, tornando-a suficientemente clara, concisa e persuasiva. Aponta o professor Samir que a existência de alguns bloqueios, inibidores do ato de redação, pode ser eliminada na medida em que se tenham estímulos que liberem sua imaginação e desenvoltura. Dessa forma, o ato de escrever, seja uma redação, um conto ou uma sentença, se apresentará como uma distração, e não como uma obrigação, que irá tolher sua capacidade de desenvolvimento. Com as técnicas do professor Samir Meresani, aqueles que possuírem dificuldades na redação da sentença sentirão, ao contrário, uma maior desenvoltura, sem, é claro, transformar a sentença numa redação escolar.

Adendo II

ORTOGRAFIA – CONCORDÂNCIA – PARÁGRAFO – PONTUAÇÃO

Como vimos, a sentença deve ser clara e precisa e, para tanto, é necessário o uso correto da escrita e da gramática. O texto – e como tal deve também ser estudada a sentença – deve estar escrito com perfeição, a fim de atingir-se, primeiramente, a sua clareza e a sua certeza, sem permitir que sua interpretação, por erro gramatical, seja levada a conclusões distintas entre si, ou com a própria decisão. Ademais, é da própria lei a obrigatoriedade do uso do vernáculo, também e principalmente, na sentença. E não se pode conceber o vernáculo distanciado de sua ortografia e gramática.

Assim, este breve estudo gramatical em que pese singelo aparentar-se desnecessário, deve ser objeto de consideração no estudo da estrutura da sentença. Dentre vários autores de obras sobre gramática, de ótima qualidade, sugerimos a de Domingos Paschoal Cegalla – *Novíssima Gramática da Língua Portuguesa* –, para aqueles que pretendem buscar rememorar sobre a nossa língua e sua correta aplicação.

Ortografia

A palavra ortografia é formada por dois elementos gregos: orthós (correta) + grafia (escrita). A ortografia tem por função definir normas segundo as quais as palavras devem ser escritas para que sejam consideras corretas.

A ortografia, portanto, é a parta da gramática que trata de maneira correta de escrever as palavras. Cada língua tem regras de ortografia às quais todos devem obedecer.

Dentro desse brevíssimo estudo, analisaremos aquelas que, com maior frequência, apresentam-se como verdadeiras barreiras aos construtores dos textos jurídicos.

Acentuação gráfica

Para acentuar graficamente as palavras da língua portuguesa utilizamos os seguintes sinais de acentuação: agudo (´); circunflexo (^); grave (`) e tema (¨).

A – Todas as palavras proparoxítonas (aquelas em que a sílaba tônica recai na antepenúltima) devem receber o acento gráfico.
- com acento agudo, se a vogal tônica for aberta (místico, xícara, úmido, técnica, lágrima, término, lógico).
- com acento circunflexo, se a vogal for fechada ou nasal (âncora, lâmpada, pêssego, fôlego, fôssemos).

B – Os vocábulos paroxítonos (aqueles em que a sílaba tônica é a penúltima) são acentuados quando determinados em:
   a) ditongo crescente (combinação de uma semivogal [i,u], com uma vogal [a,e,o], seguindo ou não de "s": (sábio, planície, régua, árdua).
   b) i, is, us, um, uns (táxi, lápis, bônus, álbum, médiuns).
   c) l, n, r, x, on, nos, ps (cônsul, hífen, revólver, fênix, elétrons, fórceps).
   d) ei, eis (jóquei, túneis).
   e) ã (s), ão (s), (ímã (s), órgão (s)).

Capítulo XVIII – A luta pelo direito

Não se acentuam, porém, as paroxítonas terminadas em – ENS (itens, jovens), nem prefixos: anti, semi e super (semi-aberto, super-homem).

C – Os vocábulos oxítonos (aqueles em que a sílaba tônica é a última) são acentuados quando terminados em:

a) a, e, o, seguidos ou não de "s": será, você, avó (também os infinitivos) cortá-los, vendê-lo, compô-lo, corta-lo-á, vende-lo-á e compo-lo-á.

b) em, ens (duas ou mais sílabas): ninguém, intervém, armazéns.

A terceira pessoa do plural do presente do indicativo dos verbos derivados de *ter* e *vir* leva acento circunflexo:

Eles obtêm; detêm.

Eles intervêm; provêm; convêm.

D) Acentuação dos hiatos.

b) Acentuam-se as vogais *i* e *u* tônicas dos hiatos quando estiverem sozinhas na sílaba ou forem seguidas de "s": juízes, saída, raízes, país, faísca. Não se acentuam, contudo, se forem seguidas pelo dígrafo, *nh*: rainha, moinho, lagoinha.

Obs: Não se acentuam, porém, os oxítonos terminados em i(s): aqui, puni-los, reduzi-los, rainha, moinho, lagoinha, juiz, ruim, instruiu.

E – Acentuação dos monossílabos.

Os monossílabos tônicos são acentuados quando:

1. terminados em a, e, o, seguidos ou não de "s": há, pé, mês, nó.

2. encerram os ditongos abertos – éi, éu, ói: réu, réis, dói.

3. acentuam-se os verbos pôr, têm (plural) e vêm (plural), para distingui-los de por (preposição), tem (singular) e vem (singular).

Eles têm autoridade: vêm pôr ordem na cidade.

Nos grupos que, qui, gue, gui:

1. Quando o "u" é proferido e tônico, coloca-se acento agudo: averigúe, argúi, arguém.

2. Quando átono, o "u" receberá trema: arguir, delinquência, cinquenta, sequestro.

F – Quando os vocábulos forem homógrafos, haverá o acento diferencial (agudo ou circunflexo), nos seguintes casos:

- ás (carta de bar, piloto exímio), as (art. fem. plural);
- para (verbo), para (preposição);
- péla, pélas (subst. e verbo), pela, pelas (contratações de per+o, per+os);
- pélo (verbo), pêlo, pêlos (subst.), pelo, pelos (per+o, per+os);
- pêra (fruta), pera (prep. arcaica);
- pôr (verbo), por (preposição);
- quê (subst..), pronome em fim de fase, que (conjunção);
- porquê (subst.), por quê (usado em fim de frase), porque (conjunção);
- pôde (pretérito perfeito da 3ª pessoa do singular do verbo poder) e pode (presente do indicativo).

G – O acento grave é usado apenas para indicar a crase (fusão) da preposição "a", com os artigos "a", "as" e com os demonstrativos a, as, aquele(s), aquela(s), aquilo = à, às, àquele, àquela, àquilo, ou quando houver a elipse da palavra modo ou maneira:

- calçados à Luís XV (à moda de Luís XV);
- cabelos à Sansão.

Não há crase:
Não havendo o artigo "a(s)" antes do termo dependente:
1. Diante de palavras masculinas:
- Não assisto a filmes de guerra.
- Admirem os quadros a óleo.
- Ele foi a mando do seu patrão.
- Ele foi a pé para a escola.

2. Diante de substantivos femininos usados em sentido geral e indeterminado:
- Não confiou seu segredo a pessoa alguma.
- Contou o caso a uma senhora supersticiosa.

3. Diante de nomes de parentesco, precedidos de possessivo:
- Recorri a minha mãe.
- Fez uma visita a sua tia.

4. Diante de nomes próprios que repelem o artigo:
- O réu foi a Curitiba e depois a Londrina.
- E o réu disse a Paula: dediquei essa vitória a minha mãe.

Porém, se o nome próprio admitir o arrigo ou vier acompanhado de adjetivo ou locução adjetiva, usa-se a crase:
- A virgem (Santa): Maria tinha devoção à virgem.
- A bela Curitiba: Cheguei à bela Curitiba.

5. Diante da palavra casa, no sentido de lar, domicílio, quando não acompanhada de adjetivo ou locução adjetiva:
- Chegamos a casa quase sempre à tardinha.
- Chegou à Casa Branca, quando era criança.
- Em breve chegará à casa da vovó.

6. Nas locuções formadas com a repetição da mesma palavra:
- Dia a dia o seu ódio ia aumentando. Entraram um a um.
- Cara a cara com a fama e o dinheiro.

7. Diante do substantivo terra, em oposição a "a bordo, na água/no mar":
- E Antônio desceu a terra, apenas para comprar cigarros:

Se a palavra terra for usada no sentido de terra natal ou planeta, ocorrerá a crase, isto se o termo regente existir a preposição *a*:
- Chegaram à terra dos elefantes.

8. Diante de artigos indefinidos e de pronomes pessoais (exceto senhora e senhoria) e interrogativos:
- Chegamos à cidade a uma hora morta.
- Recorreram *a* ela...
- Solicito a Vossa Senhoria...
- A qual delas você se refere?

Mas:
- Peço à *senhoria* que tenha paciência.
- Dirigi-me à senhora.

9. Diante dos outros pronomes que repelem o artigo (na maioria, os indefinidos, os relativos e os demonstrativos):
- Escrevi a toda família.
- O vício o levou a tamanho definhamento.
- Ele estava a certa distância de Paulo.

Contudo, há pronomes que admitem o artigo, havendo a crase:
- Não falou nada às *outras*.
- Diga à tal senhora...
- As acusações de Antônio, às quais responderei oportunamente,...
- Estavam atentas umas às *outras*.

10. Diante de numerais cardinais referentes a substantivos não determinados pelo artigo:
- Isto foi *a 20 de maio* de 1970.
- O fato ocorreu de meia-noite *a três horas*.

Mas, se a locução adverbial exprimir hora determinada ou se o numeral estiver precedido de artigo, haverá crase:
- Antônio chegou ao local dos fatos *às oito horas* da noite.
- Assisti às duas sessões de ontem.

11. Diante de verbos (porque antes de verbos não podem haver artigo):
- Estava disposto *a trabalhar*.
- Puseram-se *a discutir* em voz alta.
- Isso ajuda a explicar o excelente desempenho do juiz.

12. Quando a palavra distância vier determinada, *especificada* teremos crase:
- Acha-se à distância *de dez metros do local dos fatos*.

Mas se houver indeterminação, portanto ausente o artigo, não haverá crase:
- O réu seguiu a vítima a distância.

13. O "a" ou "as" de locuções adverbiais, prepositivas ou conjuntivas formadas de substantivo feminino (expresso ou elíptico):
- à noite; à vista; à vista de; à direita, à toa, à americana.
- Era bonito o entardecer à beira do lago.
- À medida que caminhava, recordava-se da infância.

14. A fusão da preposição a, com os pronomes demonstrativos aquele(s) aquela(s), aquilo:
- O declarante foi àquele local.
- Acho que Deus dá o melhor àqueles que deixam as decisões com Ele.

Sinais de pontuação

A língua falada dispõe de recursos muitos variados para exprimir suas pausas e anotações. Na língua escrita, essas pausas e entoações são representadas pelos sinais de pontuação.

Os sinais de pontuação, num texto jurídico, vêm esclarecer o sentido de casa frase, afastando ambiguidades.

Vírgula

1. Emprega-se a vírgula:
   A – para separar palavras, ou orações justapostas assindéticas:
- A terra, o mar, o céu, tudo apregoa a glória de Deus.
- As casas, as ruas, as praças e os bares estavam desertos.
- Os passantes chegam, olham, perguntam e prosseguem.

B – para separar vocativos:
- Olha, Roque, você me vai dar um remédio.
- Abandono-me a vós, constelações.

C – para separar apostos e acertos predicativos
- Iracema, a virgem dos lábios de mel, tinha os cabelos mais negros que a asa da graúna.
- Natal, capital do Rio Grande do Norte, é uma linda cidade.

D – para separar orações intercaladas e outras de caráter explicativo:
- A história, diz Cícero, é mestra da vida.

E – para separar certas expressões explicativas, ou retificativas, como: isto é, a saber, por exemplo, ou melhor, ou antes etc.
- O amor, isto é, o mais forte e sublime dos sentimentos humanos, tem seu princípio em Deus.

F – para separar orações adjetivas explicativas:
- Pelas 11 horas do dia, que foi de sol ardente, alcançamos a margem do rio Paraná.

G – de moro geral, para separar orações adverbiais desenvolvidas:
- Enquanto o marido pescava, Rosa ficava pintando a paisagem.

H – para separa orações reduzidas adverbiais:
- O tiroteio inesperado, violentando a paz da noite, fez a cidade estremecer.

I – para separar adjuntos adverbiais:
- Eis que, aos poucos, lá para as bandas do oriente, clareia um caminho do céu.

J – para indicar a elipse deum termo:
- Uns diziam que se matou, outros, que fora para o Acre.
- Eles partirão hoje; nós, amanhã.

K – para separar certa conjunções pospositivas, como porém contudo, pois, entretanto, portanto etc.:
- Vens, pois, anunciar-me uma desventura.

L – para separar os elementos paralelos de um provérbio:
- Mocidade ociosa, velhice vergonhosa.

M – para separar os termos que desejamos realçar:
- O dinheiro, Jaime trazia escondido nas mangas do paletó.

2. Não se empregará vírgula:
A – entre o sujeito e o verbo da oração:

Obs.: Se entre o sujeito e verbo ocorrer adjunto ou oração, com pausas obrigatórias, terá lugar um par de vírgulas:
- Meus olhos, devido à fumaça, ardiam e lacrimejavam muito.

B – entre o verbo e seus complementos:
- Dona Elza pediu ao diretor do colégio que colocasse o filho em outra turma.

C – antes de oração adverbial consecutiva do tipo:
- O vento soprou tão forte que arrancou mais de uma árvore:

Ponto e vírgula

O ponto e vírgula denota uma pausa um pouco mais longa que vírgula e emprega-se principalmente:

1. Para separar orações coordenadas de certa extensão:
- "Depois Iracema quebrou a flecha homicida; deu a haste ao desconhecido, guardando consigo a ponta farpada" (José de Alencar).
- Astrônomos já tentaram estabelecer contato com seres extraterrenos, suas tentativas, porém, foram infrutíferas.

2. Para separar os considerandos de um decreto, sentença, petição, leis, regulamentos etc.

Dois pontos

Emprega-se esse sinal de pontuação:
1. Para anunciar a fala dos personagens nas histórias de ficção:
- O baixinho retomou o leme, dizendo:
– Olha, menino, veja a Bahia.
- Ouvindo passos no corredor, abaixei a voz:
– Podemos avisar a sua tia, não?

2. Antes de uma citação:

- Repetia as palavras do pai: o mundo, sem a selva, será triste e mau.

3. Antes de certos postos, principalmente nas enumerações:
- Duas coisas lhe davam superioridade: o saber e o prestígio.
- Existem na esgrima três modalidades de armas: florete, sabre e espada.

4. Antes de orações positivas:
- A verdadeira causa das guerras é esta: os homens se esquecem do Decálogo.

5. Para indicar um esclarecimento, um resultado ou resumo do que se disse:
- Afinal, a casa não caíra do céu por descuido: fora construída pelo major.
- Resultado: no fim de algum tempo tinha o que se chama "dinheiro no Banco".
- Em resumo: saí com 1.029 cruzados no bolso, um tanto confuso.

6. Para iniciar uma enumeração:
- Tudo foi verificado: os freios, os pneus, o motor.

Ponto final

1. Emprega-se, principalmente, para fechar o período:
- Mestre Vitorino morava no mar.

2. Usa-se também nas abreviaturas:
- Sr. (senhor), a. C. (antes de Cristo), pág. (página) P.S (*post scriptum*) etc.

Ponto de interrogação

1. Usa-se no fim de uma palavra, oração ou frase, para indicar pergunta direta, que se faz com entoação ascendente:
- Aonde? Perguntou Dona Plácida.
- Não estás farto do espetáculo e da luta?

- Que vai fazer V. Exª? Tornou Calisto.
- Que tem isso? Perguntava-lhe eu.
- Caça é coisa para homem, não é, Cesar?

2. Aparece, às vezes, no fim de uma pergunta intercalada, que pode, ao mesmo tempo estar entre parênteses.:

- A imprensa (quem a contesta?) é o mais poderoso por meio que se tem inventado para a divulgação do pensamento.

Outras vezes combina-se com o ponto admirativo ou as reticencias:

- A mim?! Que ideia!
- Vírgula? Mas então era a mesma senhora que alguns anos depois...?

Obs.: Não se usa o ponto interrogativo nas perguntas indiretas:

- Dize-me o que tens.
- Desejo saber quem vai.
- Perguntei quem era.

Ponto de exclamação

1. Usa-se depois das interjeições, locuções ou frases exclamativas, que se proferem com entoação descendente, exprimindo surpresa, espanto, susto, indignação, piedade, ordem, súplica etc.

- Céus! Que injustiça!
- Nunca! Gemeu o enfermo.
- Coitada de Dona Plácida!
- Ah! Mísero demente! O teu tesouro é falso!
- Suspendam o interrogatório!
- Um automóvel! Depressa!

2. Substitui a vírgula depois de um vocativo enfático:

- Colombo! Fecha a porta dos teus mares!

Reticências

As reticências são usadas principalmente:

1. Para indicar suspensão ou interrupção do pensamento:

- Mas essa cruz, observei eu, não me disseste que era teu pai que...
- A instrução é indispensável, a instrução é uma chave, a senhora não concorda, dona Madalena?

2. Para indicar corte da frase de um personagem pelo interlocutor, nos diálogos:

– Quem se habilita aos livros...
– É não habituar-se, interrompi.

3. No meio do período, para indicar certa hesitação ou breve interrupção do pensamento:

- Porque... não sei porque... porque é a minha sina...
- Do contrário, se é amigo dele... peço-lhe que o distraia... que...

4. No fim de um período gramaticalmente completo, para sugerir certo prolongamento da ideia:

- Na terra os homens sonham, os homens vivem sonhando...
- Ninguém... A estrada, ampla e silente, sem caminhantes adormece...

5. Para sugerir movimento ou a continuação de um fato:

- E o pingo d'água continua...
- E a vida passa... efêmera e vazia.

6. Para indicar chamamento ou interpelação, em lugar do ponto interrogativo:

- Seu pilar... Murmurou ele daí a alguns minutos.

7. Para assinalar supressão de palavras numa frase transcrita:

- ... o chefe dos pescadores... se arroja nas ondas...

Neste último caso, as reticências são mero sinal gráfico: não representam pausa nem entoação especial.

Obs.: As reticências e o ponto de exclamação, sinais gráficos subjetivos de grande poder de sugestão e ricos em matizes melódicos, são ótimos auxiliares da linguagem efetiva e poética. Seu uso, porém, é antes arbitrário, pois depende do estado emotivo do escritor.

Parênteses

Usam-se para isolar palavras, locuções ou frases intercaladas no período, com caráter explicativo, as quais são proferidas em tom mais baixo:
- O Cristianismo (escreveu Chateaubriand) inventou o órgão e fez suspirar o bronze.
- Mas o tempo (e é outro ponto em que eu espero a indulgência dos homens pensadores!), o tempo caleja a sensibilidade...

Às vezes substituem a vírgula ou o travessão:
- Ora (direis) ouvir estrelas! Certo

Travessão

O travessão (–) é um traço maior que o hífen e usa-se:

1. Nos diálogos, para indicar mudança de interlocutor, ou simplesmente início da fala de um personagem:

– Você é daqui mesmo? Perguntei.

– Sou, sim senhor, respondeu o garoto.

2. Para separar expressões ou frases explicativas ou apositivas:
- E logo me apresentou à mulher – uma estimável senhora – e à filha.

3. Para isolar palavras ou orações que se quer realçar ou enfatizar:
- Acresce que chovia – peneirava – uma chuvinha miúda, triste e constante...
- O obelisco aponta aos mortais as coisas mais altas: o céu, a lua, o sol, as estrelas – Deus.

4. Para ligar palavras em cadeia de um itinerário:

- A via férrea São Paulo – Sorocaba.
- A linha aérea Brasil – Estados Unidos.

O travessão, às vezes, substitui os parâmetros e mesmo a vírgula e os dois pontos:

- Uma das glórias – e tantas são elas! – da Ordem Beneditina do Brasil é D. Frei Antônio do Desterro.

Aspas

Usam-se antes e depois de uma citação textual (palavra, expressão, frase ou trecho):

- Disse apenas ao sapateiro que o criticaria: "Sapateiro, não passes além da Sandália!"

É usual aspearem-se expressões ou conceitos que se deseja pôr em evidência:

- Miguel Ângelo, "o homem das três almas",...
- Desde os cincos anos merecera eu a alcunha de "menino diabo".

Põem-se entre aspas ou, então, grifam-se palavras estrangeiras ou termos da gíria, título de obras literárias ou artísticas, jornais, revistas, enfim, toda expressão que devem ser destacada:

- E o réu entregou a "moamba"...
- "Confessa vênia", apresento-vos as razões...

Parágrafo

É a parte do discurso, do texto, que possui sentido completo. Na sentença, cada parágrafo do texto deve ser apresentado com a mudança de linha e início de outra, devidamente marqueada.

Concordância nominal

1. Existe uma regra geral para a concordância nominal: os nomes (artigos, adjetivos, numerais e pronomes adjetivos) devem ser flexionados em gênero e número para se adequarem ao substantivo a que se referem.

- O *alto ipê* cobre-se de *flores amarelas*.

2. Quando o adjetivo se referir a mais de um substantivo de gênero ou número diferentes, quando posposto, concordará no masculino plural (as joias e o revólver *espalhados* pelo chão da casa) ou, quando anteposto, concordará com o substantivo mais próximo (Escolheu *mau* lugar e hora).

3. Quando dois ou mais adjetivos se referem ao mesmo substantivo determinado pelo artigo, ocorre dois tipos de construção, corretas:

- Os dedos indicador e médio estavam feridos.
- O dedo indicador e o médio estavam feridos.

Concordância do adjetivo predicativo com o sujeito

1. O predicativo concorda em gênero e número com o sujeito simples.

- O direito sem justiça é *desastroso*.

2. Se o sujeito é composto e constituído por substantivos do mesmo gênero, o predicativo concordará no plural e no gênero deles:

- A ciência e a virtude são *necessárias*.
- O irmão e o primo são pequenos.

3. Se o sujeito é composto e constituído por substantivos de gêneros diferentes, o predicativo ficará no masculino plural:

- O réu e a ré estavam *cautelosos*.
- O seu argumento e sua razão eram *justos*.

4. Se o sujeito for representado por um pronome de tratamento, a concordância se efetua com o sexo da pessoa a quem nos referimos:

- Vossa Excelência está *enganado*, Dr. Juiz.

- Vossa Excelência (referindo-se a uma mulher) foi muito *severa*.

5. Nas locuções "é bom, é necessário, é preciso, é mau" o predicativo apresenta-se no masculino singular, embora seja o substantivo feminino ou plural:
- É *preciso* cautela com certas afirmativas.
- É *necessário* muita paciência:

6. Essas expressões concordam com o substantivo a que se referem quando este é precedido de artigo ou de pronome. Ou, se determinado o sujeito, a concordância será normal:
- É *necessária* a tua completa paciência.
- Foram precisos milênios de lutas conta a animalidade.
- É proibida a entrada.

Concordância do predicativo com o objeto

1. O adjetivo concorda em gênero e número com o objeto, quando este for simples:
- O tribunal qualificou *ilegais* as nomeações do ex-prefeito.

2. Quando composto o objeto e constituído por elementos do mesmo gênero, o adjetivo se flexiona no plural e no gênero dos elementos:
- A justiça declarou *criminosos* o empresário e seus auxiliares.
- O declarante deixou bem *fechadas* a porta e as janelas.

3. Se composto o objeto e formado por elementos de gêneros diversos, o adjetivo predicativo ficará no masculino, podendo concordar com o núcleo mais próximo, se anteposto ao objeto:
- O policial encontrou *jogados* no chão o revólver e as joias.
- É preciso que se mantenham *limpas* as ruas e os jardins.

BIBLIOGRAFIA

AGRÍCOLA BARBI, Celso. *Ação declaratória principal e incidente*, 5ª ed., Editora Forense, 1986.

ALVIM, Arruda. *Manual do direito processual*, vs. 1 e 2, 2ª ed., Editora Revista Forense, 1979/1985.

AMARO DE SOUZA, Gelson. *Do valor da causa*, Editora Sugestões Literárias, 1986.

ARRUDA ALVIM PINTO, Tereza. *Nulidades da sentença*, v. 16, Editora Revista dos Tribunais, 1987.

BAIRROS DE BRUM, Nilo. *Requisitos retóricos da sentença penal*, Editora Revista dos Tribunais, 1980.

C. SALMON, Wesley. Lógica, 6ª ed., Zahar Editores, 1984.

CALAMANDREI, Piero. *Eles, os juízes, vistos por um advogado*, 3ª ed., Editora Martins Fontes, 1995.

CEGALLA, Domingos Paschoal. *Novíssima gramática da língua portuguesa*, 22ª ed., Companhia Editora Nacional.

CONSTITUIÇÃO DA REPÚBLICA FEDERATIVA DIO BRASIL. Série Legislação Brasileira.

CONSTITUIÇÃO DOS ESTADOS UNIDOS DA AMÉRICA. Edições Trabalhistas, 1987.

CONSTITUIÇÕES FEDERATIVAS DE 1967, 1946, 1937, 1934, 1891, 1824. Editor Max Limonad, 1967.

DA COSTA TOURINHO FILHO, Fernando. *Processo penal*, 6ª ed., v. 4, Editora Saraiva, 1982/1983.

CRUZ E TUCCI, José Rogério. *A motivação da sentença no processo civil*, Editora Saraiva, 1987.

CUNHA CHIMENTI, Ricardo. *Teoria e prática dos juizados especiais cíveis*, Editora Saraiva, 1999.

CURI MESSERANI, Samir. *Redação escolar – Criatividade*, 5ª ed., Editora Discubra.

DE ARAÚJO CINTRA, Antonio Carlos; Pellegrini Grinover, Ada; R. Dinamarco, Cândido. *Teoria geral do processo*, 3ª ed., Editora Revista dos Tribunais, 1976.

DE ASSIS CORREA, Orlando. *A sentença cível e suas nulidades*, 2ª ed., Editora Síntese.

DE BARROS MONTEIRO, Washington. *Curso de direito civil*, v. 1, Editora Saraiva, 1971.

DE COULANGES, Fustel. *A cidade antiga*, Hemus Livraria Editora Ltda., 1975.

DE MIRANDA, Pontes. *Tratado da ação rescisória*, Editora Bookseller, 1998.

DINIZ, Maria Helena. *Compêndio de introdução à ciência do direito*, 10ª ed., atualizada, Editora Saraiva, 1998.

ENCICLOPÉDIA SARAIVA DO DIREITO. Editora Saraiva, 1977.

FRIGINI, Ronaldo. *Juizados Especiais Cíveis – Ementário de jurisprudência dos Colégios Recursais*, 2ª ed., Editora de Direito, 1997.

LAURIA TUCCI, Rogério. *Do julgamento conforme o estado do processo*, 2ª ed., Editora Saraiva, 1982.

MARQUES, José Frederico. *Manual do direito processual civil*, v. 1, 4ª ed., Editora Saraiva, 1976.

MIRANDA, Vicente. *Poderes do juiz no processo civil brasileiro*, Editora Saraiva, 1992.

NASCIMENTO GOMES TOSTES, Natacha; Cunha Silva Araújo de Carvalho, Marcia. *Juizado Especial Cível*, Editora Renovar, 1998.

NEGRÃO, Theotonio. *Código de Processo Civil e legislação processual em vigor*, 29ª ed., Editora Saraiva, 1998.

NERY JUNIOR, Nelson. *Princípios fundamentais – Teoria geral dos recursos*, 4ª ed., Editora Revista dos Tribunais, 1997.

NERY JUNIOR, Nelson, Andrade Nery, Rosamaria. *Código de Processo Civil*, 3ª ed., Editora Revista dos Tribunais, 1997.

ORDEM DOS ADVOGADOS DO BRASIL. *Manual do advogado*, 2ª ed., Editora Juruá, 1996.

REALE, Miguel. *Filosofia do direito*, 18ª ed., Editora Saraiva, 1998.

RODRIGUES, Silvio. *Direito civil*, 5ª ed., v. 1, Editora Saraiva, 1972.

SASHIONE FADEL, Sérgio. *Código de Processo Civil comentado*, vols. 1 e 2, 4ª e 5ª ed., Editora Forense, 1985.

SAID CAHALI, Yussef. *Honorários advocatícios*, 2ª ed., Editora Revista dos Tribunais, 1990.

SANTOS, Moacyr Amaral. *Primeiras linhas de direito processual civil*, v. 1, 5ª ed., Editora Saraiva, 1977.

SILVEIRA, Alípio. *Hermenêutica jurídica – Seus princípios fundamentais no direito brasileiro*, v. 4, Editora Leia Livros.

SILVEIRA NORONHA, Carlos. *Perfil histórico da sentença*. Editora Revista dos Tribunais, 1995.

TÁVARO NIESS, Paulo Henrique. *Teoria e prática do processo civil de conhecimento*, Editora Saraiva, 1988.

THEODORO JÚNIOR, Humberto. *Sentença – Direito processual civil ao vivo – A sentença e seus efeitos – Evolução legislativa e jurisprudencial*, v. 1, 2ª ed., Editora Aide, 1997.

_____. *Curso de direito processual civil*, v. 1, 2ª ed., Editora Forense, 1986.

TOURINHO FILHO, Fernando da Costa. *Processo penal*, Editora Jalovi, 2ª ed., 1977.

VON IHERING, Rudolf. *A luta pelo direito*, Editora Rio, 1978.

ÍNDICE ALFABÉTICO-REMISSIVO

(Os números referem-se as páginas)

A

A fundamentação pp. *13, 14, 39, 42, 45, 47, 74, 111, 150*
A paz e a ordem social pp. *84*
Ação declaratória ordinária de inexistência de ato jurídico pp. *63*
Ação e reconvenção pp. *98*
Ação rescisória pp. *59, 60, 61, 62, 103, 108, 139,*
Ação rescisória e recursos pp. *59, 109, 174, 236*
Acima e entre as partes p. *12*
Ações dúplices pp. *99, 100*
Ações reunidas por conexão ou continência pp. *103, 105*
Alternativos p. *26*
Aplicação da gramática (exemplos de confusão) p. *70*
Apreciação na mesma sentença p. *100*
Art. 5º da Lei de Introdução ao Código Civil Brasileiro
Assistência pp. *102, 169, 202, 206, 268*

B

Bom senso p. *89*
Bom senso e a lei – nota nº 59
Brocardo in claris cessat interpretatio p. *84*

C

Característica p. *100*
Casos mais comuns de confusão p. *34*
Casos mais comuns de sentenças inexistentes p. *67*
Casos mais comuns de sentenças nulas p. *65*
Ciência jurídica pp. *15, 85*
Cumulação de ações p. *111*
Restituição de coisas apreendidas p. *104*
Clareza, precisão e persuação p. *50*
Coisa julgada p. *59*
Como ato de vontade p. *10*
Como continuidade da própria norma p. *81*
Como fato jurídico p. *11*

Complexos p. 29
Composição da sentença cível no juizado especial - esquema p. 144
Conclusão pp. 6, 10, 13, 88
Condenatório p. 28
Conflito de interesses p. 16
Consequências pela confusão p. 31
Constitutivo pp. 28, 39
Conclusão pp. 9, 26, 69, 75, 93, 125, 151, 293
Criação do texto p. 68
Critérios estabelecidos p. 85
Cumulação de ações pp. 25, 106, 111

D

Da arte de redigir p. 70
Da fluência, da crítica e da criatividade do juiz p. 69
Da ortografia e da gramática p. 70
Da retórica p. 68
Das expressões jurídicas pp. 71, 263
De forma pp. 7, 12, 15, 29, 97
Declaratória p. 263
Definição p. 9
Definitiva pp. 57, 61
Definitiva de mérito p. 21
Definitiva e certa p. 68
Denunciação à lide p. 102
Despacho de mero expediente p. 31
Despachos interlocutórios p. 33
Divisão do texto p. 53
Do ângulo de sua estrutura técnica e de sua criação p. 3
Do chamamento ao processo p. 100
Do direito do réu p. 100

E

E a assistência judiciária pp. 108, 148
E as causas de pequeno valor, ou inestimável, ou sem conde p. 111
E o art. 20, CPC
E o valor da causa p. 107
Ementas de turmas recursais p. 144
Epílogo p. 57
Esquema p. 75
Estado de direito p. 84
Estrutura da sentença como ato escrito p. 65
Exceção de incompetência p. 34
Exigências do bem comum p. 83
Existência e desconstituição pp. 24, 60
Expressões jurídicas de passado histórico p. 70

Extintiva pp. 16, 23, 41
Extra petita pp. 25, 26

F

Fatores subjetivos e pessoais p. 12
Fins sociais p. 88
Função pp. 6, 7, 16, 22
Função decisória da sentença p. 16
Grau de cultura e ordem social pp. 15, 18, 82, 114

I

Impugnação ao valor da causa p. 34
Incidente de falsidade documental p. 35
Infra ou citra petita p. 25
Interpretação literal e intrínseca do texto legal p. 83
Intervenção de terceiros e do litisconsórcio p. 101
Introdução ou cabeçalho pp. 38, 51, 54

J

Juiz e a análise científica dos fatos controvertidos p. 17
Juiz e sua evolução histórica pp. 5, 7
Juiz, finalidade social da própria lei p. 18
Juizado especial cível p. 136
Juízos opinativos
Justificação de posse p. 34

L

Lei
Litisconsórcio p. 101
Litispendência pp. 59, 89
Lógica pp. 73, 120, 136

N

Não poderá ser desconstituída p. 64
No período pós-clássico p. 6
No período pré-justiniano p. 263
No primórdio pp. 5, 7
Nomeação a autoria p. 221
Nulidade absoluta pp. 37, 60

O

O art. 5º da Lei da Introdução ao Código Civil Brasileiro p. 83
O dispositivo pp. 50, 53, 74, 111

O juiz na antiguidade pp. 1, 2
O juiz na atualidade pp. 3, 7
O período moderno p. 6
O relatório pp. 38, 50, 74, 97, 111, 115, 137
O sentimento e a lógica pp. 13, 41, 74
Origem pp. 9, 11

P

Partes requerente e requerido pp. 97, 113, 161
Pedidos alternativos ou sucessivos p. 107
Perempção pp. 30, 59, 89
Planificação da sentença pp. 72, 105
Prescrição pp. 26, 63
Princípios gerais pp. 70, 74, 134, 139, 276
Processo pp. 11, 37, 59, 90, 101, 107, 121, 124, 130, 137, 142, 141, 143, 167, 212, 221, 289, 316, 314, 315
Questão de alta indagação pp. 105, 276

R

Reconhecimento do direito do réu pp. 98, 99
Regras hermenêuticas p. 84
Relatório pp. 37, 38, 65, 75
Requisitos necessários p. 37
Restituição de coisas apreendidas pp. 111

S

Secundários pp. 263, 272
Sentença como redigir p. 65
Sentença e efeitos principais p. 28
Sentença e seus requisitos complementares p. 37
Sentença e sua evolução histórica p. 5
Sentença homologatória de cálculo de liquidação p. 36
Sentença, espécies p. 263
Sentença, sua definição, seu significado e representação p. 9
Sentenças complexas pp. 96, 99, 101, 103, 105
Sentenças e despachos p. 31
Sentenças e seus requisitos essenciais p. 37
Sentenças inexistentes p. 63
Sentenças nulas p. 66
Sentido da norma p. 87
Sua finalidade pp. 19, 35
Sucessivos p. 104
Sucumbência pp. 65, 75, 114, 107, 111, 151
Sucumbimento parcial p. 106

Súmulas vinculantes *p. 19*
Terminativa *p. 137*
Trânsito em julgado *pp. 61, 73, 108, 140, 292*

U

Ultra perita
Uso de expressões latinas ou forenses *p. 70*

V

Versos ou rimas *p. 65*
Vícios *pp. 16, 23, 37, 58, 60, 61, 63, 91*